MINERVA
はじめて学ぶ教職
13

吉田武男

監修

総合的な学習の時間

佐藤 真/安藤福光/緩利 誠

編著

ミネルヴァ書房

監修者のことば

　本書を手に取られた多くのみなさんは，おそらく教師になることを考えて，教職課程をこれから履修しよう，あるいは履修している方ではないでしょうか。それ以外にも，教師になるか迷っている，あるいは教師の免許状だけを取っておく，さらには教養として本書を読む方も，おられるかもしれません。

　どのようなきっかけであれ，教育の営みについて，はじめて学問として学ぼうとする方に対して，本シリーズ「MINERVA はじめて学ぶ教職」は，教育学の初歩的で基礎的・基本的な内容を学びつつも，教育学の広くて深い内容の一端を感じ取ってもらおうとして編まれた，教職課程向けのテキスト選集です。

　したがって，本シリーズのすべての巻によって，教職に必要な教育に関する知識内容はもちろんのこと，それに関連する教育学の専門領域の内容もほとんど網羅されています。その意味では，少し大げさな物言いを許していただけるならば，本シリーズは，「教職の視点から教育学全体を体系的にわかりやすく整理した選集」であり，また，このシリーズの各巻は，「教職の視点からさまざまな教育学の専門分野を系統的・体系的にわかりやすく整理したテキスト」です。もちろん，各巻は，教育学の専門分野固有の特徴と編者・執筆者の意図によって，それぞれ個性的で特徴的なものになっています。しかし，各巻に共通する本シリーズの特徴は，文部科学省において検討された「教職課程コアカリキュラム」の内容を踏まえ，多面的・多角的な視点から教職に必要な知識について，従来のテキストより大きい版で見やすく，かつ「用語解説」「法令」「人物」「出典」などの豊富な側注によってわかりやすさを重視しながら解説されていることです。また教職を「はじめて学ぶ」方が，「見方・考え方」の資質・能力を養えるように，さらには知識をよりいっそう深め，そして資質・能力もよりいっそう高められるように，各章の最後に「Exercise」と「次への一冊」を設けています。なお，別巻は別の視点，すなわち教育行政官の視点から現代の教育を解説しています。

　この難しい時代にあって，もっと楽な他の職業も選択できたであろうに，それぞれ何らかのミッションを感じ，「自主的に学び続ける力」と「高度な専門的知識・技術」と「総合的な人間力」の備わった教師を志すみなさんにとって，本シリーズのテキストが教職および教育学の道標になることを，先輩の教育関係者のわれわれは心から願っています。

　2018年

吉　田　武　男

はじめに

　本書は，教師になるべく教職課程を履修する皆さんを対象としたシリーズ「MINERVA　はじめて学ぶ教職」の一つの巻として，総合的な学習の時間（以下，基本的に「総合的な学習」と略す）について，小中学校を中心にしながら，現時点で総括し体系的に整理した一冊です。

　総合的な学習（高等学校では，総合的な探究の時間と呼ばれる）は，わが国ではおよそ大正時代からこれに類する学びの前史はありますが，学習指導要領［1998年版］で創設されたことから始まった新たな学びの時間です。この学びの時間の創設は，1998年7月の教育課程審議会答申を踏まえ，学校教育法施行規則で総合的な学習を各学校における教育課程に必置とすることを定められたことによるものです。それにともない，学習指導要領［1998年版］の総則では，総合的な学習の標準授業時数をはじめ，趣旨やねらい等について記されました。各学校は，この総合的な学習の創設によって，地域や学校，児童生徒の実態等に応じて横断的・総合的な学習などの創意工夫を生かした教育活動を行うようになりました。

　その後，学習指導要領［2008年版］では，総合的な学習の教育課程における位置付けを明確にするとともに，各学校における指導の充実を図るために，総合的な学習の趣旨等を学習指導要領の総則から取り出し新たに学習指導要領に章立てをすること，また教科において基礎的・基本的な知識・技能の確実な習得やその活用を図るための時間を確保することを前提に，総合的な学習と各教科や選択教科，および特別活動のそれぞれの役割を明確にすること，そして総合的な学習におけるねらいや育てたい力を明確にすること，などが示されました。とくに，総合的な学習のねらいについては小・中・高等学校で共通なものとされ，教科等の枠を超えた横断的・総合的な学習を行うことの他に，探究的な活動を行うことがより明確にされました。また，総合的な学習において育てたい力の視点として，学習方法に関すること，自分自身に関すること，他者や社会とのかかわりに関することなどが例示されました。

　この学習指導要領［2008年版］では，総合的な学習の創設後10年を経て，文部科学省から小学校と中学校の「学習指導要領解説　総合的な学習の時間編」も，初めて発刊されました。その25頁に，総合的な学習の「資質や能力及び態度」は，主要能力（キー・コンピテンシー）と「符合している」と記されたことはとても大きなことです。それは，学習指導要領［2008年改訂］が目指した「知識基盤社会」時代を担う児童生徒に求められている「生きる力」の育成の中核を担う学びの時間は，総合的な学習であることが示されたとも言えるからです。

　そして，2017年3月31日に学校教育法施行規則が改正され，新学習指導要領［2017年改訂］が告示されました。ここでは，教育課程全体を通して育成を目指す資質・能力を，ア「何を理解しているか，何ができるか（生きて働く「知識及び技能」の習得）」，イ「理解していること・できることをどう使うか（未知の状況にも対応できる「思考力，判断力，表現力等」の育成）」，ウ「どのように社会・世界と関わり，よりよい人生を送るか（学びを人生や社会に生かそうとする「学びに向かう力，人間性等」の涵養）」の三つの柱に整理し，各教科等の目標や内容についてもこの三つの柱に基づいて定められました。総合的な学習も含めすべての教科等の目標と内容は，「知識及び技能」「思考力，判断力，表現力等」「学びに向かう力，

人間性等」の三つの柱で再整理されたのです。

　このような資質・能力を身に付け，生涯にわたって能動的に学び続けることができるようにするために，学習の質を一層高める授業改善の取り組みを活性化していく必要から「主体的・対話的で深い学び」の実現に向けた授業改善（アクティブ・ラーニングの視点に立った授業改善）を推進することが求められたことは，新学習指導要領［2017年改訂］の大きな特徴です。これらを踏まえ，総合的な学習においては，各学校が地域や学校，児童生徒の実態等に応じて，教育課程では教科等の枠を超えた横断的・総合的な学習とすることと同時に，学習過程として探究的な学習や協働的な学習とすることが重要であるとされました。とくに，探究的な学習を実現するための「1 課題の設定→2 情報の収集→3 整理・分析→4 まとめ・表現」の探究のプロセスを明示し，この学習過程を発展的に繰り返していくことが重視されています。また，総合的な学習を通してどのような資質・能力を育成するのかということと，これまで以上に総合的な学習と各教科等の相互のかかわりを意識しながら学校全体で育てたい資質・能力に対応した「カリキュラム・マネジメント」が行われるようにすることも示されています。

　新学習指導要領［2017年改訂］における総合的な学習では，課題を探究する中で協働して課題を解決しようとする学習活動や，言語により分析し，まとめたり表現したりする学習活動として「比較する」「分類する」「関連付ける」などの「考えるための技法」を活用することなども新たに取り上げられています。また，新規に「プログラミング」を体験しながら論理的思考力を身に付ける学習活動を行う場合には，探究的な学習の過程に適切に位置付くようにすることにも言及しています。

　以上，総合的な学習は，その創設以来，現在求められる教育活動を常にリードしてきているとともに，世界的に見た時にわが国の児童生徒に必須であるものの見方や考え方，学びの在り方を示していると捉えることのできる，重要な学びの時間であると言えます。

　本書は，今後さらに重要視される総合的な学習について造詣の深い研究者と実践者，それに気鋭の研究者を加え，総合的な学習を理論と実践の両面から学び，将来，教師として各学校で総合的な学習を実践するにふさわしい教育的力量形成ができるように意図し編集されたものです。そのため，本書では，総合的な学習の意義や歴史を踏まえたうえで，学習指導要領における総合的な学習の変遷と目標，全体計画と年間指導要領，単元計画と本時案，学習指導と評価，教授組織と学校体制，学習環境と各教科等の関係，さらに総合的な学習の事例（小学校，中学校）を示して「理論と実践の還流」が可能になるように編集しました。本書が，総合的な学習について理解を深め，実践することのできる教師として，これからの教育を深く考える多くのみなさんにご活用いただければ，編者としては望外の喜びです。

　なお，本書は2017年に公表された「教職課程コアカリキュラム」のうち「総合的な学習の時間の指導法」の内容と対応しています。詳細は，次ページの表を確認してください。

　最後に，本書の刊行にあたり筑波大学名誉教授・貞静学園短期大学学長の吉田武男先生には，多くのアドバイスとともに機会を頂戴しましたことに衷心より御礼申し上げます。また，辛抱強く刊行までに御待ち頂きご苦労をお掛け致しましたミネルヴァ書房の河野菜穂様と浅井久仁人様に心より感謝申し上げます。

2023年3月　　　　　　　　　　　　　　　編著者　佐藤 真／安藤 福光／緩利 誠

表 教職課程コアカリキュラム（総合的な学習の時間の指導法）

	(1) 総合的な学習の時間の意義や，各学校において目標及び内容を定める際の考え方を理解する。		(2) 総合的な学習の時間の指導計画作成の考え方を理解し，その実現のために必要な基礎的な能力を身に付ける。		(3) 総合的な学習の時間の指導と評価の考え方および実践上の留意点を理解する。	
全体目標：総合的な学習の時間は，探究的な見方・考え方を働かせ，横断的・総合的な学習を行うことを通して，よりよく課題を解決し，自己の生き方を考えていくための資質・能力の育成を目指す。各教科等で育まれる見方・考え方を総合的に活用して，広範な事象を多様な角度から俯瞰して捉え，実社会・実生活の課題を探究する学びを実現するために，指導計画の作成および具体的な指導の仕方，並びに学習活動の評価に関する知識・技能を身に付ける。 ＊養護教諭及び栄養教諭の教職課程において「道徳，総合的な学習の時間及び特別活動に関する内容」を開設する場合は，（1）（2）を習得し，そこに記載されている一般目標と到達目標に沿ってシラバスを編成する。なお，その場合は学習指導要領の内容を包括的に含むこと。						
到達目標 ／ 本書における章	1) 総合的な学習の時間の意義と教育課程において果たす役割について，教科を越えて必要となる資質・能力の育成の視点から理解している。	2) 学習指導要領における総合的な学習の時間の目標並びに各学校において目標及び内容を定める際の考え方や留意点を理解している。	1) 各教科等との関連性を図りながら総合的な学習の時間の年間指導計画を作成することの重要性と，その具体的な事例を理解している。	2) 主体的・対話的で深い学びを実現するような，総合的な学習の時間の単元計画を作成することの重要性とその具体的な事例を理解している。	1) 探究的な学習の過程及びそれを実現するための具体的な手立てを理解している。	2) 総合的な学習の時間における児童及び生徒の学習状況に関する評価の方法及びその留意点を理解している。
第1章	○					
第2章	○					
第3章	○					
第4章	○					
第5章		○				
第6章			○			
第7章				○		
第8章					○	
第9章						○
第10章					○	
第11章					○	
第12章			○			○
第13章		○	○	○	○	○
第14章	○	○	○	○	○	○

第1章
総合的な学習の意義

〈この章のポイント〉

　本章では，多角的な視点から，わが国における総合的な学習の教育上のさまざまな意義について詳細に解説する。より具体的に言うと，まず，総合的な学習が，その創設以来から2000年代の学校教育をリードしてきたことの意義について学ぶ。次に，これからの学校教育もリードすることの意義について理解する。最後に，過去・現在・未来という大きな時系列的な観点から見た意義について総括的に学ぶことになる。

1　2000年代の学校教育をリードしてきた総合的な学習

［1］　総合的という意義——物事は，関連付けて学ぶことにより，深い学びとなる

　学習指導要領［1998年改訂］での創設当初から総合的な学習は，変化の激しい社会に対応して，自ら課題を見つけ，自ら学び，自ら考え主体的に判断し，よりよく問題を解決する資質や能力を育てることなどをねらいとしていた。問題を解決するための「思考力，判断力，表現力等」も，その後の「知識基盤社会」の時代においてますます重要な役割を果たすものであり，総合的な学習では重視されてきた。このような資質・能力を育むためには，教育課程では教科等の枠を超えた横断的・総合的な学習が必要であった。

　さらに，これらの資質・能力が育まれるように，総合的な学習ではそれ以後の学習指導要領の改訂ごとに，学習過程としての探究的な活動の充実が図られてきた。それは，探究的な活動や探究的な学習こそが，児童生徒の思考力・判断力・表現力等をはぐくむとともに，各教科における基礎的・基本的な知識・技能の一層の定着にも資することなど，各教科と一体となって児童生徒の資質・能力を伸ばすものであったからである。

　一般に，教育課程は，教育目的を達成するために指導する必要があるとして，教育内容を選択決定する範囲・領域（スコープ）と，教育内容を学年別に配当・系統づけられる順序（シークエンス）から編成されている。わが国には，文部科学省から告示される学習指導要領がある。この学習指導要領に示された

内容や年間授業時間数はあるが，それらの内容の指導計画づくりにおいては，各学校で創意工夫する余地は大いにある。

　しかし，各教科や領域の学習は，教師によってコントロールされた閉ざされたものであり，児童生徒の自己決定や選択に委ねられる余地はないほどに硬直化していたと捉えられるのが，総合的な学習が創設されるまでのわが国の学校教育における教育課程であった。すなわち，児童生徒が，自分で学ぶべき課題を見つけ，自分で学ぶ計画を立て，自分の力で学び探究し，自分自身によって学びの結論を導き，そして，自分で学びの意味を実感する。このような開かれた学びがあるとは，言い難かったのである。

　学校における教育課程を，より柔軟な教育課程とし，学習の主体たる児童生徒に自己決定の機会を与え，自律的（オートノミー）な学び手を育むためには，教育課程に総合的な学習が必要であった。総合的な学習は，教育課程の位置としては，横断的・総合的な学習とされる。横断的とは，各教科・領域間を通した相互の関連を図ることである。総合的とは，各教科・領域の枠を超えて学習内容を設定することである。したがって，開かれた学びによって自律的な学び手を育むためには，各教科・領域相互で関連を図ったり，枠を超えたりして学ぶ総合的な学習が必要であったと言える。

　各教科と領域とにかかわらず，重要な点は，学校の教育目標の達成に向けて，年間や単元など内容のまとまりを見通し，そのなかで育む資質・能力を定位し，児童生徒が主体的・対話的で深い学びを実現するように指導計画を作成することである。その指導計画には，総合的な学習においても，全体計画[△1]，年間指導計画[△2]，単元計画，一単位時間の指導計画（指導案）などがある。

　また，実際に学校の教育目標を実現するためには，各教科，道徳科，外国語活動および特別活動，総合的な学習などの全教育活動での位置付けを明確にしたうえで，それぞれの教育活動が適切に実施され，しかも相互に関連し合い，教育課程が機能を十全に果せるように，いくつもの指導計画が作成されなければならない。しかし，そのような作業は容易ではない。なぜならば，総合的な学習はもちろんのこと，それ以外の各教科等の全教育活動は，それぞれ固有の教育目標と教育内容をもっているために，それぞれの役割を十分に果たし，それぞれの目標をよりよく実現すると同時に，教育課程全体も適切に機能しなければならないからである。そのために，全教育活動の関係性が考慮され，個々の教育活動が効果的なものになるように，十分な配慮が求められる。

　その際に，総合的な学習を中心として各教科等の単元を関連付けて図示することは，実践していくうえで大いに参考になる。図に示されているような年間指導計画はその一例である。

　言うまでもないことであるが，総合的に学ぶことにより，より深い理解につ

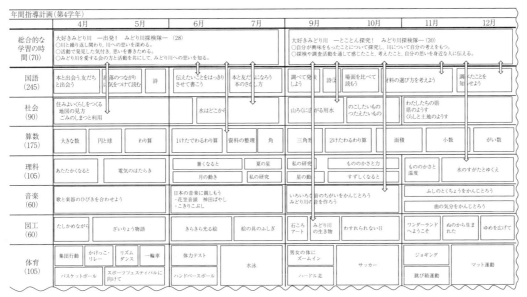

図 1-1　総合的な学習の時間と各教科等の単元を関連付けた年間指導計画（例）
出所：「小学校学習指導要領解説総合的な学習の時間編」（2017年，97ページ）。

ながる学びが可能になる。個別でバラバラに教科ごとに学ぶことに加えて，横断的・総合的な学習として総合的な学習で学ぶことにより，さまざまな学問的・経験的な分野が統合され一体となって物事の道理や正しい判断等に働くことにつながる。総合的な学習の意義は，その名称通りに，総合そのものにあり，個別的なものを関連付け，統合し一体となって知識や技能が活用され，思考力，判断力，表現力が発揮されるような学びをすることにあると言える。

［2］　探究という意義――一人で習熟するより，みんなで探究する方が，深い学びとなる

　小中学校の学習指導要領［2008年改訂］において，総合的な学習の目標は，以下のように記されていた。

　　「横断的・総合的な学習や探究的な学習を通して，自ら課題を見付け，自ら学び，自ら考え，主体的に判断し，よりよく問題を解決する資質や能力を育成するとともに，学び方やものの考え方を身に付け，問題の解決や探究活動に主体的，創造的，協同的に取り組む態度を育て，自己の生き方を考えることができるようにする。」

　この目標の特質は，一つは「探究的な学習」であり，いま一つは「協同的」という文言を，それまでの目標に付加させたことであった。それまでの総合的な学習で言われてきた横断的・総合的な学習という教育課程における位置と，問題解決的な学習という教育方法のあり方を，さらに一歩進めて，総合的な学習における「探究的な学習」とは「物事の本質を探って見極めようとする一連

▷3　高等学校の学習指導要領における該当の箇所では，ほとんど同じような文章が記されているが，「自己の生き方」という表現は，「自己の生き方在り方」となっている。

の知的営みであること」をしっかりと明示し，探究活動に主体的，創造的に加えて「協同的」に取り組むことが示されたのである。ここで重要なことは，現在の学習指導要領［2008年改訂］において「資質・能力」という語彙が用いられているが，すでにこの時点で総合的な学習の目標には，「資質や能力及び態度」という用語が採用されていた。ここにも，認知的領域を対象として各教科等の資質・能力を関連付けて俯瞰的な見方・考え方を養うことが意図されていたのである。

　実際に一人で黙々と孤独に習熟するより，みんなでワイワイ探究する方が，楽しく深い学びになるのではないだろうか。多くの人と協働し，力を合わせたり意見を比べたりしながら，より深く考え，そしてそれを繰り返すことは，探究し続ける学びになるだろう。まさに，この協同的な探究も，総合的な学習の大きな一つの意義であると考えられる。

③　概念形成という意義──個別対象的に知識を覚える浅い学びより，学際的に概念を形成する深い学びへ

　現行の小中学校の学習指導要領［2017年改訂］における総合的な学習の目標は，次のように記されている。[4]

　「探究的な見方・考え方を働かせ，横断的・総合的な学習を行うことを通して，よりよく課題を解決し，自己の生き方を考えていくための資質・能力を次のとおり育成することを目指す。

　⑴探究的な学習の過程において，課題の解決に必要な知識及び技能を身に付け，課題に関わる概念を形成し，探究的な学習のよさを理解するようにする。

　⑵実社会や実生活の中から問いを見いだし，自分で課題を立て，情報を集め，整理・分析して，まとめ・表現することができるようにする。

　⑶探究的な学習に主体的・協働的に取り組むとともに，互いのよさを生かしながら，積極的に社会に参画しようとする態度を養う。」

　この総合的な学習の目標は，以下の二つの要素から構成されている。第一は，総合的な学習に固有な見方・考え方を働かせて，横断的・総合的な学習を行うことを通して，よりよく課題を解決し，自己の生き方を考えていくための資質・能力を育成するという，総合的な学習の特質である。第二は，⑴⑵⑶で示している，総合的な学習を通して育成することを目指す資質・能力である。つまり，この目標において，総合的な学習としての特質に応じた学習のあり方は，探究的な見方・考え方を働かせることにあるとされている。

　では，探究的な見方・考え方を働かせることとは，総合的な学習ではどういうことを言うのか。それは，探究的な学習においては，問題解決的な活動が発

▷ 4　高等学校においては，より深い探究的な活動を重視する視点から，「総合的な学習の時間」から「総合的な探究の時間」と名称が変更されたこともあって，その目標の文章表現が小中学校と少し異なっている。高等学校学習指導要領［2018年改訂］を参照。

4

展的に繰り返されていくこととされている。具体的には，まず，日常生活や社会に目を向けた時の疑問や関心を基に自ら課題を見つける。次に，そこにある具体的な問題について情報を収集する。そして，その情報を整理・分析したり知識や技能に結び付けたり，考えを出し合ったりしながら問題の解決に取り組む。その後，明らかになった考えや意見などをまとめ・表現するとともに，そこからまた新たな課題を見つけて更なる問題の解決を始める，ということである。

　総合的な学習で取り扱う実社会や実生活における問題は，どの教科等の特質に応じた視点や捉え方で考えればよいか決められないことから，扱う対象や解決しようとする方向性などに応じて，児童生徒が意識的に問題を活用できるようになることが大切である。また，総合的な学習に固有な見方・考え方は，特定の教科等の視点だけで捉えきれない広範な事象を多様な角度から俯瞰して捉えることであり，そもそも，総合的な学習における探究課題には一つの決まった正しい答えがないために，教科等で学んだ見方・考え方を総合的に活用しながら様々な角度から捉えて考えることも重要になる。さらに，課題解決がまた新たな課題を見つけるという繰り返し自体が，自分の生き方を問い続けていくことでもある。そして，探究的な学習のよさを理解することとは，さまざまな場面で児童生徒自らが探究的に学習を進めるようになることであり，加えて，課題の探究を通して自己の生き方を問い続けることでもある。すなわち，探究的な学習とは，物事の本質を探って見極めようとする一連の知的営みのこととされているが，この点で，まさしく総合的な学習は，学際的に概念を形成するという認知的領域にかかわる学習と言えるものである。

2　これからの学校教育もリードする総合的な学習

⬛1　学校・教師の自律性──目標と内容は学校がつくる

　各教科の内容は，基本的に学習指導要領において学年ごとに示されている。そして，各教科には，基本的に教科書がある。しかし，総合的な学習の内容は，各教科と比べて学習指導要領ではあまり規定されていないために，教科書のような共通的な教材はもともと存在しない。したがって，総合的な学習の詳細は，各学校において，定められることになっている。

　学習指導要領［2017年改訂］の総合的な学習の「各学校において定める目標及び内容の取り扱い」では，各学校が定める内容は，「目標を実現するにふさわしい探究課題」および「探究課題の解決を通して育成を目指す具体的な資質・能力」の二つから，各学校が定めることになっている。これは，「何を学

ぶか」と，それを通して「どのようなことができるようになるか」ということを，各学校が具体的に内容を設定し，学校・教師が主体性を発揮するという，総合的な学習の大きな特徴となっている。もう少し詳しく言うと，各学校が設定する内容とは，探究課題としてどのような対象とかかわり，その探究課題の解決を通して，どのような資質・能力を育成するのかを記述するものであり，両者の内容は互いに関係していると同時に，両者がそろって初めて，各学校が定める目標の実現に向けて指導計画は適切に機能するものである。「目標を実現するにふさわしい探究課題」とは，学習指導要領［2008年改訂］では，「学習対象」とされていたものであり，目標の実現に向けて学校として設定した児童生徒が探究的な学習に取り組む課題のことである。その課題としては，小学校では，次の三つの課題が例示されている。すなわち，国際理解，情報，環境，福祉・健康などの「現代的な諸課題に対応する横断的・総合的な課題」，「地域や学校の特色に応じた課題」，「児童生徒の興味・関心に基づく課題」である。

〈目標と内容と学習活動の関係〉

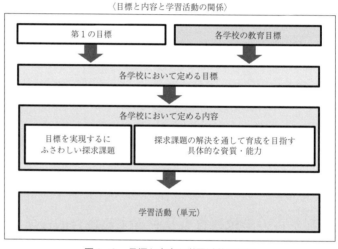

図1-2　目標と内容と学習活動の関係
出所：「小学校学習指導要領解説総合的な学習の時間編」（2017年，18ページ）
の「総合的な学習の時間の構造化イメージ」をもとに作成。

　このように，総合的な学習では，各教科のように，どの学年で，何を指導するのかという詳細な内容は，学習指導要領では示されていないのである。その理由は，各学校が第1の目標の趣旨を踏まえて，地域や学校，児童生徒の実態に応じて，創意工夫を生かした内容を定めることが期待されているからである。つまり，児童生徒，学校，地域を一番よく知っている学校と教師が信用され，任されているのである。

　総合的な学習の内容の設定に際しては，「目標を実現するにふさわしい探究課題」と「探究課題の解決を通して育成を目指す具体的な資質・能力」の二つを定めることが必要とされる。まず，「目標を実現するにふさわしい探究課

題」とは，目標の実現に向けて学校として設定した，児童生徒が探究的な学習に取り組む課題のことある。なお，ここで言う「探究課題」とは，探究的に関わりを深める人・もの・ことである。例えば，「身近な自然環境とそこで起きている環境問題」「地域の伝統や文化とその継承に力を注ぐ人々」「実社会で働く人々の姿と自己の将来」などである。

　次に，「探究課題の解決を通して育成を目指す具体的な資質・能力」とは，各学校において定める目標に記された資質・能力を各探究課題に即して具体的に示したものである。換言すれば，目標の実現に向けて，児童生徒が「何を学ぶか（どのような対象とかかわり探究的な学習を行うか）」を表したものが「探究課題」であり，各探究課題との関わりを通して具体的に「何ができるようになるか（探究的な学習を通して，どのような児童生徒の姿を実現するか）」を明らかにしたものが「具体的な資質・能力」である。

　そもそも，総合的な学習の内容は，学習指導要領［1998年改訂］で創設された当初において，述べられていない。次の学習指導要領［2008年改訂］によって，その内容は，「各学校においては，第1目標を踏まえ，各学校の総合的な学習の時間の内容を定める」とされた。すなわち，どの学年で，何を指導するのかという，内容は学習指導要領では明示されなかった。これは，学習指導要領に示された「第1の目標」に従って，地域や学校，児童生徒の実態に応じて，創意工夫を生かした内容を定めるということが期待されていた。つまり，総合的な学習では，各学校が，内容として目標の実現のためにふさわしいと判断した学習課題を独自に定めていたのである。その意味では，学校・教師の自律性は総合的な学習において十分に発揮できたと言えよう。

　当時の学習課題は，学習指導要領［2008年改訂］によって，第一に国際理解，情報，環境，福祉・健康などの横断的・総合的な課題，第二に児童生徒の興味・関心に基づく課題で，第三に地域の人々の暮らし，伝統と文化など（小学校）の地域や学校の特色に応じた課題，第四に職業や自己の将来にかかわる課題（中学校）というものが例示された。ただ，その際には，これらの内容が兼ね備えるべき要件として，横断的・総合的な学習としての性格をもつこと，探究的に学習することがふさわしいこと，そこでの学びや気づきが自己の生き方を考えることに結びついていくこと，という3点が重要視された。

　一般に，学校教育において内容とは，児童生徒が学習課題として，どんな対象と関わり，その具体的な対象との関わりを通して，何を学び取るのかを示すものである。したがって，内容は，そのために「どんな対象とかかわらせるのか」を定めて，そこで具体的に「どんなことを学び取らせようとするのか」が示されなければならないものである。換言すれば，内容とは，学習対象と学習事項のことである。

この学習対象と学習事項の二つともを学校・教師に任せている点は，学習指導要領を有しており全国的な教育水準の一定程度を保障する平等主義と言われる日本の学校教育においては，希有なことである。しかし，児童生徒，学校，地域のそれぞれが，すべて一定ではないことを考えれば，総合的な学習において学ぶべき対象と事項を，教師や学校が設定するということは重要であり，ここにも総合的な学習の大きな意義が見出されるのである。

2 児童生徒の主体性——児童生徒の学ぶ姿とされる探究的な学習

総合的な学習における学習指導の基本的な考え方は，児童生徒の主体性の重視，具体的で発展的な教材，適切な教師の指導のあり方という3点である。

より具体的に言えば，まず，児童生徒の主体性の重視では，学び手としての児童生徒の有能さを引き出し，児童生徒の発想を大切にして育て，主体的で創造的な学習活動を展開することである。次に，具体的で発展的な教材では，身近にある具体的な教材，発展的な展開が期待される教材を用意することである。そして，適切な教師の指導のあり方では，探究課題に対する考えを深め，資質・能力の育成につながる探究的な学習となるように，教師が適切な指導をすることである。

この総合的な学習では，学習過程として探究的な学習が重視される。図1-3は，探究的な学習における児童生徒の学習の姿として示したものである。[5]

「① 課題の設定」では，体験活動などを通して，課題を設定し，課題意識をもつ。

「② 情報の収集」では，必要な情報を取り出したり，収集したりする。[6]

「③ 整理・分析」では，収集した情報を整理したり分析したりして，思考

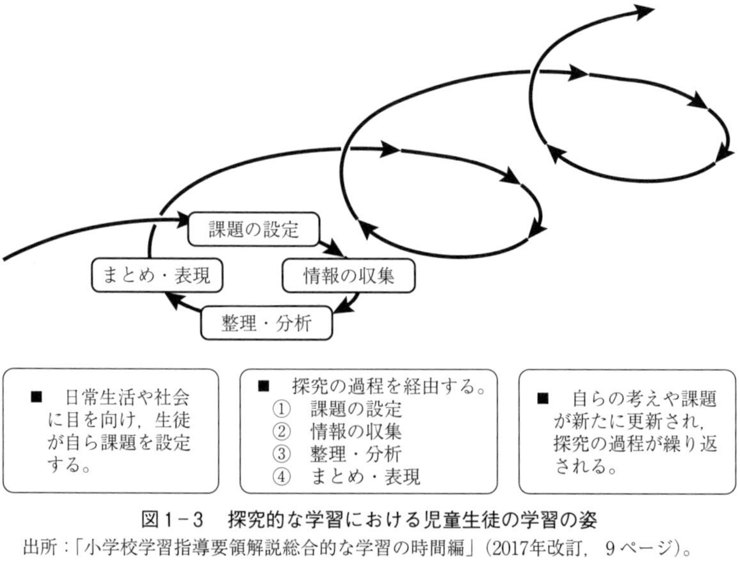

図1-3　探究的な学習における児童生徒の学習の姿
出所：「小学校学習指導要領解説総合的な学習の時間編」(2017年改訂，9ページ)。

▷5　この図は，「小学校学習指導要領解説総合的な学習の時間編」(2008年改訂，13ページ)に初出されたものであるが，「小学校学習指導要領解説総合的な学習の時間編」(2017年改訂，9ページ)にも引き継がれている。

▷6　情報
ここで言う情報とは，判断や意思決定，行動を左右する全ての事柄を指し広く捉えている。詳しくは，「小学校学習指導要領解説総合的な学習の時間編」(2017年改訂，114ページ)を参照。

する。

「④ まとめ・表現」では，気づきや発見，自分の考えなどをまとめ，判断し，表現することである。

「①課題の設定」では，児童生徒が実社会や実生活に向き合う中での課題意識の連続的な発展を大切にするとともに，児童生徒の考えとの「ずれ」や「隔たり」，「憧れ」や「可能性」を感じさせる工夫が必要である。「②情報の収集」では，児童生徒が観察，実験，見学，調査，探索，追体験などを行い，課題の解決に必要な情報を収集することである。「③整理・分析」では，収集した多様な情報を整理・分析し思考する活動を位置付けることが重要である。「④まとめ・表現」では，他者に伝えたり，自分自身の考えとしてまとめたりする学習活動を行うことである⁷。

また，総合的な学習では，「他者と協働して主体的に取り組む学習活動⁸」にすることも重視されている。具体的には，多様な情報を活用して協働的に学ぶ，異なる視点から考え協働的に学ぶ，力を合わせたり交流したりして協働的に学ぶ，ということである。とくに，異なる多様な他者と協働して主体的に課題を解決しようとする学習活動が重視されている。このような協働的に取り組む学習活動を行うことは，児童生徒の学習の質を高めて探究的な学習を実現することにもつながっている。

このような総合的な学習は，教師が主体となって教授するという学びのあり方を採っていない。一貫して，児童生徒が学びの主人公であり，学ぶ主体は児童生徒という学ぶ側に立って学習過程が考えられている。ここには，有能な学び手としての児童生徒観への転換も見られるが，この児童生徒の主体性を重んじていることは総合的な学習の大きな意義であると言えよう。

③　見取る評価──数値的な評価からの解放

わが国でポートフォリオ評価という言葉が学校に知られ始めたのは，総合的な学習が創設される前後であった。そのポートフォリオ評価は，現在では総合的な学習の実践から各教科等においても盛んに活用されるようになっている。その意味では，ポートフォリオ評価の普及は，総合的な学習が大きな契機になったと言えよう。

一般的には，学習評価は，学校における教育活動について児童生徒の学習状況を評価するものである。児童生徒にどのような力が身に付いたかという学習の成果を的確に捉えることが基本である。そのうえで，教師が指導の改善を図るとともに，児童生徒が自らの学びを振り返って次の学びに向かうことができるように機能することが重要となる。

総合的な学習の評価では，教科のように数値的な評価は行われない。指導要

▷7　具体的な教師の学習指導のポイントについては，「小学校学習指導要領解説総合的な学習の時間編」(2017 年改訂，115〜119ページを参照)。

▷8　「他者と協働して主体的に取り組む学習活動」については，「小学校学習指導要領解説総合的な学習の時間編」(2017年改訂，119〜123ページを参照)。

録でも，総合的な学習の評価は，各学校が自ら設定した観点の趣旨を明らかにし，それらの観点のうち児童生徒の学習状況に顕著な事項がある場合などにその特徴を記入するなど，児童生徒にどのような資質・能力が身に付いたかを文章で記述し，数値的な評価は行われないことになっている。それゆえに，児童生徒の学習状況の評価は，自ずと，児童生徒一人ひとりがどのように成長しているか，児童生徒に資質・能力が確かに育成されているかどうかを捉えていくことになる。その結果として，教師は児童生徒のよい点や進歩の状況などを積極的に評価し，児童生徒自身は学習したことの意義や価値を実感できるようになってもらいたいものである。

では，どのように総合的な学習における評価は行われるのであろうか。

総合的な学習に関しては，「各学校においては，第1の目標を踏まえ，各学校の総合的な学習の時間の目標を定める」「各学校においては，第1の目標を踏まえ，各学校の総合的な学習の時間の内容を定める」と学習指導要領に記されているように，各学校が目標と内容は設けることになっている。したがって，総合的な学習における評価の観点については，各学校が決めることになる。その際には，『小学校学習指導要領解説　総合的な学習の時間編』に示されているように，「第1の目標」を踏まえ，各学校の目標や内容に基づいて定めた観点による観点別学習状況の評価が基本になるが，その前提として，総合的な学習の目標を実現するにふさわしい探究課題とともに，探究課題の解決を通して育成を目指す具体的な資質・能力が設定されていなければならないという。とくに，学習指導要領［2017年改訂］だけでなく，『小学校学習指導要領解説　総合的な学習の時間編』においても，探究課題の解決を通して育成を目指す具体的な三つの資質・能力について，十分に配慮することが求められている（中学校の場合も同様）。

次に，どのように総合的な学習における評価は具体的に行われるのであろうか。

総合的な学習における具体的な評価の実施については，各学校が設定する評価規準を学習活動における具体的な児童生徒の姿として描き出し，期待する資質・能力が発揮されているかを把握することになる。その際，具体的な児童生徒の姿を見取るに相応しい評価規準が設定され，評価方法や評価場面が適切に位置付けられることになる。これは，教師の適切な判断に基づいた評価で著しく異なったり偏ったりすることなく，およそどの教師も同じように判断できるような信頼される評価とするためである。

また，総合的な学習における評価は，児童生徒の成長を多面的に捉えるために評価を適切に組み合わせる多様な評価で行われる。具体的には，『小学校学習指導要領解説　総合的な学習の時間編』に例示されているように，①発表

▷9　総合的な学習における評価の観点については，「小学校学習指導要領解説　総合的な学習の時間編」（2017年改訂，125ページ）を参照。

▷10　探究課題の解決を通して育成を目指す具体的な三つの資質・能力
ア．知識及び技能については，他教科等及び総合的な学習で習得する知識及び技能が相互に関連付けられ，社会の中で生きて働くものとして形成されるようにすること。
イ．思考力，判断力，表現力等については，課題の設定，情報の収集，整理・分析，まとめ・表現などの探究的な学習の過程において発揮され，未知の状況において活用できるものとして身に付けられるようにすること。
ウ．学びに向かう力・人間性等については，自分自身に関すること及び他者や社会との関わりに関することの両方の視点を踏まえること。

やプレゼンテーションなどの表現による評価，② 話合い，学習や活動の状況などの観察による評価，③ レポート，ワークシート，ノート，絵などの制作物による評価，④ 学習活動の過程や成果などの記録や作品を計画的に集積したポートフォリオを活用した評価，⑤ 評価カードや学習記録などによる児童の自己評価や相互評価，⑥ 教師や地域の人々等による他者評価，などである。さらに，総合的な学習では，学習活動の終末だけではなく，事前や途中にも評価を適切に位置付けて実施する学習の過程評価が重視されている。そこでは，児童生徒に個人として育まれるよい点や進歩の状況などを積極的に評価することや，それを通して児童生徒自身も自分のよい点や進歩の状況に気づくようにすることも大切にされている。

▷11 「小学校学習指導要領解説総合的な学習の時間編」(2017年，127ページ)を参照

　このように，総合的な学習では，各学校が育てたい資質や能力，また学習活動や内容との関係から，児童生徒にどのような力が身に付いたのかを明確にするために，各教科等に先駆けて学習活動の過程や成果などの記録や作品を計画的に集積したポートフォリオによる評価が積極的に行われてきたのである。

　この総合的な学習におけるポートフォリオ評価をはじめとした多面的で多様な評価の実施は，それまで各教科等で一般的であったペーパーテストを主とする数値的な評価による測定型で相対的な評価によって，児童生徒が序列化されやすい状況を変えたことは大きな意義と言える。評価は，現在では見取りとも言われるが，この見取りという言葉によって，評価とは児童生徒の学習状況の把握であり，児童生徒の学びを改善したり促進したりすることに機能すべきものであるということが明確にされた。その意味では，総合的な学習の評価のあり方が，学校教育における評価の概念を変えたところに大きな現代的意義を見出すことができる。

3　過去・現在・未来からの歴史的な意義

1　過去から現在を考えた時の意義──自分の生き方と結び付く学び

　わが国の教育の歴史を大局的に振り返れば，日本の近代の学校教育は，1872年にフランスをモデルとした学制から始まった。しかし，明治時代には，国民教育から国家主義的な教育へと次第に帰着するなかで，総合的な学習のような学びは困難であった。

　次の大正時代には，大正デモクラシーという言葉が表しているように，民主主義の発展が目指され，自由主義の風潮のもとにおいて，児童生徒の活動を重視する考え方が広まった。これまでの日本の教育の歴史を振り返れば，総合的な学習は，この大正時代の1917年に沢柳政太郎による成城小学校が設立され，

1921年に及川平治・木下竹次等々による八大教育主張講演会が開催された大正新教育運動の隆盛の時期において，それに類した実践が開始されたと言える。

その後の昭和時代には，戦前の学校は不幸にも臣民教育の場となり，とても総合的な学習はもとより，児童生徒の活動を尊重する教育は全般的には十分に行うことができなかった。戦後になって，1945年の文部省「新日本建設の教育方針」，1946年の第一次米国教育使節団報告書，1947年の教育基本法・学校教育法，1948年のコア・カリキュラム連盟結成，1950年の第二次米国教育使節団報告書報告書を経て，経験主義による問題解決学習による教育の生活化の時代が到来した。当初は，戦後には，社会科，家庭科，自由研究が新設された。その後，学習指導要領の改訂を節目にしながら，自由研究の廃止と教科以外の活動の新設，そして1958年の改訂には道徳の時間の特設と教育の系統化が注目された。そして，わが国の学校教育は，1968年の改訂には教育の科学化，1977年の改訂には教育の人間化，1989年の改訂には教育の個性化，1998年の改訂には教育の総合化へと歩んで来ており，徐々にではあるが，人間を尊重するような教育の方向性が垣間見られる。

このような移り変わりのなかで，総合的な学習にかかわるきっかけとなった大きな改革は，何と言っても1977年の豊かな人間性と「ゆとりと充実」ための学校裁量の自由時間，いわゆる「ゆとりの時間（週2〜4時間程度）」の設置であった。そして，1987年の臨時教育審議会答申以降は新自由主義的な政策下となり，1989年には自己教育力や基礎・基本，そして個性教育が強調された。さらに，1996年7月の中央教育審議会第一次答申では，「生きる力を育むために横断的・総合的な指導の一層推進を図る新たな手立てを講じる」とされ，これからの教育の在り方として「ゆとりの中で『生きる力』をはぐくむ」との方向性が示された。この答申が，総合的な学習の創設につながることになった。ここで，総合的な学習による横断的・総合的な指導を一層推進しうる新たな手立てとして，「一定のまとまった時間（総合的な学習の時間）を設けて横断的・総合的な指導を行うこと」が，明確に提言されたのである。

このように，日本の学校教育は，明治の近代学校制度以降を概観すれば，国家のための教育としての意味を強くもっていたが，大正新教育運動や戦間期教育，そして占領下の教育改革を経て，昭和の戦後となって民主主義の時代にふさわしい，一人ひとりの個人を尊重する教育，つまり児童生徒を尊重する教育に移行してきている。その移行の過程で，総合的な学習は，より個々の児童生徒の学びに焦点を当て，個人として如何に生きるか，生きて行くのかという，人間として根源的な問いを探究し，人生の意味を探求するという，個々人に根ざした学びとしての意義を現在において有するようになったと言える。

2　現在から未来を考えた時の意義──カリキュラムの中核

　2014年11月に文部科学大臣から中央教育審議会に，「初等中等教育における教育課程の基準等の在り方について（諮問）」がなされ，2016年12月に「幼稚園，小学校，中学校，高等学校及び特別支援学校の学習指導要領等の改善及び必要な方策等について（答申）」（以下，「中央教育審議会答申」という）が取りまとめられた。この中央教育審議会答申では，「社会に開かれた教育課程」の実現が目指された。その答申では，新学習指導要領は，学校，家庭，地域の関係者が幅広く共有し活用できる「学びの地図」^{◁12}としての役割を果たすものとみなされ，そのために改善すべき事項について，次のような6点が提示された。^{◁13}

①「何ができるようになるか」（育成を目指す資質・能力）

②「何を学ぶか」（教科等を学ぶ意義と教科等間・学校段階間のつながりを踏まえた教育課程の編成）

③「どのように学ぶか」（各教科等の指導計画の作成と実施，学習・指導の改善・充実）

④「子供一人一人の発達をどのように支援するか」（子供の発達を踏まえた指導）

⑤「何が身に付いたか」（学習評価の充実）

⑥「実施するために何が必要か」（学習指導要領等の理念を実現するために必要な方策）

　この提示によって，新学習指導要領の枠組みが大きく見直されることになり，その結果，子どもが学びの意義や成果を自覚して次の学びにつなげたり，学校と地域・家庭とが教育目標を共有してカリキュラム・マネジメントが実現しやすくなるとともに，さらなる授業の改善が教師に求められることになった。その意味で，これらの6点は，教育課程の分野だけでなく，それにかかわる教育のさまざまな領域に及ぶもの，すなわち，順に整理すると，① 育成を目指す資質・能力に関連する学力論，② 教科等を学ぶ意義と教科等間・学校段階間のつながりを踏まえた教育課程の編成に関連するカリキュラム論，③ 各教科等の指導計画の作成と実施，学習・指導の改善・充実に関連する教育計画・学習指導論，④ 子どもの発達を踏まえた指導に関連する学習過程論，⑤ 学習評価の充実に関連する教育評価論，⑥ 学習指導要領等の理念を実現するために必要な方策に関連する学校経営・学校環境論というように，まさに学校教育全体の改革を包含するものであった。

　このような6点の事項を俯瞰的に眺めてみると，これらのすべてが，本章で述べてきたことからも明らかなように，以前から総合的な学習において議論され，提示され，計画され，実践され，整理され，改善され，充実されてきたも

▷12　「学びの地図」
学校教育を通じて子どもたちが身に付けるべき資質・能力や学ぶべき内容などの全体像をわかりやすく見渡せるもの，という意味である。

▷13　新学習指導要領に向けて改善すべき事項については，「中央教育審議会答申」（23〜26）に詳しい。

のであることに気づかされる。このことからも，総合的な学習について学ぶことは，わが国の学校教育の現在とこれからの未来を理解し展望するうえで，欠かすことのできないものであると言えよう。

それでは，最後に，今後の学校教育を展望するうえで，小学校の新学習指導要領に記された総合的な学習での重要点を一つ指摘しておきたい。

総合的な学習での探究的な学習の過程においては，他者と協働して問題を解決しようとする学習活動が繰り返される。また，言語により分析し，まとめたり表現したりするなどの学習活動が行われる。その際に，「考えるための技法」の活用が求められている。具体的には，例えば次のように整理できる。[14]

▷14 「考えるための技法」の活用については，「小学校学習指導要領解説総合的な学習の時間編」（2017年，84～85ページ）を参照。なお，それぞれの技法については，中学校と同様なものがあげられている。また，高等学校の総合的な探究の時間においても，同じ技法があげられている。

① 順序付ける
・複数の対象について，ある視点や条件に沿って対象を並び替える。
② 比較する
・複数の対象について，ある視点から共通点や相違点を明らかにする。
③ 分類する
・複数の対象について，ある視点から共通点のあるもの同士をまとめる。
④ 関連付ける
・複数の対象がどのような関係にあるかを見付ける。
・ある対象に関係するものを見付けて増やしていく。
⑤ 多面的に見る・多角的に見る
・対象のもつ複数の性質に着目したり，対象を異なる複数の角度から捉えたりする。
⑥ 理由付ける（原因や根拠を見付ける）
・対象の理由や原因，根拠を見付けたり予想したりする。
⑦ 見通す（結果を予想する）
・見通しを立てる。物事の結果を予想する。
⑧ 具体化する（個別化する，分解する）
・対象に関する上位概念や規則に当てはまる具体例をあげたり，対象を構成する下位概念や要素に分けたりする。
⑨ 抽象化する（一般化する，統合する）
・対象に関する上位概念や法則を挙げたり，複数の対象を一つにまとめたりする。
⑩ 構造化する
・考えを構造的（網構造・層構造など）に整理する。

このような「考えるための技法」は，考える際に必要になる情報の処理方法

とされている。授業中に，教師が「考えましょう」と発問しても，児童生徒が考えることができないのは，この「考えるための技法」を身に付けていないことが考えられる。「考えるための技法」は，「思考力，判断力，表現力等」の育成に深く関連してために，今後の学校教育での重要なキーワードとなる。もちろん，いくつもの「考えるための技法」は，各教科等においても重視されるが，総合的な学習においては，さまざまな事象について教科横断的・協働的に学べる点で，最も有効に活用できるのではないだろうか。とくに，予測困難な時代のなかで生きていかなければ子どもたちにとって，総合的な学習のなかで習得した技法や培われる学びの体験は，大きな「生きる力」の育成につながるはずである。

　以上述べたことからも明らかなように，総合的な学習は，わが国の教育課程においてよりいっそう重要性を増すことになり，現在と未来の学校教育のカリキュラムの中核としての役割を果たすという大きな教育的意義をもつことになるであろう。

Exercise

①　日本の教育課程に総合的な学習がはじめて位置付けられた意義について，説明してみましょう。

②　総合的な学習において探究的な学習をとくに強調される意義について，考察してみましょう。

③　「考えるための技法」のうちのいくつかを取り上げて，簡潔に説明してみましょう。

📖次への1冊

高浦勝義『総合学習の理論』黎明書房，1997年。
　　総合的な学習の意義や考え方について諸外国の事例を取り上げながら歴史的に検討し，わが国での実践への方途を示している。
稲垣忠彦『総合学習を創る』岩波書店，2000年。
　　わが国と外国での総合的な学習の成果をもとに，教師が総合的な学習を創造するための要点について述べている。
児島邦宏編集代表，浅沼茂・佐藤真・高瀬雄二編『定本・総合的な学習ハンドブック』ぎょうせい，2003年。
　　当時のわが国の小学校から高校までの総合的な学習の理念と実践について全体的に総括したうえで，わかりやすく整理した本である。

引用・参考文献

中央教育審議会「21世紀を展望した我が国の教育の在り方について（第1次答申）」
1996年7月19日
https://www.mext.go.jp/b_menu/shingi/chuuou/toushin/960701.htm
中央教育審議会「幼稚園，小学校，中学校，高等学校及び特別支援学校の学習指導要領
等の改善及び必要な方策等について（答申）」2016年12月21日
https://www.mext.go.jp/b_menu/shingi/chukyo/chukyo0/toushin/__icsFiles/
afieldfile/2017/01/10/1380902_0.pdf
文部科学省『小学校学習指導要領』東洋館出版社，2018年。
文部科学省『小学校学習指導要領（平成29年告示）解説・総合的な学習の時間編』東洋
館出版社，2018年。

第2章
諸外国における総合的な学習の歴史

〈この章のポイント〉

　教育の歴史において，学習者中心の教育論のなかで醸成されてきた主体的学習者論を基盤として，探究による知の創出と主体的な知の総合化をめざす時間として総合的な学習は実践されている。諸外国における教育の歴史にその淵源と萌芽を探り，総合的な学習の核となる「自ら働きかける主体」や「探究的な学び」に関する考え方を歴史から深める。

1　コメニウス——書物学習よりも事物による探究を説く

　1　書物を鵜呑みにする教育からの脱却

　近代教授学の父と評されるコメニウス▷1は，主著『大教授学』の冒頭で「あらゆる人にあらゆる事柄を教授する普遍的な技法を提示する大教授学」（コメニウス，1962）と述べ，ラテン語中心の言語主義教育からの脱却を図った。書物からではなく人が有する諸感覚（視覚・聴覚・嗅覚・味覚・触覚）をもって，外界の事物（人・物・こと）を経験的に認識することの重要性を訴え，教え・学ぶ過程の変革に貢献したのである。

　コメニウスは，書物からではなく，学習者による外界の事物そのものの認識の重要性を次のように説く。「人間はできる限り，書物から学ぶのではなく，天と地　樫の木やぶなの木から学ぶ態度を，教わらなくてはなりません。いいかえれば，単に事物についての他人の観察や証言をきくのではなく，事物そのものを知り，探究することを，教わらなければならないのであります」（コメニウス，1962‑1，198ページ）。

　ここには「探究」のあるべき姿が示されている。それは，書物に書かれた他人の判断や見解をやみくもに摂取するのではなく，外界の事物をよく観察し，事物そのものから自分の手で認識を獲得せよと説くのである。自己の諸感覚を通して，自分から外界に働きかけて事実認識を行うということである。

　コメニウスの思想は，過去の教育では，子どもの「精神は事物という真の核心によって養われていなかった。人びとは精神をコトバの外皮や他人のがらくたの意見によって満たしてきた」というところによく表れている（柳，1960，

▷1　コメニウス（J. A. Comenius; 1592—1670）　17世紀における最大の教育家であり『大教授学』や『世界図絵』などを著した。外界の自然の法則を模して，教授を施す自然主義の立場から，方法では直観教授を唱えた。

66ページ)。名称や用語をいくら暗記しても，その意味内容や原理・法則等が説明できなければ，真の理解に至っていないことになる。コトバ覚えのコトバ知らずの育成から脱却し，事物に探究的に迫る主体的な教育の必要性を説いたのである。

　「理性を備えた存在である人間は，他人の理性によってではなく，自分の理性によって導かれるようになります。書物に書かれた事物についての他人の意見だけを，読んだり理解したり，記憶したり話したりするのではなく，自分自身で事物の根源にまでさかのぼり，事物の正しい認識と正しい利用の仕方とを身につける」ことが大事である（コメニウス，1962-1，118ページを改変）。

　「事物は本質的なものであるが，言葉は偶発的なものである。事物は身体であるが，言葉は皮膚にすぎない。事物は核心であるが，言葉は殻であり外皮である。両者は人間の認識に必要であるが，事物が認識の対象であるとともに，会話の対象でもあるから，やはり事物を先にしなければならない」（コメニウス，1962-1，156ページを改変）。

２　事物に迫る教育の提唱

　総合的な学習における探究的な学習とは，「物事の本質を探って見極めようとする一連の知的営みのことである」と解説されている。先に示した「自分自身で事物の根源にまでさかのぼり」とは，「言語という枠でとらえられていた観念的思弁的知識を解体して，知識の根源と本質にさかのぼる新しい教授形態を導入する」ことで真に迫る事実認識を求め，「教育そのものを根本的につくりかえることであった」と解釈されている（柳，1960，66-67ページ）。

　コメニウスは感覚主義的認識論に基づく直観教授の提唱者でもある。その黄金法則を以下のように説明している。

　「あらゆるものをできるだけ多くの感覚に訴えるということが，教授者にとっての黄金法則になるということである。すなわち，見えるものは視覚に，聞こえるものは聴覚に，匂いのあるものは嗅覚に，味のあるものは味覚に，触れることのできるものは触覚に訴えるということである。（中略）学識は，事物を言葉で伝えることからではなく，事物そのものをよく見ることから始まらなければならない。事物が認識された後で初めて，事物をもっと詳しく説明するために，言葉を付け加えるようにしてほしいのである。（中略）事物についての真実で的確な学識を学習者に身に付けさせようと思うのなら，必ずいつも一切の事物を自分の目で見させ，感覚に描き出してやって教えなくてはならない」（コメニウス，1962-2，9～11ページを改変）。

▷２　文部科学省『小学校学習指導要領（平成29年告示）解説総合的な学習の時間編』2018年，9ページ。2008年版の解説でも同様の説明がなされている。

▷３　コメニウスの『大教授学』に始源をもつ語であり，感覚で感知した内容が思考の素材になると考えられ，実物教授を基本にした。のちにペスタロッチはコメニウスの認識の仕方の基礎を数・形・言語の三要素から構成し直した。

2　ルソー──自由な精神を確保した探究に情熱を傾ける

1　主体的学習者観の思索

　仏語で旧制度を意味するアンシャンレジーム[4]は，当時の超階層的格差社会の弊害を指摘するものであり，その変革が求められた。18世紀後半には，自由と平等という近代型人権思想に立脚した，主体的な人間形成の道筋をどう提示するかが思索された。教えられる客体（受容者）から学ぶ主体への転換が図られ，主体的で自律的な人間を育成することで人のもつ創造性を開示するという教育思想が確立されていく。

　ルソー[5]は，既成の伝統・秩序から解放し，自然の原理に即した主体的学習能力の発達を願った。主著『社会契約論』[6]のなかで，「人間は自由なものとして生まれながらも，至るところで鎖に繋がれている」とし，彼は教育小説『エミール』[7]において，肝心の物事の是非を決めるのは，自然にしたがう精神の自律がもたらす自由であるとして，次のように述べた。「わたしたちの知恵と称するものはすべて卑屈な偏見にすぎない。わたしたちの習慣というものはすべて屈従と拘束にすぎない。社会人は奴隷状態のうちに生まれ，生き，死んでいく。生まれると産衣にくるまれる。死ぬと棺桶にいれられる。人間の形をしているあいだは，社会制度にしばられている」（ルソー，1962上，33ページ）。

　ルソーによれば，真にあるべき社会は，社会によって支配され，社会の歯車としてしか自己を感じないような相対的存在としての社会人によって創られるのではない。自主独立の人間，すなわち，「自分の目でものを見，自分の心でものを感じればいい。自分の理性の権威のほかにはどんな権威にも支配されな（い）」（ルソー，1962中，98ページ），自然人によって創られるのである。自主独立の精神に満ちた人の育成により，彼の理想とする社会の建設を志向したからである。

　このことは，『エミール』において，「自然は子どもが大人になるまえに子どもであることを望んでいる。この順序をひっくりかえそうとすると，成熟してもいない，味わいもない，そしてすぐに腐ってしまう早熟の果実をつくってしまう。（中略）子どもにはものの見方，考え方，感じ方において一種独特のものがある。それをわたしたち大人の見方，考え方，感じ方に変えようとするほどばかなことはない」（ルソー，1962上，125ページを改変）。さらに，「人は子どもというものを知らない。子どもについてまちがった観念をもっているので，議論を進めれば進めるほど迷路にはいりこむ。このうえなく賢明な人々でさえ，大人が知らなければならないことに熱中して，子どもにはなにが学べるか

▷**4**　アンシャンレジーム
フランス語で旧制度という意味を持ち，フランス革命以前の16〜18世紀の絶対王政期の体制に対し，フランス革命が産み落とした新しい社会と対比しつつ，革命によって打倒された旧来の社会体制を指して呼んだもの。

▷**5**　ルソー
(J.-J. Rousseau；1712-1778)
近代教育思想の中心的な形成者の一人。『人間不平等起源論』(1775)，『社会契約論』(1762)，教育小説『エミール』(1762) などを著した。近代人と近代社会の認識に基づき，自然人概念や消極教育論などを提起した。

▷**6**　ルソーの政治論の主著。封建的制度の隷属的人間関係を批判し，人間の基本的な自由の確保を求め，自由な人間が全員一致の約束によって形成する理想的な国家形態を主張した。日本でも中江兆民の訳本により，自由民権運動の思想的基盤の一つになった。

▷**7**　主人公エミールの誕生から結婚までを5編に分けて書き下ろした教育小説。子どもの本性を尊重し，自然に委ねた成長を促すことが教育の根本であると主張した。

を考えない。かれらは子どものうちに大人を求め，大人になるまえに子どもがどういうものであるかを考えない」（ルソー，1962上，18ページ）と述べられた。

　ルソーは「子どもにはものの見方，考え方，感じ方において一種独特のものがある」とし，大人とは異なる独自存在性を認めたうえで子どもを導く方法を提唱した。この彼の立脚点が，子どもに適した学習に変革する源泉になった。ルソーによれば，教育には自然による教育，事物による教育，人間による教育の3種類があって，これら三者の一致が重要だという。それは，① 自然による教育：人間に本性的に備わった内的発達能力による教育であり，人為では左右できないもの，② 事物による教育：人間の外からの刺激により，感覚を通して学ぶもの，③ 人間による教育：知育・徳育のように人間の意のままになしうる教育である（高田，1995）。

　これら三位一体の教育を実現するには，外部から与える人間の教育と環境による事物の教育を自然の教育に近づける必要があるとした。この自然による教育が消極教育と呼ばれ，彼の教育思想の中核をなすものである。

２　消極教育＝子どもの主体（積極）性を重視する教育

▷8　外から干渉することを避け，内側からの自然の発達を助長するように努める教育のこと。人間の本性に対する信頼が前提になっている。フレーベルの「追随的教育」も同じ系譜に属するが，発達に応じて促進的措置を併用することも説いていた。

　ルソーは，消極教育の原理を打ち立て，書物主義，生活からの遊離，子どもの行動の拘束の三つを当時の教育の主要な禍として断罪し（佐藤正夫，1987），次のような子どもの主体性重視の教育論を展開した。第一に「諸君は，子どもの学ばなければならないものを，かれに提供する必要がないということをよく考えてみよ。それを欲し，探究し，発見するのはかれの仕事なのである。諸君の仕事は，それをかれの達しうる範囲におくこと，うまくその欲求を生じさせること，そしてそれを満足させる手段を与えれば十分なのである」（柳，1960，92ページ）。第二に「どんな方法よりも，いっそう確実な方法がある。それは，知りたいという欲求を起こさせることである。（中略）現在の関心，これが大きな原動力である。確実に多大の効果をもたらす唯一の原動力である」（同）。

　書物に記された他人の意見を鵜呑みにさせる学習習慣は，子どもの精神に権威者の影を植えつけるため，主体的に思考・判断しようと欲する理性への抑圧行為に等しい。言葉を暗記させ，抽象語を振りかざしたり，現実世界の事象と乖離し，感覚に基礎を置かなかったりした知識教授に対し，ルソーは激しく対峙する立場を取った。「かれらは一体なにを生徒に教えているのか。コトバだ。コトバだ。コトバばかりだ。かれらが教えていると自慢している知識のなかで，かれらは子どもにとって本当に有益なものを選ぶのを注意深くさけている。なぜなら，それは事物の知識であり，かれらはそれをうまくあつかうことができないからだ」（柳，1960，91ページ）とルソーは主張したのである。

⎡3⎤　知的探究に求められる内的発動性

　伝統的権威や既存の思考様式にしばられることなく，自由な主体的人間として，自分の頭で考え判断する人を育成できるのだろうか。「疑いもなく，われわれが自ら学ぶ事物については，他人に教えられて覚える事物よりも，いっそう明白で正確な観念をうるのである。こうして，われわれの理性が権威にたいして奴隷的に屈従するようにならされないばかりではなく，たんに所与のものを受容し怠惰によってわれわれの精神を弱化させる場合よりは，よりたくみに諸関係を発見し，種々の観念を結合し，道具を発明することができる」（柳，1960，94〜95ページ）。

　この事物の真実の関係を子ども自身に発見させるには，どのようにすればよいのだろうか。これについてルソーは，知識とは個別の知識と知識とが連鎖によって結びつけられた，いわば網目状の知の集合体（ネットワーク化された知識）と捉えていた。「あらゆる知識が共通の原理に関連して順次に発展するところの一般的真理の一つの連鎖がある。（中略）しかし，現在のばあい（子どもの教育のばあい），これとはまったく異なった連鎖があって，特殊の個々の物体がたがいに他を引きつけ，必ずそれに続く次の物体を指示している。この順序は，たえざる好奇心によって，物体がすべての人びとに要求する注意をそだてるのであり，これこそ多数の人びとのしたがっている順序であり，ことに子どもにとっては正当な順序である」（柳，1960，98ページ）。

　ここでは，一般の知識が発展する順序（連鎖）と子どもが知識を発展させる連鎖との違いが示されている。人為的に設定された体系的知識をそのまま伝達するのでなく，子どもの意欲・関心にしたがって発展させる知的探究の順序にしたがって知の連鎖を創りだすことが，教授の正当な順序だという。いわゆる「知の総合化」を説明しているのである。知的探究によって，学習者自身が知識の連鎖を生みだすところが重要である。問いが問いを生みだし，思考が次々と発展していくような真理探求の学びの姿を描いていると言えよう。

　「子どもに種々の知識を教えるということは，それほど重大なことではない。大切なことは，知識を愛する気持ちを呼び起こし，そしてこの気持ちがいっそう発達させられたときに，知識を学習する方法を与えることである。これがあらゆる良い教育の基本原理である」（柳，1960，93ページを一部改変）。

　ルソーの教育論の主軸が子どもの主体的学習能力の形成におかれ，その内的発動性を重視しているとすれば，既成観念を打ち破り，新しい視野から見つめ直すことは当然である。子どもには後に理性としての結実が期待される諸能力が内在している。それにふさわしい成長・発達の内的法則を見取り，的確に支援・指導することでの理性的判断力を備えた人間の育成という消極教育の真の

意味は，現在にも通じるものがある。

3　パーカー──中心統合法と自己探究の精神を説く

1　児童を中核に位置付けた中心統合法

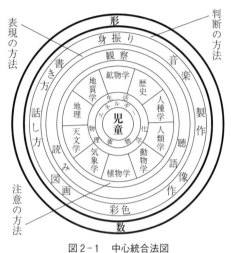

図2-1　中心統合法図
出所：山口（1966, 225ページ）。

▷9　パーカー（F. Perker ; 1837-1902）
ペスタロッチ，フレーベル思想的系譜につながり，デューイの教育思想に重要な影響を与えた。アメリカの新教育運動の父といわれる。

　書物依存の教育から児童中心主義の教育へのパラダイム転換は，近代教授学の重要なテーマであった。パーカーは，伝統的な教育に対し，言葉の詰め込みや大量の抽象的事実の暗記を強制し，「精神をある限定された範囲の外に出さない方法」と批判し，フリーダム（自由）の教育を提唱した（高田，1970, 21ページ）。

　図2-1は，児童を中核に据えたパーカーの有名な中心統合法図である（以下，山口，1966）。この図から特長が見いだせるように，① カリキュラムの中心に子ども（Child）を位置付け，② その周囲に主に自然科学系の教科を配置し，これを中心教科としている。この中心教科を学習する過程で，「思考」を強化し確実にする手段として，観察，聞き方や読み方を包含する注意の方法が配置されている。その周囲には「表現方法」として，話し方，書き方，身振り，声にだすこと，音楽，製作，像作，彩色，図画，モデル化が，「判断の方法」として形と数が学ばれていく，という構造を取っている。彼は，同心円的な五つの層からなる統合モデルを描いた。

　すべての表現方法は，思考の強化に用いられ，「感覚器官から得た児童の単純かつ粗野な個別概念は，分析，比較，分類，推論，一般化のプロセスを経て徐々に発達され，強化されていく。この表現の方法は効果的な学習にとって重要な『思考と行為の統一』を達成するのに不可欠の機能」をもち，「児童の本性にしたがった自由な思想表現には常に楽しさや喜びが伴うものであり，児童は大きな自信と楽しみを持って話し，書き，物を作り，描き，歌う」（高田，1970, 25ページ；文中の欧文略す）ことをして，フリーダムの教育が実現される。

2　学習過程に出現する個性的なアプローチ

　パーカーは，子どもを「死せる言語」に埋没させてはいけないとして，「児童から自由に考え，自由に行為する権利を奪う教育」を断罪した。言葉の詰めこみ，抽象的事実の大量暗記を強制することを，「精神をある限定された範囲の外に出さない」量的教授法とみなし，自由の教育と対比して論じた（高田，

1970，21ページ）。中心統合法より現出する「精神行為の質」を問い，「オリジナルな推理をなしていく精神の行為，厳密な資料に基づいて連続的に行われる推理の過程を通して進行する精神の行為」（山口，1966，236ページ）の重要性を強調した。

　質の高い「精神の行為」には，子どもが「自分の目で観察し，自分の頭で考え，判断し，選択していくことを保障し得るような方法」（山口，1966，236ページ），すなわち実物教授，調査，実験，自由に考え行為させることなどの「質的教授方法」が求められる。この質的教授法の質とは学習の質のことである。

　学習の質を確保するには，「すべての児童は同じではない。そして同じように訓練されてはならない。われわれが彼らを一まとまりとして扱うこと，彼らにわれわれのやり方を採るようにさせ，われわれの考えにあうようにさせることは大きな誤りである。児童を教える真の方法──彼の精神を発達させ訓練するたった一つの方法は，児童が何を望んでいるかを知る」（山口，1966，239ページ；文中欧文略す）ことが大切である。現在で言うところのコミュニケーション・アセスメント[10]（見取り評価）を基盤に，個に応じた形成的な評価と指導を取り入れようとする姿勢がうかがわれる。

　「発達の目的のためには，児童は一つの集団としてではなく，個人個人として扱われなければならない」し，「何をなすにしても，（それぞれ）何か異なったものとしてなせ。画一は死であり多様は生命である。」（山口，1966，238‒239ページ；文中欧文略す）という指導観こそが，パーカーが言うところの学習者の自己探究力を育成する精神であろう。

4　デューイによる探究の意義と構造

1　デューイの問題解決活動の主意

　探究的な学習とは，問題解決が発展的に繰り返されていく学習と言われているが，デューイ研究者からすると，その場合の問題解決活動とは，「必要に駆られて外界の人的・物的環境に"働きかけ"，そしてその結果として環境から何らかの結果を"受ける"（すなわち，学ぶ）といった極めて主体的で合目的的な活動」（高浦，1998，162ページ）のことを指す。しかし，教師がこうした問題解決の指導にいくら努めても，子ども自身が必要性を感じて自らの意思で「思考」しようとしなければ，子どもは教師の指図のままの行動をとっているにすぎない。これでは真の意味での学習は成立していない。だからこそ教師にとって重要なことは，問題解決のための行動の指導よりも，問題解決のための思考の指導を行うことであるという（高浦，1998，164ページ）。

▷10　学習者中心のコミュニケーションを取りながら，その対話の内容や文脈から学習者が目指すところを見取り，学習者が自ら考え，判断し，選択していくためのアドバイスを与えていくこと。

▷11 デューイ（J. Dewy
; 1859-1952)
プラグマティズムに立つア
メリカの教育学者であり，
進歩主義教育を哲学的に基
礎づけた。1896年にはシカ
ゴの実験学校を開設した。
主著に『民主主義と教育』，
『学校と社会』『経験と教
育』などがある。

デューイ[11]の探究学習の構造は，表2-1のように整理されている。以下，高浦の説明に基づき，この思考指導のプロセスを説明する（高浦，165-172ページ）。

2 探究の構造の6段階

彼の探究の構造における段階は，問題的場面，問題の形成，仮説の形成，仮説の検証，問題の解決，解決された場面の6段階で形成されている（表2-1参照）。

表2-1 デューイの探究の構造

段　　階	操　　作	態　　度
（1）　問題的場面 （2）　問題の形成 （3）　仮説の形成 （4）　仮説の検証 （5）　問題の解決 （6）　解決された場面	観察 {事実・知識の感覚 / 知覚・想起・確認} ↓↑ 推理 {観察可能な観念の創造 / ↓↑ / 観察困難な観念の創造}	寛心性：開放性，協調性 謙虚さ 誠心誠意：持続性，集中 性，積極性 責　任：自主性，自立性，多面性，丹念性

出所：高浦（1998，165ページ）。

　(1)の問題的場面とは，外的環境との関係で不均衡な状態に陥り（なぜ，どうして），それを問題として意識し，解決すべきこととして判断することが問題解決のスタート地点になる。大切なことは，他者が問題だと判断しても，当人に問題性や課題性が感じられなければ，問題的場面の発生にはならないということである。学習者にとっての問題意識をどう掘り起こすかが重要である。

　(2)の問題の形成は，思考・判断の力を用いて，十分に感知した問題を解決すべき問題（＝課題）として設定する段階である。ここでは課題として設定できるように知的な「整理」の過程を経ることが不可欠となる。

　(3)の仮説の形成は，設定された問題に対し，どのようにアプローチすればその問題の解決に至るのか，解決策の試案を頭に複数浮かべ，推理の力を用いて吟味する段階である。問題解決への迫り方を検討し，根拠を探りながら妥当そうなアプローチを仮説として洗練化する局面である。こうして最終仮説が固まると，これに続くのが(4)の明白な行動による仮説の検証である。解決策としての最有力な仮説を実際に行為（アプローチ）して検証する段階である。

　(5)の問題の解決は，(4)のアプローチで解決に至らなければ，再び「問題の形成」⇒「仮説の形成」⇒「行動による仮説の検証」が繰り返される。ループ型の補助過程を準備した段階であり，いわゆる試行錯誤やトライアル・アンド・エラーが予め想定されている。

(6)が最終段階であるが，なぜわざわざ「解決された場面」が設定されているのだろうか。問題が解決されればそれで学習は終結するのに，なぜ土俵の徳俵のような段階を設定しているのだろうか。力を尽くして問題の解決に至った結果，不均衡な状態が再び安定性を取り戻す。それは同一地点への回帰ではない。そこでは学習による変化（＝成長・達成感）が実感される。これを振り返ったり，味わったりすること（＝リフレクション）に結びつけられれば，次の問題解決への意欲にもつながるからである。この学びの過程は，学習者の学びの履歴の一部として，個人の連続的な成長の大きな過程に位置付けられている。

5　キルパトリック──探究学習の有力な方法を提示

1　探究の過程に示唆を与えるプロジェクト法

　プロジェクト法[12]の起源となる人物はスチムソン（N. W. Stimson）である。彼は農園における仕事（occupation）を農業プロジェクトと名付けた。ここから，他人の作業や経営を傍観するだけでなく，自らの作業従事により農業改善に貢献するなど，自ら進んで何かの価値ある結果を産出する作業がプロジェクト法のはじまりだと言われている（松田，1933，224ページ）。

　プロジェクト法とは，教育の過程を「生徒の目的の決定，すなわち，価値ある目標を追求するプロジェクトに基礎づけ，それにより，できるかぎり目的を実感させ，生徒の責任や自己決定を最大限引き出す試行」（佐藤隆之，2004，299ページ）である。キルパトリック[13]は，生徒の興味や生徒による活動の案出を重視するが故に，学習は偶発的で間接的に成立するものとする。一方，教授に関しては，あくまで生徒の自由意志と自己決定を最大限に重視する立場から，意図的・計画的側面の重要性を説き，全過程が「教師の思慮深いコントロールと指導のもとでなされる」（同）として，教師が果たすべき役割を強調する。放任状態を退け，充実した学習を導くために支援的な教師の指導のあり方を説いている。教授の意図・計画よりも，自発性と自己責任により主体的に展開される学習活動に力点が置かれている。計画は綿密に，暗黙的なものも含めて生徒が示す意思には受容的・肯定的に，そして指導は柔軟に，の姿勢である。

　生徒の意思と判断を重視すればするほど，事前にすべてを計画・決定することは困難である。かといって，キルパトリックは指導計画不要論を説くことはしない。彼は，「価値の地図」[14]として描出した教授書を参照し，「賢明な教師は，クラスの学習を常に指導し，重要な領域が抜け落ち，不当に遅れることがないようにする」（佐藤隆之，2004，303ページ）べきだという。予定実行完結型ではなく，当為変更型の計画を想定していたと考えられる。

▷12　「プロジェクト」という概念が教育上の用語として自覚的に用いられたのは，1900年に手工教育に適用したリチャーズ（C. R. Richards）からとする説がある。問題解決学習の典型的な様式の一つであり，構案法や構案教授，実演法とも訳されてきた。当初は手工教授や農業実習などの作業活動に適用されてきたが，生徒の自発的な経験学習の有力な方法原理として提起したのがキルパトリックであった。日本では1921（大正10）年前後に紹介された。

▷13　キルパトリック（W. H. Kilpartrick；1871-1966）アメリカの教育学者で新教育運動の理論的指導者として活躍。デューイの実験主義の影響を受け，「生活即教育」理論を具体化したプロジェクト・メソッドを確立し，新教育の有力な方法原理を提起した人物。1927年と29年に来日した。

▷14　教えたり学んだりするだけの価値がある内容の構想図。

キルパトリックのプロジェクト法は，単なる学習指導法ではなく，「現実問題として価値ある生活を構成する」生活教育の原理として意味づけられ，「現在の生活以上に，将来の生活のために，（中略）『為すことによって学ぶ』という格言」（キルパトリック，1967b，19ページ）に従うというのである。彼は，プロジェクト法を四つのタイプに分けている。第一の類型は，船を作ったり，ドレスを製作したり，新聞の発行を企画したりするような計画を内包するタイプである。第二の類型は，物語を傾聴したり，交響楽・絵画を鑑賞したりするような審美的経験のタイプである。第三の類型は，「どのようにしてニューヨークはフィラデルフィアよりその規模が大きくなったかを証明するような難問の解決を求める」ようなタイプである。第四の類型は，ソーンダイク尺度の第十四段階に指示された見本のように書くといった知識や熟達さを習得するタイプである（同，49～50ページ）。いずれのタイプにおいても，子どもの生活世界における問題解決に有用な事象が含まれているかどうかが重要である。

　キルパトリックは，教授の展開過程を八つに段階化して示している（キルパトリック，1969-2，144ページ）。すなわち，① 目的の設定・選択による活動の開始，② 活動を遂行する方法の計画，③ その計画の実施，④ 活動中の進歩と結果の評価，⑤ さらに活動を先に進めるための提案をしたり，新たな手がかりに注目したりすることの奨励，⑥ 思考を明確にしたり，思考したことを後に活用したりするための思考した内容をノートや黒板に書いて定式化すること，⑦ 生徒が自分の思考を批判的に検討できるように支援すること，⑧ 全過程を振り返り，そこに含まれている重要な学習を取り上げて定着させるとともに，成功や失敗から将来への教訓を引き出すこと，の八つである。

２ デューイが指摘した探究活動の留意点

　プロジェクト法に対し，デューイが指摘した留意事項は，学習者主体の探究学習を組織していくうえで傾聴に値する（以下，佐藤隆之，2004参照）。

　第一は，「興味」についてである。デューイも子どもの内的な力を引き出すことは重視していたが，この「内的な力」と「興味」とを区別していた。興味には，一時的なものもあれば永続的なものもある。感情的な刺激により興奮をもたらすものもあれば，知的好奇心に触れて思考を伴うものもある。どのような目的や行為が得られるのかという観点から，興味の質が問われるべきだという。

　第二は，「本質的な価値」についてである。ここでの価値とは，目に見える成果でもなければ，楽しさに耽ることでもない。生活や暮らし，生きるうえで有益な学ぶべき事柄を有する活動であるかどうかである。物事の本質を見極めようとする本格的な活動に価値がおかれている。

　第三は，学習や知性の発展性・跳躍という側面である。これは「教育過程の
展開上，新たな好奇心を喚起し，情報を必要とするような問題を提起すること
により，『知性』を新しい領域に導くという条件である。それにより，以前に
は思いつかなかった問題が提起されたり，観察，読書，専門家への相談などを
とおしてさらなる情報を得ようとする欲求が生みだされる。（中略）そのため
には好奇心や情報への要求を喚起し，『知性』のはたらきにおいて活動が新た
な段階に展開されるような問題が必要とされる。」（佐藤隆之，2004，81ページ）。
知性が揺さぶられ，問題解決が発展的に繰り返されていく学びの深化の大切さ
が指摘されている。

　第四は，時間の計画性についてである。プロジェクトの実行には十分な時間
が必要である。目標や計画，連続的な取り組みとしての組織化，その実現可能
性の確保は指導者の役割である。十分な計画性をもつことが教師に求められて
いる。「教科だけでなく子どもについても理解しているのなら，大人の押しつ
けとなる心配はない」（佐藤隆之，2004，83ページ）とのデューイの言葉は，プロ
ジェクト法を通して，子どもなりの見方・考え方，学習の仕方への理解がいか
に必要かを私たちに再認識させてくれる。

6　実地の問題をつかんで実地の解決をめざす探究学習

　深い思考は，矛盾や対立をはらんだ問題状況から発生する。であるならば，
自然や社会の現実のなかで，この問題状況を切実に感得し，この矛盾や困難と
リアルに向き合うことが不可欠である。自己との関係性を自覚するには，現実
感覚を豊かにして，主体の経験を掘り起こすことが大切である。総合的な学習
は，現実感覚に根ざした主体的な知の創出活動であり，自ら現実の問題を解決
しようとする認識主体に育てようとする構えが重要である。

　「活動あって学びなし」とは，形骸化した体験主義教育や主体的学習論に向
けられる批判である。知的探究心に乏しい体験学習は空虚である。総合的な学
習は，頭も体（情報を操作し，表現を創りだす手）も心（知的好奇心や探究心）も統
一的にフル稼働させ，実地に臨み実地の問題をつかんで実地の解決を志向して
いく活動と言えよう。

　歴史的にも子どもの自己活動力に信頼を寄せる思潮が展開されてきた。その
場合にも，思考（精神行為）の質を高める知的技能（探究スキル）が完全に無視
されることはなかった。子どもに真に必要かどうかが問われてきたのである。
知の総合化を目指し英知を深めるために，学習者主体の探究的な学習プロセス
を描こうとした思潮も見られた。これらの教育思潮の歴史的累積をへて，その
現在的な集約として「総合的な学習の時間」がこの時代に顕れているのであ

る。

Exercise

① コメニウスやルソーは，書物に記された知識を鵜呑みにする教育の問題点
　をどのように捉えていたか，整理してみよう。
② ルソーが自らの確固たる考えを形成する学習において，自由な精神の確保
　を重視したのはなぜだろう。その理由を考えてみよう。
③ プロジェクト法を開発したキルパトリックの教授の展開過程の概略を示
　し，学習者主体の探究学習を組織するうえでの留意点をまとめてみよう。

📖次への1冊

高浦勝義『総合学習の理論』黎明書房，1997年。
　　総合学習の考え方と意義について，アメリカ，イギリス，オーストラリアを事例と
　　して，諸外国における総合学習の歴史についても取り上げられている。
中野真志『デューイ実験学校における統合的カリキュラム開発の研究』風間書房，2016
　年。
　　当時のアメリカ・カリキュラム諸理論の歴史的な文脈を踏まえ，デューイ実験学校
　　の統合的なカリキュラムの開発過程とその授業実践の実態について解明した一書。
山田栄『現代教育方法論──直観・労作・郷土・合科・生活』成美堂，1939年。
　　古典的な一書ではあるが，自己活動を基本にする労作教育，新教育運動の趨勢のも
　　とで開花した合科教授論のカリキュラムの実例，知識と生活との関係など，当時の
　　知見が理論的に集約された良書である。

引用・参考文献

コメニウス，鈴木秀勇訳『大教授学1・2』明治図書，1962年。
キルパトリック，西本十三二訳『教育と文化の革新』表現社，1967年 a。
キルパトリック，市村尚久訳『プロジェクト法』明玄書房，1967年 b。
キルパトリック，村山貞雄ほか訳『教育哲学1・2』明治図書，1969年。
松田友吉『現代教育新思潮の認識と批判』大同館書店，1933年。
ルソー（今野一雄訳）『エミール上・中・下』岩波書店，1962年。
佐藤正夫『近代教育課程の成立』福村出版，1971年。
佐藤正夫『教授学原論』第一法規出版，1987年。
佐藤隆之『キルパトリック教育思想の研究』風間書房，2004年。
杉浦美朗『デューイにおける探究としての学習』風間書房，1984年
高田喜久司「パーカーの理論」金子孫市監修『現代教育理論のエッセンス』ぺりかん
　社，1970年。

高田喜久司『学習指導の理論と実践』樹村房，1995年。

高浦勝義『総合学習の理論・実践・評価』黎明書房，1998年。

山田栄他『教育学小事典』協同出版，1974年。

柳久雄『現代教授過程』理想社，1960年。

山口満「F・W・パーカーの中心統合法理論の構造」長坂瑞午代表『教育課程と世界観』
　　山田栄先生退官記念の会，1966年。

第3章
わが国における総合的な学習の歴史

〈この章のポイント〉

　本章は，25年前後の周期で波やヤマのように現われてきた総合的な学習の先駆を見ていく。1910〜30年代には，大正新教育（大正自由教育）が，大正デモクラシー期の前後に起こった。1947〜50年代中頃には，戦後新教育と言われるものが，アメリカ占領下の民主化期に全国的なブームを呼んだ。高度経済成長期が終わって以降，低成長期の1970年代後半には，日教組の諸委員会が総合学習を論議し提案した。そして，21世紀への転換を前にした1989年改訂と1998年改訂の学習指導要領に，生活科と総合的な学習の時間が登場したことを学ぶ。

1　分化した教科の群から総合化されたカリキュラムへ

　日本でも世界でも，近代以降の学校におけるカリキュラムは，各教科が互いに無関係であるかのように分科・分化したかたちで構成されてきた。次第に教科の数も増やされて，多くの内容が盛り込まれてきた（多教科並列の分科カリキュラム）。そうした「専門的分科的知識・技能の切り売り的羅列」（梅根他編，1977，6ページ）のカリキュラムは，教科ごとに別々な大量の知識・技能をベルトコンベアー的に子どもの頭に注入し詰め込むものとなってしまう。学ぶ子どもの側の人格がまとまりを欠き分裂しかねない，との懸念も出始める。

　そこで，一部の教師や学者は，各教科の知識・技能はいつかどこかで整理される必要があり，現実の社会生活での問題解決に「活用」するためにも，「総合」（統合＝インテグレート）しなければならない，と考えるようになった。教科のあり方が問い直されて，複数の教科等を横断，複合させた実践と理論が，現在の総合的な学習にも似たようなものとして，世界各国で提案されてきた。「総合」がされたものとその総合物には，三つの場合がある。(1)人間の諸力の集大成，(2)複数の教科どうしや，教科と領域（特別活動など）を合わせたもの（合科，横断的カリキュラム，クロス・カリキュラム），(3)一つの現象・事柄の異なる側面と捉えられるような複数の要素の，「未分化」な総合，である。

　歴史的には，これらの「総合」を志向した思想・実践・運動が，新教育の諸系譜に重なる。校外や日常の生活・活動に価値を見出して，学校教育のうちに教科ならざる枠を空けて導入することで，教育システムに揺さぶりをかける発

想を含む。概して，あまりに「規律化（discipline）」（画一化，形式化）されて19世紀以来広まった大衆用の近代学校（モニトリアル・システム，あるいはベル・ランカスターシステム）を人間化する発想もある。また，児童解放運動を高揚させ，国民教育制度に対しても民主化を促したものまである[41]。

2　第一の波──大正新教育（大正自由教育）

1　近代学校批判としての新教育とその主張点

　日本にも及んだ新教育運動の一つ目が，1910年代から1930年代にかけて広まった大正新教育（またの名は大正自由教育）と言える。

　日本では，近代学校と言われるシステムは，明治維新での学制改革（1872年）に際して西洋から導入された。国家主義，天皇制軍国主義のイデオロギーを，教育勅語や教科書，行動規範を注入しながら刷り込むために，地域や子どもの実態を無視した教育内容が，画一的に統制されて組まれた。形式的な方法も一般化していき，とくにヘルバルト学派の五段階教授法などが流用された[42]。

　だが，大正デモクラシーに影響されて，統制が緩まることもあった。政府が定めた内容を正確に教授するための画一的・形式的な一斉教授に批判的な，熱心な教師や学者たちが，海外の教育情報を書籍や留学によって入手し，新教育（表3-1）と呼ばれる欧米諸国の哲学思想・教授理論やその実践を紹介・導入して，自ら教育の実践と理論へと具現化するようになったのだ。

表3-1　旧教育に対する新教育の主張点

	旧来の教育の批判点	新教育にほぼ共通する特徴
教育理念	統制，管理／指導	自由，（放任）／興味・関心／支援・援助
教育内容	主知主義（知識偏重）	全人主義／感性／生活経験・体験，労作
	書物主義	実物主義／経験主義，活動主義／自然
教育方法	画一主義，詰め込み	個性／自発性，自主性，主体性／創造性
	形式化・形骸化	生活中心主義，生命活動の重視
教育関係	教師中心主義	児童中心主義，個別または共同・協働
一部の論徴	伝達，習得／効率，競争／秩序，権力	思考，判断，表現／活用，探究 自己活動，自学・創造・自動・自治
関係する論	系統学習，教科主義 科学主義，文化遺産	問題解決学習，経験主義，生活主義 共同学習・協同学習・協働学習・協調学習

出所：筆者作成。

2　新教育の前段階と，大正新教育の主張者，新学校

　すでに明治時代の末期から，多彩な動きが日本の教育界に現われていた。

▷1　新教育
近世のルソー，ペスタロッチなどに源流があるが，19世紀末から20世紀前期にかけての欧米のデューイらの思想とその実践・運動を指す。アメリカでは進歩主義教育，ドイツでは改革教育とも呼び，アジアにも広まったが，国際的に世界新教育連盟（1921〜66）に集った多様な系譜である。

▷2　実際に広まったのはヘルバルトの弟子のツィラーやラインの論である。日本でも，所与の教材を伝達する手続きに切り詰められ，定型的な教科教授法が形成され，簡略化もされて浸透した（田中・橋本，2015，8〜11ページ）。
　他方で，ツィラーの中心統合法（中心とは歴史科）は，アメリカ合衆国に伝わって中等教育のコア・カリキュラムとなり，それが日本に渡ると，戦後初期の小学校中心に広まったコア・カリキュラム（後述）に再構成された。

(1)欧米新教育の紹介：日露戦争後，谷本富（京都帝国大学教授）によるケイ
やドモランの理論の紹介。自学輔導など。

(2)実物教授：教室に実物を持ち込んだ授業。ペスタロッチを参考にした
論。

(3)校外活動：調査探究も組み合わせた遠足他。棚橋源太郎（東京高等師範
学校附属小学校訓導）による飛鳥山遠足（1896年）が先駆。

(4)活動主義：パーカーの理論を採り入れて自発活動を重んじた。樋口勘次
郎（東京高等師範学校附属小学校訓導）の『統合主義新教授法』（1899年）
他。

(5)プロジェクト・メソッド，作業主義に基づく労作教育：東京女子高等師
範学校（現お茶の水女子大学）附属小学校の主事ら（北澤種一他）。

(6)合科学習論：一つの題材のもとに複数教科を合わせた学習（1920年〜）。
奈良女子高等師範学校（現奈良女子大学）附属小学校の主事ら（木下竹次
他）。学習方法一元論と称して，教科の枠を取り払い，時間割を廃止し，
教科書に縛られない実践。独自学習→相互学習→独自学習という流れを
試みた。

(7)研究学級：長野県師範学校（現信州大学）附属小学校の主事らによる
（1917〜37年）。教科も時間割も設定せずに，例えば低学年では郊外の学
習から，鶏の飼育，長野市の研究へと展開していった。

(8)理論的支柱：新カント学派の哲学者・篠原助市ほか。

　以上を基盤に大正新教育が起こり，その集大成として，教育学術研究大会，
いわゆる「八大教育主張」講演会（1921年8月の8日間，東京）が開かれた（表
3-2に登壇順に示した）。定員2000名の数倍にわたる申込が殺到した。

　共通してこれらは，それまでの教授法を画一的で教師中心的と批判して，子
どもの自主性・創造性や個性を重視する自由な教育を提起したものである。

　主な実験的な実践の場となったのは，国家統制からある程度自由であった師
範学校の附属小学校に加えて，表3-3のような，新教育を具体化するために
創設された私立学校（新学校）であった（後に大学が作られた学園もある）。

　当時の閉鎖的な教育行政下では，公立学校には広まりづらかったが，東京府
内の浅草区（現台東区）富士小学校，本所区（現墨田区）業平小学校，鳥取県内
の成徳小学校，上灘小学校のような一部の公立校には人脈がつながり，実践化
がされた。[3]

　だが大正新教育は，概して国家の定めた教育目的や内容を批判するまでは難
しく，国定教科書による内容統制との対決を避けての，教授法など技術改革の
域を出なかった。教育や子どもをとりまく歴史的社会的背景への認識が弱かっ
たし，子ども理解も抽象的で，教育方法も技術主義的活用に陥っていた例が目

▷3　他にも，芦田恵之助
の綴方の自由選題，山本鼎
の自由画教育運動，小原國
芳らの提唱した学校劇，鈴
木三重吉らによる児童雑誌
『赤い鳥』の運動など。

表3-2 八大教育主張の詳細

	提唱者	その役職	主張	主張内容の要旨
1	及川平治	兵庫県明石女子師範学校附属小学校主事	動的教育論	教育は動的なものでなくてはならない。後に，分団式動的教育法。自学主義と分団式学習の結合で，能力別グループ編成による個別化教育へ。
2	稲毛金七（詛風）	雑誌『創造』主宰者	創造教育論	教育は創造から始まり，文化の創造を目指さなければならない。
3	樋口長市	東京高等師範学校教授	自学教育論	生徒の自主学習を重視。
4	手塚岸衛	千葉県師範学校附属小学校主事	自由教育論	子ども自らが自らの力を出して自己を開拓して進む力をつける教育。
5	片上伸	早稲田大学教授，ロシア文学者	文芸教育論	文芸の精神による人間の教育。
6	千葉命吉	広島県師範学校附属小学校主事	一切衝動皆満足論	真の教育は好きなことをやらせていくことからしなければならない。
7	河野清丸	日本女子大学附属小学校主事	自動教育論	自我の自動こそ文化の本質である。
8	小原國芳	成城小学校主事（後に玉川学園を創設）	全人教育論	理想の真善美聖とそれを支える健富を備えた完全で調和ある人格を育む。

出所：筆者作成。

表3-3 大正自由教育の新学校（主に小学校）

校名または学園名	創立者	創立・閉校年	キーワードの一例
日本済美学校	今井恒郎	1907～50	田園，自然
帝国小学校	西山哲治	1912～45	子供の権利
成蹊実務学校 →成蹊小学校	中村春二	1912～ 1915～	自立・連帯・創造
成城小学校	澤柳政太郎	1917～	散歩科，遊び科
文化学院	西村伊作	1921～	自然科
自由学園	羽仁もと子・吉一	1921～	自労自治
明星学園	赤井米吉	1924～	独自の教科書
池袋児童の村小学校	教育の世紀社（野口援太郎，野村芳兵衛，峰地光重，下中弥三郎，志垣寛 他）	1924～36	生活科，観察科 児童中心主義
御影児童の村小学校 →芦屋児童の村小学校	桜井祐男	1925～38	選ぶ自由
雲雀ケ岡児童の村小学校（茅ヶ崎）	上田庄三郎	1925～27	大地主義 教育解放
玉川学園	小原國芳	1929～	労作，全人教育
和光学園	成城学園の一部の父母	1933～	生活教育

出所：筆者作成。

立った。結果として，批判や弾圧に抗しきれず，体制内での部分的な方法の修正にとどまって，学校によっては自発的に，戦時下の国民学校（総力戦のために改組された小学校）の体制に順応していった。他方で，新教育の試みの一部は，国民学校のうちにも「綜合教授」，「自然の観察」などとして採用された。

③　生活綴方と生活教育論争，社会研究科

　他方で，唯一国定教科書がなかった綴方科（つづりかた）を活用し，生活綴方と称する自主的な実践を編み出す教師たちが現われた。子どもたちが地域や家庭の生活とその内面世界をリアルに見つめ，「ありのまま」に文や詩に綴るとともに，さらに，生み出された作品を学級集団のなかで読み合うことで，ものの見方・考え方・感じ方を深化させ，共同化させる実践である。具体的な事実について，借りものでない自分の言葉で，実感を込め，偽りなく書かせることが目指された。昭和初期の窮乏と矛盾に満ちた東北の農村で，生活の現実に根ざす教育を試みた北方性教育運動がその代表だが，北海道や四国などにも多くのサークルができ，全国で文集や雑誌が作られやりとりがされた。

　生活綴方が1930年代に「綴方教師の鑑賞に始まって感傷に終わるに過ぎない」（留岡，1937，60ページ）などと酷評されたことから，生活教育の効能をめぐる論争が雑誌のうえでくり広げられた。とくに重要な論点は，綴方という一つの科目にとどまり作文指導に徹するか，（家庭や地域に係わる）生活指導にまで積極的に「はみ出る」かであった（後期生活教育論争，1938年）。

　その論争で，北海道の児童自立支援施設，家庭学校にかかわっていた留岡清男が，「社会研究科」という提案をした。カリキュラム全体を見渡して，新しい教科を設けるほどの改造をしないと，「最小限度を保障されざる生活の事実を照準として思考する思考能力」（同上）は養えないとの深刻な想いが留岡にあった。

3　第二の波──敗戦後・民主化期の戦後新教育

①　戦後新教育の三つのタイプ

　アジア・太平洋戦争が敗戦に終わると，アメリカを代表とする連合国軍（GHQと各地の軍政部）が駐留し，民主化を指導した。そこに戦前から新教育を研究・実践してきた日本の学者や教師が協力しつつ，さまざまな教育改革が推進された。その際，世界の新教育，戦前の大正新教育の成果と研究が活用された。それが戦後新教育と括られるものであり，実践としては三つに分類される。

　(1)地域教育計画：戦後初期に新設された社会科を中心に，現実の地域や生

活を重視するような内容・活動の計画（カリキュラム）を，地域住民とともに構成する試み。学校以外の社会教育の関係者からも注目されてきた。

(2)生活単元学習：試案とされた時代の学習指導要領（[1947年版] と [1951年改訂]）で示された。デューイ（John Dewey，アメリカ）[4]の経験主義他から影響を受けて，あらゆる教科に生活・活動・経験を導入するもの。

(3)コア・カリキュラム：方法だけでなく目標・内容も重視する，カリキュラムの全体構成論。総合的な学習活動をコア的な課程として位置付け，コアで必要となった，および必ずしも関連しない知識・技能・態度を教える各教科にあたる課程を周辺に配して有機的に関連付けたもので，数百校に広がった。

これらはどれも日本国憲法と教育基本法に則って教育と地域・社会の民主化を目指しながらも，学校ごとに多彩で，複数を兼ねたケースも目立っていた。

以下ではあえてそれぞれのタイプに焦点を当て，詳しく見ていく。

2 戦後の初期社会科と先駆的な地域教育計画

戦後民主化のなかで新設された社会科は，アメリカのプラン（とくにヴァージニア州やカリフォルニア州のもの）が参照されたが，内容には知識というより，数々の体験，ごっこ遊び，構成活動・作業，調査・調べ学習，聞き取り・インタビュー，討論・話し合い，発表・劇化といった生活活動が据えられた。

桜田小学校（東京都港区立）では1947年，初の公開授業として「ゆうびんごっこ」（日下部志げ）が行われた。相川日出雄『新しい地歴教育』（1954年）の「調べる社会科」なども話題となった。山形県山元中学校の文集『山びこ学校』（1951年）の出版とブームは生活綴方復興のきっかけとなったが，無着成恭自身のあとがきを読むに，社会科を追い求めたもので綴方は手段だった。

地域教育計画では，川口プラン（埼玉県川口市）が，市をあげて地域住民が，中央教育研究所の研究者と共にカリキュラムを組み，子どもが市のさまざまな側面を調べ上げる社会科を提案した。本郷プラン（広島県本郷町。現三原市）も東大助手だった大田堯を中心とした，町をあげてのカリキュラム構成だった。

3 学習指導要領による生活単元学習とその問題点

戦後初めての学習指導要領 [1947年版]，および [1951年改訂] は試案と銘打たれ，教育を「下の方からみんなの力で，いろいろと，作り上げて行く」（1947年版）と宣言されていた。デューイの経験主義をもとにした生活単元学習（ごく初期の問題解決学習）が，公立学校の社会科以外の教科でも可能となった。

だが，生活単元学習は問題含みとなっていった。教科ごとの内容が互いに関

連なくバラバラに並列されてきた点は変えず，全ての教科に別々に，生活・経験を導入した点が，現場を悩ませた。教科相互で活動・内容上の重複が出て，体験ばかりが多くなって時数が不足し，時間的・精神的な負担を強いたのだ。

④　生活単元学習批判としてのコア・カリキュラムの総合性

そこで，中心となる活動群（単元）を社会科だけに導入すべきとの提案が現われた。社会科は知識注入の教科ではなく，子どもが動き，地域とともに作る体験・活動による教科であった。その社会科をこそコアとみなし，コアの周辺に他教科の要素を関連付けたものが，コア・カリキュラムであったのだ。

コア（中心課程）は，太陽系の太陽やリンゴの芯に例えられる。狭くは，当時新設された社会科を指した（理科や家庭科を含めた学校もあり）。具体的には知識の体系ではなく，ごっこ遊び，体験，作業，調査，討論，発表，劇化といった生活活動の組み合わせであり，今でいう生活科や総合的な学習に近い。

とはいえ，広義のコア・カリキュラムとしては，そのコアに他の教科の技能・知識・態度を有機的に関連付けて構成・実践したカリキュラムの統一性ある全体の構成とされる。しばしば二重の同心円で示されたが，1950年前半を通じて，図3-1のように三層四領域へと展開され，コアを二層に分化させた三層の長方形（下から生活実践，問題解決，基礎または系統）の形に書き換えられた。

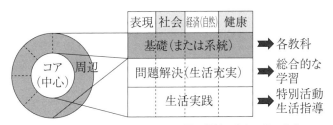

図3-1　コア・カリキュラムから三層四領域，さらに後の分化へ
出所：筆者作成。

見逃せないのは，コア（中心）に関連付けつつも，各教科の技能・態度・知識といった要素が周辺において，またコアでも教えられた点である。とくに，必ずしもコアに関係しない要素もまた，動機づけされ教えられた点も重要であり，要素表，能力表などと呼ばれるリストが作成された。

コア・カリキュラムは何重にも「総合的」であり，他のタイプとの関係でいえば，探究を行うコアとして，生活単元学習の代表格である社会科（ときに地域教育計画，または生活指導）を据え，そこで必要となった知識・技能・態度を，要素に解体しつつも習得させるような，全体的計画（プラン）と表せる。

戦前の遺産との連続性もあり，コア・カリキュラムの関係校の何割かが大正

新教育の実践校であった。とくに附属学校が目立ったが，一般校も数百校も あった。その助言者を，戦前から大正新教育にかかわったり，欧米の新教育を 研究してきたりした東京高等師範学校＝東京文理科大学＝東京教育大学やその 出身の研究者たちが務めた。彼らのうちの何人もが文部省（現文部科学省）の 官僚を兼ね，全国を廻った。そうして1948（昭和23）年，学校加盟中心のコ ア・カリキュラム連盟（以下，コア連）が結成された（新教育を「自己批判」した 後の1953（昭和28）年に日本生活教育連盟（以下，日生連）へと改組され，現在に至 る。機関誌は『カリキュラム』から『生活教育』へ移行した。）

コア・カリキュラムは，具体的には論者や学校ごとで多彩であったが，その 意図は，バラバラに分化してきた分科主義的な教科・科目を「総合」化した点 で共通していた。統一的なカリキュラムに固執した想いとは，

> 「人間はもともと，バラバラの諸能力の寄せ木細工なのではなく，全一の 統一体として生きているのだから，そういう人間を育てるというのに，そ れぞれなかみを別にする教科をいくつもバラバラのまま並列して教えるこ とはおかしく，あらかじめ全体として統一構造をもつかたちにまとめて教 えるべきである」（春田，1988，22ページ）。

という確信であった。大正以来の全人教育，人間教育の発想とも言える。

とくに知られたのは明石附小プラン（兵庫師範学校女子部附属小学校，現神戸大 学附属小学校）で，「明石の町を復興しよう」ほか単元の細案を，幼稚園，中学 校とも連携して冊子化し公表したが，後にテーマ別のグループ学習論に転換し た。業平プラン（墨田区立業平小学校）は菊水プランとも呼ばれ，教科にあたる 要素の習得も重視され，「汚い川」などの単元が協同で作られた。北条プラン （館山市立北条小学校）は，教科や評価も重視した。他にも福澤プラン（現南足柄 市立福澤小学校），石川プラン（横浜市立石川小学校），金透プラン（郡山市立金透 小学校）などが知られたが，枚挙に暇がない。

1950年代中盤には，問題解決学習の社会科単元として，永田時雄（京都市立 日彰小学校）の「西陣織」，丸木政臣・吉田定俊他（熊本大学附属中学校）の「水 害と市政」，江口武正（上越市立戸野目小学校，上越教師の会）の「越後米」他が 話題となった。東井義雄（兵庫県小学校）の『村を育てる学力』（1957年）と村 を捨てる学力批判は，未だに震災などを機に振り返られることがある。

4　系統学習・現代化の時代に——各教科のなかでの視点 としての総合

1950年代を通じては次第に，社会科が他教科と並ぶ普通の一教科として捉え 直されて，他の教科も，個々バラバラに計画・研究・実践されるようになって

いく。高度経済成長期の前後にかけて，官製研修だけでなく，各民間教育研究団体（以下，民間研）の間でも，各教科が重視されていき，系統学習論とその極致としての「現代化」を究める全国サークルが多々作られ，40以上に及んでいく（例えば歴教協（歴史教育者協議会），数教協（数学教育協議会），科教協（科学教育協議会），日作（日本作文の会）など）。

　そうしたなかでも，法的拘束力があるとされた学習指導要領に対抗し，「自主編成」を試みる教師が，1970年代中盤から目立って現われ，特定の教科や領域の枠内で生活，活動，問題解決を重視した授業を試みた。とくに高度成長期の矛盾が発覚し，また地域や子どもの心の荒廃が問題化したことで，子どもと地域が再びキーワードとなってきた。例えば環境教育は，田中裕一（熊本市立龍南中学校他）の「水俣病」のような公害学習から始まった。◁5

5　第三の波——総合学習の特設案：1970年代という峰で

1　日教組による「総合学習」の提案

　こうして，日本と世界の転換期といえる1970年代後半に，再び大きな波が来た。戦前以来の遺産を継承しつつ，文字通りの「総合学習」が提唱されたのだ。日本教職員組合（日教組）の委嘱で集まり，民間研で学んできた教育学者たちと教師たちとが，教育制度検討委員会（第一次），中央教育課程検討委員会で議論を深めて，提案をまとめあげたのだ（1976年の『教育課程改革試案』ほか。『教育評論』1976年5・6月号，および単行本）。コア連と日生連を担ってきた梅根悟（1903-80）は，これら二つの委員会の委員長を務めた。

　「総合学習」は，第一次教育制度検討委員会では各教科と並ぶ「領域」として，中央教育課程検討委員会では「ひとつの教科」として位置付けられた。いずれにしても，従来の教科群とは別個に「特設」された点（社会研究科の発想）は同じだった。定義としては，『教育課程改革試案』に次のようにある。

　　「総合学習は，個別的な教科の学習や，学級，学校内外の諸活動で獲得した知識や能力を総合して，地域や国民の現実的諸課題について，共同で学習し，その過程を通して，社会認識と自然認識の統一を深め，認識と行動の不一致をなくし，主権者としての立場の自覚を深めることをめざすものである。」（日教組，1976，243ページ）

　つまり，学びとった知識と認識，能力を，行動（活動）のもとに「総合」し，現実的な課題の解決や，できれば実際の活動化を図るような学習である。

　まさにその『試案』では，「明治以降，大正・昭和期を通じ，日本の民間教育運動の遺産を継承し，それを今日的に発展させようとするもの」（同上）と

▷5　以下のような実践記録がよく読まれ，論議を呼んだ。
本多公栄（東京中学社会）『ぼくらの太平洋戦争』（1973）他／安井俊夫（千葉中学社会）『子どもと学ぶ歴史の授業』（1977）他／鈴木正気（茨城小学社会）『川口港から外港へ』（1978）／仲本正夫（埼玉私立高校数学）『学力への挑戦』（1979）・『自立への挑戦』（1982）他／吉田和子（東京商業高校）『愛は教えられるか』（1983）他／大津和子（兵庫高校現代社会）『社会科―1本のバナナから』（1987）他／久津見宣子（東京小学歴史）『人間ってすごいね先生』（1988）／渋谷忠男（京都小学）『学校は地域に何ができるか』（1988）／幡多高校生ゼミナール『ビキニの海は忘れない』（1988）・『渡り川』（1994）

　90年代以降，村瀬幸浩（東京私立高校保健）『よりヒューマンな性をもとめて』（1990）他／千葉保（神奈川小学社会）『授業：日本は，どこへ行く？』（1991）他／鳥山敏子（東京小学）『いのちに触れる』（1992）他／金森俊朗（石川小学）『性の授業・死の授業』（1996）・『いのちの教科書』（2003）他が話題となった。

▷6 　戦後初期にコア連の実験学校であった和光小学校に加えて，和光中学校，和光高等学校，和光鶴川小学校や，大東学園高校が「総合学習」を実践に移した。現在に至っては，「上越カリキュラム」（上越市教育委員会）などがコア・カリキュラムを引き継いだものといえ，「横浜の時間」（横浜版学習指導要領）が系譜としての連続性は明確ではないが，似たものとなっている。

説明されている。それに加えて，高度経済成長や高校紛争などで浮上した地域的・国民的諸課題に関する学習を深化させるための学習論であった。[16]

2 「総合学習」案に対する民間研内の批判

この「総合学習」をめぐっては，厳しい批判も寄せられた。とくに「領域」として特設する点に集まった批判は，別タイプの提案として捉え直せる。

まず教科のなかでも「視点としての総合学習」が実践できるとする批判があった（川合章，埼玉大学）。機能，発想，原理としての総合学習などとも言い換えられ，上記のように教科別の民間研などで実現されてきたものだった。

他方で，教科によって知的訓練をし，（生活指導などの）行動を媒介としてはじめて，個人の内面に学習が「総合化」されるとの二段階論もあった（城丸章夫，千葉大学）。これは特定の教科・領域を超えた再構成という発想を含む。

総合論者も批判者もいずれにしても，各教科や教科外活動で学んだ知識・認識や身に付けた力を「総合」し，現実そのものを全体的・総体的に把握するような学習を，および自然・社会・人間の全体像認識および世界観の形成（遠山啓ら）を，ともに求めていたのである。対立点はやはり特設をするか否かにあった。

6　第四の波──世紀の転換に向けた実践と学習指導要領

さらに1990年前後にも，各教科の中での「総合」的な実践の試みが，各民間研とその雑誌のうちに「学習指導の転換」「学びの改革」，グローバル・エデュケーション，「批判的学び方学習」（竹内常一）などと銘打ち，増えてきた。

以上のような低成長期以降の流れと国際的な雰囲気もあって，文部省（現文部科学省）による学習指導要領にさえ，新たなものが加わってきた。

(1)早くは，合科的な指導（1977年）。各教科を単独で授業していくよりも，複数の教科を結合して教えた方が，それぞれの教科の目標の達成にも効果があると考えられる場合。木下竹次の合科学習論（前述）なども参照された。

(2)生活科（1989年）。従来教科の枠を越えた具体的な活動，遊びなどを通して，合科的・総合的に学習を進める新しい教科。幼児教育が参考にされた。

(3)総合的な学習の時間（1998年）。各学校が地域や学校，児童生徒の実態等に応じて，横断的・総合的な学習や児童生徒の興味・関心等に基づく学習など創意工夫を生かした教育活動を行えるよう，特設がされた。総則の中の一記述として始まったが，2008年改訂からは領域の一つとして位

置づけられた。

(4)横断的カリキュラム（2017年）。前々から総合的と並んで用語としては
あったが，改めて強調され始めた。あるテーマをもって，複数の教科・
領域（教科等，とまとめて言われる）をまたいで単元を組むものであり，
カリキュラム・マネジメントの一環でもある。

(5)総合的な探究の時間（2018年）。高等学校に限って，総合的な学習の時間
がバージョンアップされたもの。かつ探究は，他の科目にも採り入れら
れ始めた。

7　歴史を通じて見える四つの「総合」

以上のように現われてきたさまざまな形態は，次のように分類できるだろ
う。

(1)「未分化」的生活：生活経験や生活活動そのものを，教科に分化する前
の未分化なものと見て自己目的的に展開するもの。→合科，小学校低学
年の生活科。

(2)一教科内での「手段」的生活：各教科のなかでの手段として生活経験や
活動を導入する場合。溶かし込み型と言える。→教科の生活化・総合
化，視点・機能・原理としての総合。各教科別の民間研での試みがそう
だが，新（しい）学力観以降や，言語活動なども似た位置付けと言える。

(3)複合的「横断」：生活活動やその単元が，複数の教科を横断して設定さ
れ，教科や領域のそれぞれ一部をまたいだ場合。織り込み型と言える。
→横断的カリキュラム，クロス・カリキュラム

(4)自己目的的「特設」：生活活動や生活経験を手段でなく展開するため
に，時間枠や領域として特設したもの。→総合的な学習の時間・総合的
な探究の時間，「総合学習」，〇〇科。

このように多様に捉えられる「総合」が，時代のときどきに，波のように寄
せては返してきたのである。今後21世紀の実践としては，これらの系譜を陰に
陽に継承し，広くかつ深く発展させていくことが求められるだろう。

Exercise

① 四つの波やヤマのうち，気になる思想，実践などについて，前後の関係や
社会背景も含めて詳しく調べてみよう。

② 第7節に示した形態の4分類を視点として活用し，いくつかの思想や実践
を整理して，共通点や相違点を意識しながら分析してみよう。

📖次の一冊

梅根悟『梅根悟教育著作選集』全8巻，明治図書，1977年。

　　日本の教育改革の方向性を欧米の新教育史とともに考えるには未だ意義があり，か
　　つ読みやすい。とくに『新教育への道』『生活教育の理論』『問題解決学習』。

川合章『教育研究　創造と変革の50年』星林社，1999年，および『生活教育の100年』
　　星林社，2000年，『日本の教育遺産』新日本出版社，1993年。

　　生活をキーワードとした日本の民間側の教育実践・研究の歴史で非常に詳しい。

金馬国晴編『カリキュラム・マネジメントと教育課程』学文社，2019年。

　　コア・カリキュラムなどカリキュラムの諸理論，活用例と新教育史もわかる。

中野光『学校改革の史的原像──「大正自由教育」の系譜をたどって』黎明書房，2008
　　年。

　　大正自由教育の先駆的な第一人者である氏の集大成。物語風で読みやすく，実践的
　　でもある。ほかにも教育研究著作選集（EXP）など多数。

引用・参照文献

梅根悟・海老原治善・丸木政臣編『総合学習の探究』勁草書房，1977年。

田中智志・橋本美保編『大正新教育の思想──生命の躍動』東信堂，2015年。

留岡清男「酪連と酪農義塾──北海道教育巡礼記」，教育科学研究会『教育』5月号，
　　1937年

日本教職員組合（日教組）編『わかる授業楽しい学校を創る教育課程改革試案──中央
　　教育課程検討委員会報告書』一ツ橋書房，1976年。

日本生活科・総合的学習教育学会編『生活科・総合的学習事典』渓水社，2020年

日本生活教育連盟（日生連）編『日本の生活教育50年』学文社，1998年。

春田正治『日生連物語』民衆社，1988年。

第4章
学習指導要領における
総合的な学習の変遷

〈この章のポイント〉

　本章では，総合的な学習の創設とそれ以後の変遷について，まず，答申や学習指導要領，学習指導要領解説を中心に概略を包括的に整理したうえで，創設から現在に至るまでの変遷に沿いながら，その時点での時代状況を視野に入れつつ，総合的な学習の特徴や強調点を詳細に明らかにし，学習指導要領における総合的な学習の特質を歴史的に探る。

1　総合的な学習の創設からの経緯の概要

［1］　1998年の総合的な学習の創設

　1996年7月に，中央教育審議会から，「21世紀を展望した我が国の教育の在り方について（第一次答申）」（以下，中央教育審議会（第一次答申）と略す）が示された。この答申は，21世紀を展望し，わが国の教育について，「ゆとり」のなかで「生きる力」を育むことを重視することを提言した。この「生きる力」を児童生徒に育んでいくためには，「生きる力」が全人的な力であるということを踏まえ，横断的・総合的な指導を一層推進することが有効であるとされた。また，いずれの教科等にもかかわる内容をもった現代社会の課題などを扱うことが求められていることから，一定のまとまった時間を設けて横断的・総合的な指導を行うことが提言された。

　この答申を受けた教育課程審議会は，1998年7月に「幼稚園，小学校，中学校，高等学校，盲学校，聾学校及び養護学校の教育課程の基準の改善について（答申）」をまとめた。この教育課程審議答申においては，各学校が特色ある教育活動を展開する時間が必要であること，社会の変化に主体的に対応できる資質や能力を育成するための時間を確保することなどとして，総合的な学習の創設が提言された。さらには，ねらいや学習活動，教育課程上の位置付け，授業時数，評価などが示された。

　この教育課程審議答申を受けて，学習指導要領の改訂・告示が行われた（1998年12月に小中学校，1999年3月に高等学校）

小学校における1998年の改訂を例にすると，各学校が，地域や学校，児童の実態等に応じて，横断的・総合的な学習や児童の興味・関心等に基づく学習など創意工夫を生かした教育活動を行う時間として，第3学年以上の各学年に総合的な学習を創設した。学習指導要領では，「第1章総則の第3総合的な学習の時間の取扱い」において，趣旨，ねらい，学習活動，配慮事項などが示された。その時数は，小学校3・4年生が105単位時間，5・6年生が110単位時間とした。ちなみに，中学校1年生が70～100単位時間，2年生が70～105単位時間，3年生が70～130単位時間，高等学校が105～210単位時間として設定された。

2　2003年の総合的な学習の一部改正

　総合的な学習については，その趣旨に即した創意工夫あふれる取り組みが増加する一方で，目標や内容が明確でなく検証・評価が不十分な実態が明らかになってきた。また，教員が必要かつ適切な指導を行えず，教育的な効果が十分あがっていない取り組みも見られる実態が，2003年10月に，中央教育審議会「初等中等教育における当面の教育課程及び指導の充実・改善方策について（答申)」において示された。その答申では，学習指導要領の記述を見直し，その趣旨を一層明確化すべきこと，各教科等の学習内容との相互の関連や計画的な指導，学年間・学校間・学校段階間の連携等を明示すべきこと，などの提言が行われた。

　この答申を受けて，2003年12月に，学習指導要領の一部が改正された。そこでは，学習指導要領の基準性を踏まえた指導の一層の充実，個に応じた指導の一層の充実などと並んで，総合的な学習の一層の充実が示された。総合的な学習については，ねらいを追記したこと，目標及び内容の記述や全体計画の作成を明確に規定したこと，適切な指導の必要性を明らかにしたことなどがあげられる。

3　2008年の総合的な学習の充実

　21世紀が「知識基盤社会」の時代であると言われるなか，確かな学力，豊かな心，健やかな体の調和を重視する［生きる力］を育むことがますます重要になっていることを踏まえ，中央教育審議会は，2008年1月に「幼稚園，小学校，中学校，高等学校及び特別支援学校の学習指導要領等の改善について（答申)」をまとめた。そこでは，総合的な学習について，大きな成果をあげている学校がある一方，当初の趣旨や理念が必ずしも十分に達成されていない状況が見られるとしながらも，「知識基盤社会」の時代においてはますます重要な役割を果たすとしている。『総合的な学習の時間』の一層の充実に向けて，教

育課程上の役割を明らかにすること，探究的な学習にすること，育てたい力を明確にすることなどが提言された。

　この答申を受け，2008年1月に小中学校の学習指導要領が改訂・告示された。

　小学校の学習指導要領を例にすると，総合的な学習の必要性・重要性が高まることを前提に，一層の充実に向けた改善が行われた。例えば，総則から取り出して新しく章立てして記述することとしたこと，探究的な学習として強調したこと，育てたい力の視点を明示することなどとして学習指導要領に示されることとなった。その時数は若干縮減されたものの，小学校が70単位時間，中学校1学年が50単位時間，中学校2・3学年が70単位時間，高等学校が3〜6単位時間としてされた。

［4］　2017年の総合的な学習の広がり

　2016年12月に，中央教育審議会から，「幼稚園，小学校，中学校，高等学校及び特別支援学校の学習指導要領等の改善及び必要な方策等について（答申）」が提示された。この答申では，「社会に開かれた教育課程」の理念の下，「知識及び技能等」「思考力，判断力，表現力等」「学びに向かう力，人間性等」の資質・能力の育成に向けて，主体的・対話的で深い学びを実現することが目指されることとなった。それらを実現するために，総合的な学習が授業改善においても，カリキュラム・マネジメントにおいても重要な役割を担うことが示された。この答申を受け，2017年3月に小中学校の学習指導要領が改訂・告示された。そこでは，総合的な学習は，探究的な学習を実現するため，「①課題の設定→②情報の収集→③整理・分析→④まとめ・表現」の探究のプロセスを明示し，学習活動を発展的に繰り返していくことを重視した[1]。その背景としては，全国学力・学習状況調査の分析等において，総合的な学習の時間で探究のプロセスを意識した学習活動に取り組んでいる児童生徒ほど各教科の正答率が高い傾向にあること，探究的な学習活動に取り組んでいる児童生徒の割合が増えていることなどが影響している。また，総合的な学習の役割は，PISAにおける好成績につながったことのみならず，学習の姿勢の改善に大きく貢献するものとしてOECDをはじめ国際的に高く評価されている。そのうえで，時間数等は変えることなく，総合的な学習と各教科等のかかわりを意識して，学校全体で育てたい資質・能力に対応したカリキュラム・マネジメントが行われるようにすること，探究のプロセスを通じた一人ひとりの資質・能力の向上を一層意識することに向けて改善された[2]。

　次に，以上のような変遷を遂げてきた総合的な学習について，その時点での時代状況を視野に入れつつ，総合的な学習の特徴や強調点を詳細に見ていこ

▷1　第1章の8〜9ページを参照。

▷2　「小学校学習指導要領解説総合的な学習の時間」（2018年，5〜6ページ）を参照。

う。

2　1998年改訂における総合的な学習

１　1996年の第一次答申

　この答申では，「生きる力」について，「いかに社会が変化しようと，自分で課題を見つけ，自ら学び，自ら考え，主体的に判断し，行動し，よりよく問題を解決する資質や能力」，「自らを律しつつ，他人とともに協調し，他人を思いやる心や感動する心など，豊かな人間性」，「たくましく生きるための健康や体力」として提言した。

　そのなかで，総合的な学習については，以下のような記述が見られる。

> 　子供たちに［生きる力］をはぐくんでいくためには，言うまでもなく，各教科，道徳，特別活動などのそれぞれの指導に当たって様々な工夫をこらした活動を展開したり，各教科等の間の連携を図った指導を行うなど様々な試みを進めることが重要であるが，［生きる力］が全人的な力であるということを踏まえると，横断的・総合的な指導を一層推進し得るような新たな手だてを講じて，豊かに学習活動を展開していくことが極めて有効であると考えられる。
>
> 　今日，国際理解教育，情報教育，環境教育などを行う社会的要請が強まってきているが，これらはいずれの教科等にもかかわる内容を持った教育であり，そうした観点からも，横断的・総合的な指導を推進していく必要性は高まっていると言える。
>
> 　このため，上記の［2］の視点から各教科の教育内容を厳選することにより時間を生み出し，一定のまとまった時間（以下，「総合的な学習の時間」と称する。）を設けて横断的・総合的な指導を行うことを提言したい。
>
> 　この時間における学習活動としては，国際理解，情報，環境のほか，ボランティア，自然体験などについての総合的な学習や課題学習，体験的な学習等が考えられるが，その具体的な扱いについては，子供たちの発達段階や学校段階，学校や地域の実態等に応じて，各学校の判断により，その創意工夫を生かして展開される必要がある。（以下略）

２　1998年の答申

　第一次答申を受け，教育課程審議会が示した答申には，総合的な学習について，以下のような記述が見られる。

> 　「総合的な学習の時間」を創設する趣旨は，各学校が地域や学校の実態等に応じて創意工夫を生かして特色ある教育活動を展開できるような時間を確保することである。
>
> 　また，自ら学び自ら考える力などの［生きる力］は全人的な力であることを踏まえ，国際化や情報化をはじめ社会の変化に主体的に対応できる資質や能力を育成する

ために教科等の枠を超えた横断的・総合的な学習をより円滑に実施するための時間を
確保することである。

　我々は，この時間が，自ら学び自ら考える力などの［生きる力］をはぐくむことを
目指す今回の教育課程の基準の改善の趣旨を実現する極めて重要な役割を担うものと
考えている。

③　二つの答申から考える総合的な学習の三つの特徴

　この二つの答申の記述から，総合的な学習の創設は，特色ある学校づくりの
一つとして位置付けられていたことが明らかである。この答申では，自ら学び
自ら考える力の育成とともに各学校が創意工夫した教育活動を行うことなどが
主要な柱として示され，その中核的な役割を担う時間として総合的な学習が位
置付けられたことがわかる。また，そこでは，実社会で活用できる能力，いわ
ゆる汎用的能力の育成に向けた時間として，創設していることも明らかであ
る。

　さらには，そこで扱う学習課題は，環境問題や福祉の問題など今日的な課
題，まさに横断的・総合的な課題を扱うことを明らかにしている。

　しかしながら，そうした重要な特徴以上に，特色ある学校づくりが強調され
ているように読み取ることができる。「子供たちの発達段階や学校段階，学校
や地域の実態等に応じて，各学校の判断により，その創意工夫を生かして展開
される必要がある」（1996年の第一次答申），「創設する趣旨は，各学校が地域や
学校の実態等に応じて創意工夫を生かして特色ある教育活動を展開できるよう
な時間を確保することである」（1998年の答申）とされたことからも明らかであ
る。

　学習指導要領（1998年改訂）の際に方向性を示した1996年の教育課程審議会
答申では，教育課程の改善について，四つの視点を示しており，その一つに
「各学校が創意工夫を生かし特色ある教育，特色ある学校づくりを図ること」
としている。小学校学習指導要領（1998年改訂）では，学習指導要領の大綱化
や弾力化が強く求められており，例えば，生活科などにおいても，八つの内容
が２学年まとめて示されるなどの改訂が行われた。一人ひとりの児童生徒の個
性を生かす教育を行うためには，各学校が児童生徒や地域の実態等を十分に踏
まえ，創意工夫を存分に生かした特色ある教育活動を展開することが大切であ
るとされ，その観点から総合的な学習が創設されたのである。

　ところが，総合的な学習としては，本来強調すべきであった「どのような汎
用的能力をどのように育成し，どのような学習内容を扱うか」については，十
分な言及は行われなかった。このことが学習指導要領を部分的に改正しなければ
ならない学校現場の実態につながっていったと考えることができる。

3 2003年の一部改正における総合的な学習

1 2003年当時の社会状況

2003年12月に学習指導要領の一部が改正された。当時の総合的な学習については，身に付けさせたい資質や能力及び態度が不明確なまま実施している事例があるなどの指摘がなされている。

ここで総合的な学習の一部改正に触れる前に，押さえておかなければならない社会的状況がある。それは，学力低下に関するさまざまな社会的議論が行われていた事実である。当時，教育課程実施状況調査や国際数学・理科教育調査（国際教育到達度評価学会（IEA）調査），OECD 生徒の学習到達度調査（PISA）等の全国的かつ国際的な調査結果などから学力低下の論議が国内に巻き起こっていた。加えて，それぞれの達成状況とは別に，わが国の児童生徒には判断力や表現力が十分に身に付いていないこと，勉強を好きだと思う児童・生徒が少ないなど学習意欲が必ずしも高くないこと，学校の授業以外の勉強時間が少ないなど学習習慣が十分に身に付いていないことなどの課題も指摘された。

こうした社会状況のなか，当時の学習指導要領が全面的に実施される直前の2002年1月に「確かな学力の向上のための2002アピール『学びのすすめ』」が文部科学省から出されるに至った。当時の状況を簡単に示すならば以下のようになるのではないか。

「生きる力」の育成に向けて，知識や技能を一方的に教え込む教育からの転換を図り，教育内容の厳選を行ってきた。このことが，知識や技能の習得を軽視するものではないことは繰り返し説明されてきた[3]。しかし，全国的かつ国際的な学力調査の結果に思わしくない結果が生じたことなどから，授業時数や教育内容の削減によって児童生徒の学力が低下するのではないかと，社会の各方面から懸念が表明されるようになってきた。そこで，文部科学省としては「学びのすすめ」などを示し，学習指導要領のねらいとその実現のための施策とを改めて明確に示そうとした。

こうした社会状況のなかで，中央教育審議会は，2003年10月に「初等中等教育における当面の教育課程及び指導の充実・改善方策について」を答申した。この答申では，学習指導要領の基準性の明確化，指導時間の確保，個に応じた指導の充実などと合わせて，総合的な学習の一層の充実が示された。

2 2003年の中教審答申

2003年10月の答申には，総合的な学習について，以下のような記述が見られ

▷3 具体的には，イギリスのホワイトヘッドの「あまりに多くのことを教えるなかれ。しかし，教えるべきことは徹底的に教えるべし」という言葉を引用するなどして基礎・基本を徹底することの重要性を示してきた。

る。ここには，総合的な学習について重要な内容が示されているため，少し長くなるが，あえてそのまま引用しておこう（括弧内筆者）。

　各学校では，平成14（2002）年度から本格実施となった「総合的な学習の時間」について，その趣旨に即して創意工夫しながら実践に取り組んでいるところである。教員・保護者・児童生徒に対する意識調査の結果等からは，創意工夫した授業計画の組立ての機会が増加し，児童生徒の自ら調べ・まとめ・発表する力，思考力・判断力・表現力，学び方や近年とみにその低下が指摘されている学習意欲の向上などにつながったなどの肯定的な声が大きい。一方，教員の負担感，学習のテーマ設定の難しさ，具体的な実施内容に関する教員の悩みなどを考慮し，何らかの参考となる手引が必要であるとの指摘もある。

　また，各学校の「総合的な学習の時間」の取組について様々な課題も指摘されている。例えば，「総合的な学習の時間」の「目標」や「内容」は，各教科等と異なり学習指導要領に示されておらず，各学校においては，学習指導要領に示された「総合的な学習の時間」の趣旨及びねらいを踏まえ，具体的にこれを定めて計画的に指導を行うことが求められる。しかしながら，学校において具体的な「目標」や「内容」を明確に設定せずに活動を実施し，必要な力が児童生徒に身に付いたか否かの検証・評価が十分行われていない実態や，教科との関連に十分配慮していない実態，教科の時間への転用なども指摘されているところである。このほか，児童生徒の主体性や興味・関心を重視するあまり，教員が児童生徒に対して必要かつ適切な指導を実施せず，教育的な効果が十分上がっていない取組も指摘されているなど，改善すべき課題が少なくない状況にある。

　さらに，「総合的な学習の時間」については「時間」であるという名称から，教科等とともに教育課程を構成するものであると受け止められにくく，計画的な指導の必要性が理解されにくくなっているとも指摘されている。

3　2003年一部改正の学習指導要領

　2003年の年の瀬には，学習指導要領の一部が改正された。総合的な学習については，具体的には，以下のように改正された[4]。

> ＞4　「小学校，中学校，高等学校等の学習指導要領の一部改正等について（通知）」（2003年12月26日）を参照。
> https://www.mext.go.jp/a_menu/shotou/cs/1320947.htm

　ア　総合的な学習の時間のねらいとして，各教科，道徳及び特別活動で身に付けた知識や技能等を相互に関連付け，学習や生活において生かし，それらが総合的に働くようにすることを加えて，規定したこと。
　イ　各学校において総合的な学習の時間の目標及び内容を定める必要があることを規定したこと。
　ウ　各学校において総合的な学習の時間の全体計画を作成する必要があることを規定したこと。
　エ　総合的な学習の時間の目標及び内容に基づき，児童生徒の学習状況に応じて教師が適切な指導を行う必要があることを規定したこと。また，学校図書館の活用，他の学校との連携，各種社会教育施設や社会教育関係団体等との連携，地域の教材や学習環境の積極的な活用などについて工夫する必要があることを明確にしたこと。

この答申および学習指導要領一部改正をみる限り，総合的な学習においては，成果が上がっている学校がある一方，課題も生じており，各学校の実践に格差が生じていることを示している。その改善に向けて「目標」「内容」を定めること，全体計画を作成することなど，教師が適切な指導をすることなどが示されている。

総合的な学習の創設時においては，前述したとおり，各学校の特色が強調されてきた。このことは，学校間の違い，別の見方をすれば学校間格差を生み出すことにつながることでもあった。総合的な学習の創設時の学習指導要領における示し方は，学校間格差（学校間の違い）が生じやすい仕組みになっていたと考えることもできる。

こうした学校間格差（学校間の違い）を解消し，日本全国のすべての学校において一定程度の質を担保した総合的な学習を実現することが重視されていくようになる。すなわち，総合的な学習は，特色ある学校づくりを最優先とする時間ではなく，「身に付けた知識や技能等を相互に関連付け，学習や生活において生かし，それらが総合的に働くようにすること」などが重視され，そのためにも「目標」「内容」を明確に設定し，全体計画の下で適切な指導をすることが示されたと考えることができる。

創設時にも示されていた，汎用的能力としての資質や能力及び態度を育成する時間とすること，現代社会の課題などの横断的・総合的な課題を扱うことなどの総合的な学習の特徴が，創設時以上に重みを増してきたと考えられる。

こうした改善に向かった背景には，先に紹介した学力低下論議も関係していよう。各教科の学習時間を削減し総合的な学習を創設したことと学力低下とを関連付け，一部には総合的な学習が学力低下の原因であるかのような議論までもが展開された。総合的な学習が，各学校の特色ある創意工夫された教育活動の時間としてだけでなく，「確かな学力」を育成する時間として教育課程上に位置付けられることが強く求められるようになってきたのである。

4　2008年改訂における総合的な学習の探究の充実

1　改善の基本方針

2008年改訂の学習指導要領は，平成2008年1月の中央教育審議会の答申に基づいて行われた。この答申においては，総合的な学習の課題について，次のような指摘がみられる[5]。

▷5　総合的な学習については，「幼稚園，小学校，中学校，高等学校，特別支援学校等の改善について（答申）」（2008年，130〜132ページ）を参照。
https://www.mext.go.jp/b_menu/shingi/chukyo/chukyo0/toushin/__icsFiles/afieldfile/2009/05/12/1216828_1.pdf

> ・総合的な学習の時間の実施状況を見ると，大きな成果を上げている学校がある一
> 　方，当初の趣旨・理念が必ずしも十分に達成されていない状況も見られる。また，
> 　小学校と中学校とで同様の学習活動を行うなど，学校種間の取組の重複が見られる
> ・こうした状況を改善するため，総合的な学習の時間のねらいを明確化するととも
> 　に，子どもたちに育てたい力（身に付けさせたい力）や学習活動の示し方について
> 　検討する必要がある
> ・総合的な学習の時間においては，補充学習のような専ら特定の教科の知識・技能の
> 　習得を図る教育が行われたり，運動会の準備などと混同された実践が行われたりし
> 　ている例も見られる。そこで，関連する教科内容との関係の整理，中学校の選択教
> 　科との関係の整理，特別活動との関係の整理を行う必要がある。

　一部改訂の時と同様，学校間格差が課題として示され，「子どもたちに育て
たい力（身に付けさせたい力）や学習活動の示し方について検討する必要があ
る」と汎用的能力の育成及び横断的な課題を扱うことについて，その学習指導
要領上の表記について言及している。

　これらを受け，答申では，総合的な学習の改善の基本方針について，これか
らの「知識基盤社会^{◁6}」においては総合的な学習は，ますます重要な役割を果た
すものであるとしたうえで，総合的な学習については，体験的な学習に配慮し
つつ，教科等の枠を超えた横断的・総合的な学習や探究的な学習となるよう充
実を図ることが示された。そのためにも，学習指導要領総則に示していた総合
的な学習を新たな章として取り出し，その位置付けを明確にすることとした。
また，『総合的な学習の時間』と他教科等との役割を明確にするためにも，『総
合的な学習の時間』のねらいや育てようとする資質や能力および態度を明らか
にすることなども示された。

> ▷6　知識基盤社会
> 新しい知識・情報・技術
> が，政治・経済・文化をは
> じめ社会のあらゆる領域で
> の活動基盤として飛躍的に
> 重要性を増す社会のことで
> ある。

２　改善の具体的事項

　改善の基本方針を受けて，学習指導要領に関する改善の具体的事項は，『小
学校学習指導要領解説　総合的な学習の時間編』（2008年改訂）において次のよ
うに示された。ただし，重要な箇所であるが，紙幅の関係で一部省略して示す。^{◁7}

> ▷7　実際には，㋐〜㋒ま
> での10項目が記されてい
> る。『小学校学習指導要領
> 解説　総合的な学習の時
> 間』（2008年，5〜6ペー
> ジ）を参照。

> ㋐総合的な学習の時間のねらいについては，小・中・高等学校共通なものとし，子ど
> 　もたちにとっての学ぶ意義や目的意識を明確にするため，日常生活における課題を発
> 　見し解決しようとするなど，実社会や実生活とのかかわりを重視する。また，総合的
> 　な学習の時間においては，教科等の枠を超えた横断的・総合的な学習，探究的な活動
> 　を行うことをより明確にする。
> ㋑小学校において，情報に関する学習を行う際には，問題の解決や探究的な活動を通
> 　して，情報を受信し，収集・整理・発信したり，情報が日常生活や社会に与える影響
> 　を考えたりするなどの学習活動が行われるよう配慮する。
> ㋒互いに教え合い学び合う活動や地域の人との意見交換など，他者と協同して課題を
> 　解決しようとする学習活動を重視するとともに，言語により分析し，まとめ・表現す

> る問題の解決や探究的な活動を重視する。その際，中学校修了段階において，学習の
> 成果を論文としてまとめることなどにも配慮する。　　　　　　　　　　（一部略）

このような項目から，汎用的能力を育成し，横断的・総合的な課題を扱うとする総合的な学習の特徴が，一層強調され明確に示されていることがわかる。

③ 強調される総合的な学習の特徴

総合的な学習の特徴を最も象徴的に表す言葉が「探究的な学習」という言葉であり，このキーワードが学習指導要領における総合的な学習の目標に加えられた。また，育成すべき汎用的能力として「学習方法に関すること，自分自身に関すること，他者や社会とのかかわりに関すること」を例示した。そして，総合的な学習では問題の解決や探究活動を行うこととし，具体的には「①課題の設定→②情報の収集→③整理・分析→④まとめ・表現」とする探究の過程も示された。汎用的能力の育成に向けて，総合的な学習を探究的に行うことを明示したと言える。

他方，横断的・総合的な課題の扱いについては，学習指導要領解説において，内容として各学校が学習課題を定めることを明示した。加えて，小学校，中学校などの学校種ごとに行う学習活動の事例を踏まえて，具体的な学習課題が指導資料で例示された。

このように『総合的な学習の時間』は，探究的な学習によって汎用的能力を育成する中核の時間であること，そのためにも現代社会の課題などの横断的・総合的な課題を取り上げること，そして，各学校においてそうした学習活動が展開されるようカリキュラムを自律的に編成することが鮮明になった。

5　2017年改訂における総合的な学習の教育課程への広がり

① 改訂の基本的な考え方

2016年12月の中央教育審議会の答申を受けて，総合的な学習において求められたのは，探究的な学習の過程を一層重視し，各教科等で育成する資質・能力を相互に関連付け，実社会・実生活において活用できるものとするとともに，各教科等を超えた学習の基盤となる資質・能力を育成することであった。また，総合的な学習は，カリキュラム・マネジメントの中核を担う時間として明確化されることとなった。

2　目標の改善

　総合的な学習の目標については，他教科等と同様に，育成を目指す資質・能力の三つの柱，すなわち「知識及び技等」「思考力，判断力，表現力等」「学びに向かう力，人間性等」で示すこととなった。そこでは，総合的な学習の時間の目標は，探究的な見方・考え方を働かせ，総合的・横断的な学習を行うことを通して，よりよく課題を解決し，自己の生き方を考えていくための資質・能力を育成することを目指すものであることが明示された。加えて，教科横断的なカリキュラム・マネジメントの中核となるよう，各学校が総合的な学習の目標を設定するにあたっては，各学校の教育目標を踏まえて設定することが示された。

3　学習内容，学習指導の改善・充実

　学習内容，学習指導の改善・充実に関しても，2017年改訂の学習指導要領において示された。具体的な事項については，学習指導要領解説に整理されている。例えば，『小学校学習指導要領解説　総合的な学習の時間編』の第1章の総説において，「各学校は総合的な学習の時間の目標を踏まえた探究課題を設定するとともに課題を探究することを通して育成を目指す具体的な資質・能力を設定するよう改善した」，「探究的な学習の中で，各教科等で育成する資質・能力を相互に関連付け，実社会・実生活の中で総合的に活用できるものとなるよう改善した」など，五つのポイントが簡潔に示されている[8]。

▷8　中学校の場合，四つのポイントがあげられている。

6　総合的な学習の理念の明確化

　総合的な学習の変遷を見つめることで，その強調点が少しずつ変化し，確かなものになってきていることが理解できる。この形成過程において明確にされてきた特徴こそが，総合的な学習の理念と考えることができる。この理念が，2017年改訂において明らかになったと考えることもできる。それは，以下の三つである。

1　探究的に学び汎用的能力を育成する時間

　総合的な学習では，問題の解決や探究活動を行うことが明確になった。加えて，探究のプロセスも明示した。このことは，これまでの教師主導の受動型の学習を，児童生徒中心の能動型の学習に変えることを意味する。こうしたプロセスを重視した学習においてこそ，児童生徒の資質・能力は最大限に発揮され，開発され続けていくのである。まさに，これからの社会に求められる汎用

的能力を育成する教育課程上の中核の時間と考えることができる。

　学習指導要領においては，その育成すべき汎用的能力の例示として三つ示している。こうした能力がOECDのキーコンピテンシーと重なることからも，これからの時代に求められる国際標準の学力を育成する重要な時間と考えることができる。

［2］　横断的・総合的な課題を学ぶ学際的な時間

　総合的な学習では，例えば，国際理解，情報，環境，福祉・健康などの現代社会の諸課題を扱う。総合的な学習は，目の前の暮らしや社会の問題を対象とし，課題の解決に向けて探究していく学習である。こうした現実社会の課題は，さまざまな学問分野が関係している学際的な課題であり，自ずとさまざまな知識や技能を関連付けながら，児童生徒は学んでいくことになる。まさに，総合的な学習は，これから求められる学際的な学習を展開する教育課程上の中核の時間と考えることができる。

　一つひとつばらばらの単独系の知識よりも，知識と知識，知識と体験が関連付いた関連系の知識こそが安定的に定着し，活用できる知識になることからも，総合的な学習は，今後ますます重要な時間になると考えることができる。

［3］　各学校で自律的にカリキュラムを編成する時間

　総合的な学習では，各学校において目標や内容が設定される。しかも，地域や学校，児童生徒の実態に応じて全体計画が作成される。まさに，各学校が，自らの力でカリキュラムを編成する時間である。

　目の前の児童生徒の姿を的確に捉え，育成すべき方向を定め，実際の学習活動を構想・展開し，その実践を評価・改善していく。また，地域の特色を生かした，地域との関わりを大切にした学校づくりに向かっていく。その結果，学校や教師は，教科書の内容を再生するだけではなく，地域の人とともに豊かな学習を創造していこうと変わっていく。地域における学校の存在意義が問われるなか，これまで以上に総合的な学習は重要な時間になると考えることができる。

　総合的な学習の変遷から三つの特徴を理念として整理した。この理念が，これまでの学力観，授業観，学校観を変えていく。それは，教師中心から学習者中心への転換であり，一斉・受身から探究・協働への転換である。また，再生型だけではない創造型の教師を育成したり，学校が地域コミュニティの拠点として地域活性化を進めたりすることにもつながる。総合的な学習が教育課程に確かに位置付くことで，児童生徒が変わり，教師が変わり，学校や地域が変わることを期待したい。

　総合的な学習は，その理念によって教育課程全体に，あるいは地域社会全体に大きな波紋を広げつつある。新しい理念に基づく新しい教育活動の具現が，これからの時代に求められる真に自立した人間を育成することにつながるのであろう。それは，持続的で発展的な未来社会の形成者であり，協働的で主体的な社会の形成者なのではないだろうか。

Exercise

① 　総合的な学習の変遷の概要を説明してみよう。
② 　教育課程における総合的な学習の必要性を考えてみよう。
③ 　総合的な学習は，これからの未来においてどのように発展していくべきかについて，みんなで意見を出し合って検討してみよう。

📖次への一冊

田村学編著『平成29年改訂 小学校教育課程実践講座 総合的な学習の時間』ぎょうせい，2017年。
　　小学校学習指導要領（2017年改訂）によって，総合的な学習はどのように変更されたか，それはどのような意図で行われたか，など詳しく，かつわかりやすく解説されている。
国立教育政策研究所教育課程研究センター『「指導と評価の一体化」のための学習評価に関する参考資料 小学校 総合的な学習の時間』東洋館出版社，2020年。
　　学習評価の基本的な考え方を示したうえで，総合的な学習における評価規準の作成及び評価の実施などについて詳しく解説されている。
篠原正典・森田真樹編『総合的な学習の時間』ミネルヴァ書房，2018年。
　　総合的な学習の時間が設置された背景と課題についてわかりやすく解説されている。

引用・参考文献

中央教育審議会「21世紀を展望した我が国の教育の在り方について（第一次答申）」（1996年7月）。
中央教育審議会「初等中等教育における当面の教育課程及び指導の充実・改善方策について（答申）」（2003年10月）。
中央教育審議会「幼稚園，小学校，中学校，高等学校及び特別支援学校の学習指導要領等の改善について（答申）」（平成2008年1月）。
中央教育審議会「幼稚園，小学校，中学校，高等学校及び特別支援学校の学習指導要領等の改善及び必要な方策等について（答申）」中央教育審議会（2016年12月）。
教育課程審議会「幼稚園，小学校，中学校，高等学校，盲学校，聾学校及び養護学校の

　教育課程の基準の改善について（答申）」（1998年7月）。

前田一男「近代教育史における改革原理としての「生活」の登場とその諸相」『日本生活科・総合的学習教育学会誌』第18号，2011年3月。

文部科学省「確かな学力の向上のための2002アピール「学びのすすめ」」（2002年1月）。

文部科学省『小学校学習指導要領解説　総合的な学習の時間編』2008年，東洋館出版。

文部科学省『中学校学習指導要領解説　総合的な学習の時間編』2008年，教育出版。

文部科学省『高等学校学習指導要領解説　総合的な学習の時間編』2009年，海文堂出版。

文部科学省『別冊初等教育資料900号記念増刊　教育の未来を拓く　学習指導要領の変遷』2013年，東洋館出版社。

文部科学省「小学校学習指導要領解説　総合的な学習の時間編」（2017年6月）。

中野重人『生活科教育の理論と方法』1992年，東洋館出版社。

高浦勝義『総合学習の理論・実践・評価』1998年，黎明書房。

高浦勝義『学力の総合的研究』2005年，黎明書房。

田村学「総合的な学習の時間の誕生と理念の形成」『せいかつ＆そうごう』第21号，2014年，4〜13ページ。

第5章
総合的な学習の目標

〈この章のポイント〉

　本章では，総合的な学習の目標について，教育課程にかかわるいくつかの教育行政機関の答申をはじめ，小学校の新学習指導要領，さらにはそれに対応する『小学校学習指導要領解説　総合的な学習の時間編』を主な資料としながら検討し，その特徴を考察する。具体的には，まず総合的な学習の「目標」の歴史的変遷を概観したうえで，現時点における総合的な学習の「目標」の特徴を明らかにする。

1　「ねらい」から「目標」へ

1　学習指導要領〔1998年改訂〕の「ねらい」

　わが国の20世紀末頃から，「生きる力」の育成が叫ばれるようになり，それに対応するカリキュラム開発が促進されてきた。そうした経緯のなかで，1996年7月には，中央教育審議会答申「21世紀を展望した我が国の教育の在り方について（第一次答申）」において，総合的な学習の創設が提言されることとなった。◁1

　この第一次答申を踏まえ，1998年7月の教育課程審議会答申「幼稚園，小学校，中学校，高等学校，盲学校，聾学校及び養護学校の教育課程の基準の改善について」では，総合的な学習のねらいは，「各学校の創意工夫を生かした横断的・総合的な学習や児童生徒の興味・関心等に基づく学習などを通じて，自ら課題を見つけ，自ら学び，自ら考え，主体的に判断し，よりよく問題を解決する資質や能力を育てること」であると記された。また，「情報の集め方，調べ方，まとめ方，報告や発表・討論の仕方などの学び方やものの考え方を身に付けること，問題の解決や探究活動に主体的，創造的に取り組む態度を育成すること，自己の生き方についての自覚を深めること」も，大きなねらいの一つとして示された。

　これらの答申を受けて，同年12月に改訂された小学校学習指導要領〔1998年改訂〕の第1章総則の第3において，「総合的な学習の時間の取扱い」という大項目が新設され，教育課程上に総合的な学習が創設されることになった。そこには1から5までの中項目が記されていた。まず，中項目の1では，「総合

▷1　「第一次答申」では「生きる力」について，①自分で課題を見つけ，自ら学び，自ら考え，主体的に判断し，行動し，よりよく問題を解決する資質や能力，②自らを律しつつ，他人とともに協調し，他人を思いやる心や感動する心など，豊かな人間性，③たくましく生きるための健康や体力という三つの要素が示された。

的な学習の時間においては，各学校は，地域や学校，児童の実態等に応じて，横断的・総合的な学習や児童の興味・関心等に基づく学習など創意工夫を生かした教育活動を行うものとする」と記され，総合的な学習の概要が的確に示されていた。また，その次の中項目2においては，総合的な学習の「ねらい」が小項目として二つあげられ，それに続く中項目3では総合的な学習の課題，中項目4では総合的な学習の名称，中項目5では総合的な学習の学習を行ううえでの配慮事項が記されていた。

そこで，本章のテーマにもっとも関連する第1章総則の第3の2をみてみると，次のようにねらいは記されていた。

> 2　総合的な学習の時間においては，次のようなねらいをもって指導を行うものとする。
> (1)　自ら課題を見付け，自ら学び，自ら考え，主体的に判断し，よりよく問題を解決する資質や能力を育てること。
> (2)　学び方やものの考え方を身に付け，問題の解決や探究活動に主体的，創造的に取り組む態度を育て，自己の生き方を考えることができるようにすること。

このように，総合的な学習では，①「自ら課題を見付け，自ら学び，自ら考え，主体的に判断し，よりよく問題を解決する資質や能力」，②「学び方やものの考え方を身に付け，問題の解決や活動を主体的，創造的に取り組む態度」，③「自己の生き方について考えることができるようになること」という三つの要素の育成が目指されていた。しかし，2002年4月に小学校学習指導要領が施行されると，総合的な学習の成果は一部で見られたものの，実施に当たっての難しさも指摘されるようになった。例えば，各学校において目標や内容を明確に設定していない，必要な力が児童に身に付いたかについての検証・評価を十分に行っていない，各教科との関連に十分配慮していない，適切な指導が行われないために教育効果が十分に上がっていない，などといった課題が出されたのである。

その指摘を受けるかたちで，2003年12月には学習指導要領の一部が改正され，いくつかの箇所が修正された。そのなかで注目すべき点をあげるとすれば，第1章総則の第3の2に，従来の(1)と(2)という二つの小項目を「ねらい」としてそのまま残しつつ，それに続けて次に示す(3)の小項目が新たに追加され，総合的な学習の「ねらい」が補充されたということである。

> (3)　各教科，道徳及び特別活動で身に付けた知識や技能等を相互に関連付け，学習や生活において生かし，それらが総合的に働くようにすること。

したがって，この小項目の追加修正を踏まえて，改めて総合的な学習の「ねらい」を要素に分節化して簡潔に示すならば，次のように整理することが可能

▷2　2003年の一部改正の経緯については，「小学校学習指導要領解説総合的な学習の時間編」(2008年，3〜4ページ)に整理されている。

58

である。すなわち，①自ら課題を見つけ，主体的に問題を解決する資質や能力，②学び方やものの考え方，主体的，創造的に問題を解決する態度，③自己の生き方を考えることができること，④各教科等で身に付けた知識や技能等を関連付け，学習や生活において総合的に働くようにすること，という四つの要素の育成をねらいとしていたと言える。

［2］　学習指導要領〔2008年改訂〕の目標

その後，2008年1月の中央教育審議会答申「幼稚園，小学校，中学校，高等学校及び特別支援学校の学習指導要領等の改善について」では，総合的な学習の実施にあたって，大きな成果を上げている学校がある一方，当初の趣旨・理念が必ずしも十分に達成されていない状況がみられること等が指摘された。そこで，本答申では，総合的な学習の改善の基本方針が次のようにまとめられている。

まず，総合的な学習は，「変化の激しい社会に対応して，自ら課題を見付け，自ら学び，自ら考え，主体的に判断し，よりよく問題を解決する資質や能力を育てることなどをねらいとすることから，思考力・判断力・表現力等が求められる『知識基盤社会』の時代においてますます重要な役割を果たすものである」として，その重要性が強調された。また，「体験的な学習に配慮しつつ，教科等の枠を超えた横断的・総合的な学習，探究的な活動となるよう充実を図る」ものとされ，探究的な活動の充実が新たに強調された。さらに，総合的な学習の「教育課程における位置付けを明確に」することや，「総合的な学習の時間と各教科，選択教科，特別活動のそれぞれの役割を明確にし，これらの円滑な連携を図る観点から，総合的な学習の時間におけるねらいや育てたい力を明確にすること」などが指摘された。

これらの改善の基本方針を受けて整理された改善の具体的事項では，総合的な学習のねらいについて，「子どもたちにとっての学ぶ意義や目的意識を明確にするため，日常生活における課題を発見し解決しようとするなど，実社会や実生活とのかかわりを重視する」と示され，日常生活や社会との関連が重視された。また，総合的な学習においては，「教科等の枠を超えた横断的・総合的な学習，探究的な活動を行うことをより明確にする」とあるように，探究的な活動の実施が明示された。

そして，2008年1月の答申の方針を受けて，同年3月に告示された小学校学習指導要領の第5章と，中学校学習指導要領の第4章において，総合的な学習は，総則の一部から一つの章として独立して設置されることになった。小学校と中学校の学習指導要領〔1998年改訂〕では，総合的な学習の三つの「ねらい」が示され，各学校はこの「ねらい」を踏まえて「目標」を定めることとされて

いた。それに対して，小学校と中学校の学習指導要領〔2008年改訂〕では，「ねらい」という用語が少し抽象的な表現であるために評価する際にあいまいさを醸し出すおそれがあることから，後者は前者と比べれば具体的・実際的で明確さをもたせようとした。そこで，「ねらい」ではなく「目標」という用語が使用され，次のような「目標」が明確に記されることになったのである（小中学校共通）。[3]

▷3 高等学校の総合的な学習の目標は，次のように記されている。
「横断的・総合的な学習や探究的な学習を通して，自ら課題を見付け，自ら学び，自ら考え，主体的に判断し，よりよく問題を解決する資質や能力を育成するとともに，学び方やものの考え方を身に付け，問題の解決や探究活動に主体的，創造的，協同的に取り組む態度を育て，自己の在り方生き方を考えることができるようにする。」

> 横断的・総合的な学習や探究的な学習を通して，自ら課題を見付け，自ら学び，自ら考え，主体的に判断し，よりよく問題を解決する資質や能力を育成するとともに，学び方やものの考え方を身に付け，問題の解決や探究活動に主体的，創造的，協同的に取り組む態度を育て，自己の生き方を考えることができるようにする。

　田村学（2017a）によれば学習指導要領〔2008年改訂〕における総合的な学習の目標は，①横断的・総合的な学習や探究的な学習行うこと，②自ら課題を見つけ，自ら学び，自ら考え，主体的に判断し，よりよく問題を解決する資質や能力を育成すること，③学び方やものの考え方を身に付けること，④問題の解決や探究活動に主体的，創造的，協同的に取り組む態度を育てること，⑤自己の生き方を考えることができるようにすること，の五つの要素から構成されたという。この五つの要素のうち，①は，総合的な学習に特有な学習の在り方を示しており，新たに探究的な学習という言葉が付け加えられた。すなわち，総合的な学習においては，横断的・総合的な学習や探究的な学習を行うことが目標かつ方法であり，これを前提にして，②，③，④に示された資質や能力および態度を育成していくことが求められた。さらに総合的な学習では，これらの資質や能力および態度を育成しつつ，⑤に示された自己の生き方を考えることができるようにすることも目指された。これらは，総合的な学習を通して育成したい子どもの姿でもあるといえよう。

　また，「第2 各学校において定める目標及び内容」では，「各学校においては，第1の目標を踏まえ，各学校の総合的な学習の時間の目標を定める」ことが示された。すなわち，各学校は，学習指導要領〔2008年改訂〕に示された①から⑤の目標の構成について十分に理解し，各学校において定める目標に反映させ，創意工夫して実践することが求められたといえよう。[4]

▷4 なお，ねらいの(3)は，「第3 指導計画の作成と内容の取扱い」の(6)に移された。

2 三つの資質・能力に対応した「目標」へ

1 探究的な見方・考え方と横断的・総合的な学習の関係

　次期の新学習指導要領改訂に向けた，2016年12月の中央教育審議会答申「幼稚園，小学校，中学校，高等学校及び特別支援学校の学習指導要領等の改善及

び必要な方策等について」では，総合的な学習において，「『探究的な（探究の）見方・考え方』を働かせて，よりよく課題を解決し，自己の（在り方）生き方を考えることを通して，資質・能力を目標として示す必要がある」（括弧内は高等学校）とされた。そして，その答申を受けた小学校の新学習指導要領［2017年改訂］において示された総合的な学習の目標は，次のようなものであった（中学校も同様）。

> 探究的な見方・考え方を働かせ，横断的・総合的な学習を行うことを通して，よりよく課題を解決し，自己の生き方を考えていくための資質・能力を次のとおり育成することを目指す。
> (1) 探究的な学習の過程において，課題の解決に必要な知識及び技能を身に付け，課題に関わる概念を形成し，探究的な学習のよさを理解するようにする。
> (2) 実社会や実生活の中から問いを見いだし，自分で課題を立て，情報を集め，整理・分析して，まとめ・表現することができるようにする。
> (3) 探究的な学習に主体的・協働的に取り組むとともに，互いのよさを生かしながら，積極的に社会に参画しようとする態度を養う。

田村学の見解に従えば，この目標の箇所は，大きく二つに分節化できるという。すなわち，前半部分は，大まかに冒頭から3行目までの箇所とされ，大要素と名づけられている。その大要素と呼ばれる箇所は，「探究的な見方・考え方を働かせ，横断的・総合的な学習を行うこと」と「よりよく課題を解決し，自己の生き方を考えていくための資質・能力」の二つの要素に分けられる。また，後半部分は，三つの項目をあげている箇所とされ，下位要素と名づけられている。その下位要素と呼ばれる箇所は，新学習指導要領の骨格となっている資質・能力の「三つの柱」に沿って三つの要素に分けられている（田村，2017a）。

まず，前半部分の大要素と呼ばれる箇所について述べると，学習指導要領［2008年改訂］の総合的な学習の目標における「横断的・総合的な学習や探究的な学習を通して」という文言は，新学習指導要領では「探究的な見方・考え方を働かせ，横断的・総合的な学習を行うこと」という文言に変更された。両者において使用された言葉としては，「見方・考え方」という，すべての教科（「特別の教科　道徳」を除く）・教科外活動で使用されているフレーズが加わっただけで，一見すると大きな変更はないように思われるが，その文言の意味する内容はかなり重要な改善点となっている。つまり，学習指導要領［2008年改訂］では，ただ「横断的・総合的な学習」および「探究的な学習」を行うことなのか，あるいは「横断的・総合的な学習」か「探究的な学習」かのどちらかを行えばよいことなのか，という点についても不明確な部分が残されていたが，新学習指導要領の表記によって，「探究的な見方・考え方」を働かせなが

▷5　高等学校では，「総合的な探究の時間」と名称が変更され，目標は，次のように記されている。
「探究の見方・考え方を働かせ，横断的・総合的な学習を行うことを通して，自己の在り方生き方を考えながら，よりよく課題を発見し解決していくための資質・能力を次のとおり育成することを目指す。
(1)探究の過程において，課題の発見と解決に必要な知識及び技能を身に付け，課題に関わる概念を形成し，探究の意義や価値を理解するようにする。
(2)実社会や実生活と自己との関わりから問いを見いだし，自分で課題を立て，情報を集め，整理・分析して，まとめ・表現することができるようにする。
(3)探究に主体的・協働的に取り組むとともに，互いのよさを生かしながら，新たな価値を創造し，よりよい社会を実現しようとする態度を養う。」

▷6 「見方・考え方」
「どのような視点で物事を捉え，どのような考え方で思考していくのか」という各教科等の特質に応じて物事を捉える視点や考え方のことである。子どもたちが各教科等の特質に応じた見方・考え方を働かせながら，知識を相互に関連付けてより深く理解したり，情報を精査して考えを形成したり，問題を見いだして解決策を考えたり，思いや考えを基に創造したりすることに向かう過程を重視した学習の充実を図るよう配慮することが求められている。

▷7 第1章の図1-3を参照。

▷8 残りの五つはそれぞれ，②「何を学ぶか」（教科等を学ぶ意義と，教科等間・学校段階間のつながりを踏まえた教育課程の編成），③「どのように学ぶか」（各教科等の指導計画の作成と実施，学習・指導の改善・充実），④「子供一人一人の発達をどのように支援するか」（子供の発達を踏まえた指導），⑤「何が身に付いたか」（学習評価の充実），⑥「実施するために何が必要か」（学習指導要領等の理念を実現するために必要な方策）である。
なお，この答申で用いられた語句が，新学習指導要領の記述において微妙に変更されているものも見られる。例えば，「知識・技能」が「知識及び技能」，「思考力・判断力・表現力等」が「思考力，判断力，表現力等」，「学びに向かう力・人間性等」が「学びに向かう力，人間性等」となっている。

ら，「横断的・総合的な学習」も行うことという意図が明確化された。それによって，行うべき「横断的・総合的な学習」は領域レベルを意味しているのに対し，「探究的な見方・考え方」は学びのプロセスを意味していることも明らかになった。とくに，冒頭に「探究」という鍵概念が置かれることによって，総合的な学習の特質は，絶えざる探究活動によって目標達成を目指すものであることも強く意識されることになった。さらに言えば，このような文言の変更は，目標の大要素として記されているもう一つの要素の「よりよく課題を解決し，自己の生き方を考えていく」という学びのプロセスを推進し，まさに『小学校学習指導要領解説　総合的な学習の時間編』に示された「探究的な学習における児童の学習の姿」をよりいっそう実現するための大きな契機となり得るものである。

②　資質・能力の「三つの柱」に沿った目標

　目標の後半部分は，田村学（2017a）によって，目標の下位要素と呼ばれている箇所である。そこには，「探究的な見方・考え方」を働かせながら，「横断的・総合的な学習」を行うことを通して，「よりよく課題を解決し，自己の生き方を考えていくための資質・能力」が具体的に示されている。

　2016年12月の中央教育審議会答申「幼稚園，小学校，中学校，高等学校及び特別支援学校の学習指導要領等の改善及び必要な方策等について」では，新しい学習指導要領に向けて改善していくべき事項として六点があげられていた。そのうちの一つが，「①『何ができるようになるか』（育成を目指す資質・能力）」である。ここでは，育成を目指す資質・能力は，①「何を理解しているか，何ができるか（生きて働く『知識・技能』の習得）」，②「理解していること・できることをどう使うか（未知の状況にも対応できる『思考力・判断力・表現力等』の育成）」，③「どのように社会・世界と関わり，よりよい人生を送るか（学びを人生や社会に生かそうとする『学びに向かう力・人間性等』の涵養）」という「三つの柱」として整理された。この「三つの柱」は，各教科等において育む資質・能力であり，教科等を越えたすべての学習の基盤として育まれ活用される資質・能力，さらには現代的な諸課題に対応して求められる資質・能力のすべてに共通する枠組みであるとされている。

　これに基づき，新学習指導要領より「特別の教科　道徳（道徳科）」を除くすべての教科や領域の目標や内容が「三つの柱」に基づいて整理され，基本的に「三つの柱」が偏りのないように育成されることが求められることとなった。学習指導要領〔2008年改訂〕においては，総合的な学習で育てようとする資質や能力及び態度について踏まえることとして，「学習方法に関すること」，「自分自身に関すること」，「他者や社会とのかかわりに関すること」という視点が

例示されていたが，学習指導要領〔2017年改訂〕においては，資質・能力が「三つの柱」に沿って整理されることとなった。以下では，育成が目指される「資質・能力」について，これら「三つの柱」に沿ってみていこう。

　まず，「何を理解しているか，何ができるか」にかかわる「知識及び技能」についての目標は，以下のように設定されている。

> (1)　探究的な学習の過程において，課題の解決に必要な知識及び技能を身に付け，課題に関わる概念を形成し，探究的な学習のよさを理解するようにする。

　ここでは，子どもたちが探究的な学習を進めるなかで，教科の枠にとらわれない知識や技能を身に付けていく姿がイメージされている。総合的な学習において身に付ける具体的な知識や技能が明示されているわけではなく，あくまでも課題の解決に必要な知識や技能を身に付けることが示されているのみである。探究の過程で得られた知識は，実生活で生きて働く知識となり，「概念」が形成されるという。これらを実生活において応用し，探究的な学習を自ら進めていくようになったりすることが目標とされている。

　次に，「理解していること・できることをどう使うか」にかかわる「思考力，判断力，表現力等」についての目標は，以下のように設定されている。

> (2)　実社会や実生活の中から問いを見いだし，自分で課題を立て，情報を集め，整理・分析して，まとめ・表現することができるようにする。

　ここでは，探究的な学習のまさに只中で用いる力が示されている。学習指導要領〔2008年改訂〕における「②自ら課題を見付け，自ら学び，自ら考え，主体的に判断し，よりよく問題を解決する資質や能力を育成すること」という要素に比べ，課題を設定するプロセスや，情報処理方法がより具体化されたといえよう。「思考力，判断力，表現力等」の育成は，「知識及び技能」を自由に駆使することができるようにするための段階とされる。

　最後に，「どのように社会・世界と関わり，よりよい人生を送るか」に関わる「学びに向かう力，人間性等」についての目標は，以下のように設定されている。

> (3)　探究的な学習に主体的・協働的に取り組むとともに，互いのよさを生かしながら，積極的に社会に参画しようとする態度を養う。

　ここでは，自ら進んで，かつ，協力し合いながら課題の解決に向けて取り組むことが重要であるとされている。さらには，課題解決を繰り返すなかで，進んで社会にかかわっていこうとすることが求められている。

　学習指導要領〔2008年改訂〕における「④問題の解決や探究活動に主体的，

▷9　小学校の「特別の教科　道徳」の目標は，「第1章総則の第1の2の(2)に示す道徳教育の目標に基づき，よりよく生きるための基盤となる道徳性を養うため，道徳的諸価値についての理解を基に，自己を見つめ，物事を多面的・多角的に考え，自己の生き方についての考えを深める学習を通じて，道徳的な判断力，心情，実践意欲と態度を育てる」と記されている。そこには，各教科，外国語活動，総合的な学習，特別活動に見られるような，「〜見方・考え方を働かせ」「〜を通して」「資質・能力を次のとおり育成することを目指す」（「次のとおり資質・能力を育成することを目指す」）という形式も見られない。

創造的，協同的に取り組む態度を育てること」という要素がここにも一部引き継がれているものの，「主体的，創造的，協同的に」という言葉が「主体的・協働的に」という言葉に置き換えられている。「創造的」という言葉が削除されていることとともに，「協同的」という言葉が「協働的」という漢字に変更されている。[10]

　以上のように，総合的な学習においては，各教科等で学ぶ知識を実生活に生かすこと，学校の教科等と実社会をつなぐことが求められている。子どもたちは，探究的な見方・考え方を働かせながら教科の枠にとらわれない探究的な学習を継続的に行い，そのような学習を通して「三つの柱」に沿った資質・能力の育成が目指されることとなっている。

3　各学校において求められる目標設定

1　総合的な学習の構造における目標の位置付け

　小学校の新学習指導要領における第5章の「第2　各学校において定める目標及び内容」では，前回の改訂の時と同様に，目標に関して，「第2の1」に「各学校においては，第1の目標を踏まえ，各学校の総合的な学習の時間の目標を定める」ということが示されているだけである。次に，内容に関しても同様に，「第2の2」に「各学校においては，第1の目標を踏まえ，各学校の総合的な学習の時間の内容を定める」ということが示されているだけである。ところが，その次には，「第2の3」として「各学校において定める目標及び内容の取扱い」という項目が新設され，そこに(1)から(7)までの小項目が記されている。[11]

　以下では，小学校の新学習指導要領，さらにはそれに対応する『小学校学習指導要領解説　総合的な学習の時間編』を手がかりにしながら，各学校において定める目標及び内容を設定していく際の基本的な考え方について説明する（ただし，その内容については年間指導計画と関連付けながら，本書の第6章において詳しく解説されるので，ここではできる限り目標に焦点を当てることにする）。総合的な学習の全体的な構造において，その目標がどのように位置付けられているかを学習指導要領の各規定の相互関係とともに理解するには，『小学校学習指導要領解説　総合的な学習の時間編』に示された図5-1が，わかりやすい。

　図5-1の上部をみれば明らかなように，各学校における総合的な学習の目標は，学習指導要領における総合的な学習の章，つまり小学校では第5章の第1，中学校では第4章の第1に記された目標の記述と，各学校における教育目標という二つの点を踏まえて設定されている。そのうえで，当該目標を実現す

▷10　2016年8月の中央教育審議会初等中等教育分科会の教育課程部会生活・総合的な学習の時間ワーキンググループの報告「生活・総合的な学習の時間ワーキンググループにおける審議の取りまとめ（総合的な学習の時間）」の時点では，「協同的（協働的）」と，二つの漢字が併記されていた。2015年8月に発表された「教育課程企画特別部会論点整理」において，アクティブ・ラーニングが「課題の発見・解決に向けた主体的・協働的な学び」とされるなど，文部科学省は「協働」という言葉を積極的に使用するようになっている。この言葉によって，「同じ目的のために，力をあわせて活動すること」という意味内容を強調としたいという意向が示されていると考えられる。

▷11　前回の学習指導要領[2008年改訂]においては，「指導計画の作成と内容の取扱い」に示されていた一部の文言がそこに移されるだけでなく，新たに追加されたものが含まれている。

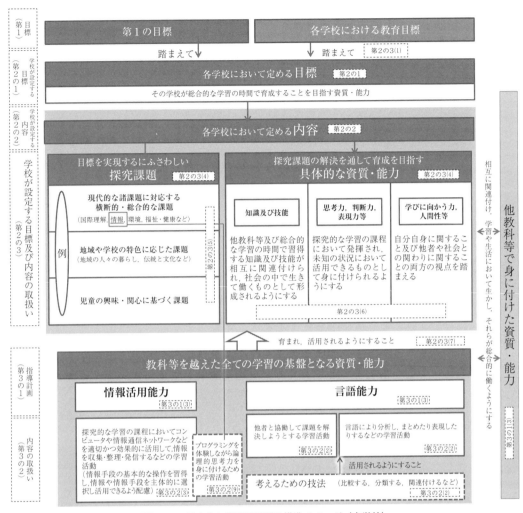

図5-1　総合的な学習の時間の構造イメージ（小学校）
出所：『小学校学習指導要領解説　総合的な学習の時間編』2017年，18ページ。

るにふさわしい内容としての探究課題と，課題解決を通して育成すべき資質・能力を各学校において考えることになっている。その意味で，各学校における教育目標は，総合的な学習の実践を展開するにあたって重要な役割をもつだけでなく，各学校の教育目標と直結しているために，各学校の教育課程全体にも影響を及ぼし，カリキュラム・マネジメントにおいても大きな鍵を握っている。実際に，小学校の新学習指導要領の第1章総則を眺めてみても，第2の1に示された「各学校の教育目標と教育課程の編成」のところで，各学校の教育目標を設定するにあたっては，「その際，第5章総合的な学習の時間の第2の1に基づき定められる目標との関連を図るものとする」とわざわざ明記されている事実は，それを裏づける有力な証左であるといえよう。

２ 各学校における総合的な学習の目標設定の基礎基本

　では，きわめて重要であるとみなされる，各学校における総合的な学習の目標設定に際して踏まえるべき点とは，具体的にどのようなものなのか。

　まず，その一つは，図5-1における左上の「第一の目標」として示されている点である。つまり，学習指導要領における総合的な学習の目標の記述のことである。ここでは，その内容について繰り返して説明をすることは控えるが，新学習指導要領には総合的な学習の特質を生かした学習過程，すなわち「探究的な見方・考え方を働かせ，横断的・総合的な学習を行うこと」を通して，総合的な学習にふさわしい「三つの柱」に沿った資質・能力の育成が明示されている。学習指導要領は教育課程の基準を示したものであるから，その趣旨を踏まえて各学校における総合的な学習の目標を設定することは至極当然の営みである。

　もう一つは，図5-1における右上の「各学校における教育目標」として示されている点である。この点についても，総合的な学習という教科外の一領域の目標が学校全体の教育目標を踏まえて設定されるわけであるから，これも至極当然の営みである。それゆえに，図の右上に記された矢印の「踏まえて」の右横には「第2の3(1)」と示されているが，その「第2の3」には，各学校において定める目標および内容の設定に関する配慮事項が，(1)から(7)まであげられている。その最初の(1)の小項目には，「各学校において定める目標については，各学校における教育目標を踏まえ，総合的な学習の時間を通して育成を目指す資質・能力を示すこと」と，記されている。◁12

　もちろん，二つの目標を教育実践として正確に踏まえることは簡単ではないが，二つの目標を比べた場合，前者の目標よりも，後者の目標を踏まえる側面の方が明らかにより難題であろう。なぜなら，前者の「三つの資質・能力に対応した目標」は，新学習指導要領の全体を貫徹しているものであるために，各教科の目標をはじめ，教科外の特別活動の目標も，共通した理念のもとに，共通した記述形式になっている。それゆえに，「第2の3」の(2)の小項目に示された「各学校において定める目標及び内容については，他教科等の目標及び内容との違いに留意しつつ，他教科等で育成を目指す資質・能力との関連を重視すること」という配慮事項も，新学習指導要領のなかで「三つの柱」に則して整理されている点で，比較的踏まえやすいのではないだろうか。

　それに対して，後者の各学校における教育目標の設定は，さまざまな現実的な要素を加味しなければならないために必然的に複雑なものとならざるを得ない。なぜなら，真摯に考えられた学校の教育目標は，法令に定める教育の目標や教育課程の基準に則るだけでなく，各学校の抱える教育課題を解決し，未来

の社会を幸福に生きることを願って設定されているからである。とくに各学校の教育課題は，生活条件や自然環境などの違いによる地域の実態をはじめ，その歴史的な経緯や将来の展望を含めた地域性，そこに居住する保護者と地域住民たちの人的状況，そして学校の施設設備の物的状況や教職員の人的状況，さらには子どもの実態などと深い関連を有している。そのために，簡単に解決できるものでは本来的にないからである。それゆえに，学校における教育目標を「踏まえて」，と言葉では簡単に言えるかもしれないが，あるいは形式的なスローガンだけの教育目標ならば問題はないのであろうが，それを実践レベルで具体的に踏まえることは決して容易なことではない。しかし，この容易でない目標も踏まえながら，各学校にふさわしい総合的な学習の目標を創造的に設定することは，後述するが，きわめて重要な教育的意義を総合的な学習に見出すことにつながるであろう。

　このように，二つの目標には大きな差異が見られるが，これらを正確に踏まえることが，何よりもまず，各学校における総合的な学習の目標を設定するうえで求められる基礎基本であるといえる。

⬛ 3 　各学校における総合的な学習の目標設定の教育的意義

　前述したように，どちらの目標を踏まえる方がより難しいかと二者択一を迫られれば，やはり学習指導要領に整理されている目標よりも，現実のさまざまな課題とかかわる学校の教育目標の方である。その難しさを理由に，校長をはじめとする教師集団は，現実の日常性とつながった学校の教育目標を軽視しながら総合的な学習の目標を設定してはならない。なぜなら，学校における教育目標は，既述したことであるが，小学校の新学習指導要領の第1章総則の第2の1において規定されているように，総合的な学習の教育目標との関連を図られていなければならないからである。しかも，その第5章には，各学校において定める目標および内容の設定に当たっての配慮事項として，「日常生活や社会との関わりを重視すること」（第2の3の⑶）と明記されているように，総合的な学習にとって日常生活や社会とのつながりは，必要不可欠なものになっているからである。つまり，各学校における教育目標とその学校の総合的な学習の目標とは，学校の実態や「地域の人，もの，こと」を媒介として，深く緊密につながっているのである。

　したがって，学校の教育目標を踏まえた総合的な学習の目標は，必然的に学校の実態や地域社会の影響を強く受けたものとなる。その結果として，各学校の独自性を打ち出すためにも，各学校にふさわしい総合的な学習を構想しようとすれば，学校の教育課程全体を睨みながら総合的な学習の目標のなかのどの要素をより重視するのかという重点化が，自ずと意識されることになる。

場合によっては，学校や地域社会の実態に応じて，学校独自の総合的な学習の目標を追加することも可能である。田村学（2017a）によれば，例えば，目標の大要素として，学習活動や学習対象を前面に出すかたちで，「外国語によるコミュニケーションを中心に据えた，探究的な学習に取り組む」，「情報に関わる探究課題を設定し，プログラミング的思考力の育成に取り組む」などが考えられるという。また下位目標としては，「三つの柱」に対応している構造であることから，田村は付加的に四つ目の柱を立てるのは難しいと断じながらも，ただ倫理的，道徳的な項目ならば立てられるかもしれないと述べている[14]。

以上見てきたように，各学校における総合的な学習の目標は，学校の教育目標と直結しているために学校の教育課程全体にも大きな影響を及ぼすとともに，教科の枠に縛られることなく「地域の人・もの・ことに関わる」学習活動を求めることができる。したがって，総合的な学習の目標設定に当たっては，すべての教師だけでなく，保護者や地域の人々との共通理解を図ることはきわめて重要である。そのような目標設定の努力は，確かに大きな労力と時間を費やすことになるけれども，自分たちのかかわる学校ではどのような子どもを育成したいのかという目標が明確に設定され，さらにはその目標を達成するために地域社会と結びついた探究課題が想定されているかが強く求められる。それによって，学校関係者だけでなく，地域の人々にも広がることになり，まさに新学習指導要領で目指す「社会に開かれた教育課程」の実現が促進される。その意味で，総合的な学習の目標設定は，今日的に大きな教育的意義を有していると言ってもよいであろう。

▷13　プログラミング的思考力
自分が意図する一連の活動を実現するために，どのような動きの組合せが必要であり，一つ一つの動きに対応した記号を，どのように組み合わせたらいいのか，記号の組合せをどのように改善していけば，より意図した活動に近づくのか，といったことを論理的に考えていく力（「小学校学習指導要領解説総則編」2017年，93ページ）

▷14　田村学は，「下位要素については，学習指導要領の三つの柱に対応しているため，付加的なもの，つまり四つ目の柱を立てるのは難しいだろう。あえて考えてみよう。倫理的，道徳的な項目なら立つかも知れない」と述べている（27ページ）。

Exercise

① 総合的学習の目標は，どのように変化してきたかについて調べてみよう。
② 総合的な学習の目標を自分で設定し，お互いに話し合ってみよう。

📖次への一冊

森田直樹・篠原正典編『総合的な学習の時間』ミネルヴァ書房，2018年。
　学習指導要領［2002年版］の告示によって新設された「総合的な学習の時間」について，その意義や歴史的変遷などの基本的な事項をわかりやすく説明した大学生向けのテキスト。「総合的な学習の時間」におけるシチズンシップ教育と地域学習を取り上げているところが特色である。
田村学編『生活・総合アクティブ・ラーニング——子どもたちの「能力」の育成と「知」の創造を実現する授業づくり』東洋館出版社，2015年。

写真や絵を入れながら，先進的な授業実践を検証し，12のアクティブ・ラーニング・モデルを提示したものであり，具体的な実践を学びたい人にお薦めである。

引用・参考文献

安彦忠彦『小学校　新学習指導要領 Q&A ～解説と展開～　総則編　一部改正（平成15年12月）対応版』教育出版，2004年。

中央教育審議会答申「幼稚園，小学校，中学校，高等学校及び特別支援学校の学習指導要領等の改善及び必要な方策等について」2016年。

黒上晴夫編『平成29年版小学校新学習指導要領ポイント整理』東洋館出版，2017年。

文部科学省『小学校学習指導要領解説　総則編』東京書籍，1999年（2004年一部補訂）。

文部科学省『中学校学習指導要領（平成10年12月）解説―総則編―』東京書籍，1999年（2004年一部補訂）。

文部科学省『小学校学習指導要領』東京書籍，2008年。

文部科学省『小学校学習指導要領解説　総合的な学習の時間編』東洋館出版社，2008年。

文部科学省『小学校学習指導要領解説　総合的な学習の時間編』東洋館出版社，2018年。

田村学編『平成29年改訂小学校教育課程実践講座　総合的な学習の時間』ぎょうせい，2017年 a。

田村学編『平成29年版小学校新学習指導要領の展開』明治図書，2017年 b。

第6章
総合的な学習の全体計画と年間指導計画

〈この章のポイント〉

　総合的な学習には各学校が設定する教育目標を直接的に具現化する役割が期待されており，教科等のさまざまな教育活動を関連付けながら，独自のカリキュラムをデザインし，実践，改善していくことが求められている。学校全体のカリキュラム・マネジメントの鍵を握る領域であることから，全体計画と年間指導計画の作成が，この時間を充実させるためには欠かせない。そこで，本章ではこれらの計画の構成や内容，作成の要点などについて，探究課題および育成を目指す三つの資質・能力に焦点をあてながら解説する。

1　総合的な学習における全体計画の構成

　総合的な学習の全体計画は，総合的な学習における第1の目標と，各学校の教育目標とを参照して，各学校で独自に「目標」を示すとともに，各学年においては，「探究課題」とともに「内容」が示される。この「内容」は探究課題の解決を通して育成される資質・能力を三つの観点について，より具体的に示すものである。

　新学習指導要領の第3の1の(2)「全体計画及び年間指導計画の作成に当たっては学校における全教育活動との関連の下に，目標及び内容，学習活動，指導方法や指導体制，学習の評価の計画などを示すこと」とされている。このように，学校として，全体計画と年間指導計画の二つを作成し，その作成にあたって，以下の六つの要素が含まれる。

　　(1)目標　　　(2)内容　　　　(3)学習活動
　　(4)指導方法　(5)学習の評価　(6)指導体制

　全体計画とは，指導計画のうち，総合的な学習の教育活動の基本的な在り方を概括的・構造的に示すものである。一方，年間指導計画とは，全体計画を踏まえ，その実現のために，どのような学習活動を，どのような時期に，どのように実施するかなどを一年の流れのなかに位置付けて示すものである。

　全体計画では，学校としてこの時間の教育活動の基本的な在り方として目標と内容を示すものである。具体的には，

　　・各学校において定める「目標」

・目標を実現するにふさわしい探究課題

　　・探究課題の解決を通して育成を目指す具体的な資質・能力

　の三つが明記されることになる。これらに加え，各学校のグランドデザイン
や経営計画に記される教育目標や児童や生徒の実態などの他の記載事項と関連
付けるなどが考えられる（図6-1参照）。また，概括的に学習活動，指導方法，
指導体制，学習の評価等についても示したりすることが考えられる。この全体
計画を拠り所にして，年間指導計画や単元計画がたてられることになる。この
章ではとくに，六つの要素のうち，(2)内容についてを中心に解説し，指導計画
を作成する際の留意事項を示す。

図6-1　全体計画の例

　総合的な学習では，探究課題とともに育成を期待する資質・能力を三つの観
点から具体的に示す必要がある。学年や学級ごとに探究課題を設定する。探究
課題に係る具体的な問題やその解決を進める過程で，実際には児童はどのよう
な知識や技能を得て，概念を形成していくのか，どのように知識や技能を活用

し，思考力・判断力・表現力等が発揮され，探究的な課題解決がなされていくのか，また，そうした学びのなかで児童生徒に期待される「学びに向かう力・人間性等」に相当する学習に対する意志や態度とは何であるのか，ということをそれぞれに記述していく。学習過程を想定して，どのような資質能力が育成されるのかを構想することが，探究的な学習の充実につながる。そこで，次節では，全体計画における「内容」のあり方を示す。

2　総合的な学習における「内容」

［1］　探究課題とは

　探究課題は，総合的な学習の目標を具現化するために設定されるものである。例えば，国際理解，情報，環境，福祉・健康などの現代的な諸課題に対応する横断的・総合的な課題や，地域の人々の暮らし，伝統と文化など地域や学校の特色に応じた課題，児童生徒の興味・関心に基づく課題などがあげられる。この探究課題にかかわるさまざまな学習活動が構想され，また児童生徒らが自律的に課題解決を進めるなかで，児童生徒の資質・能力が育まれる。▷1

　探究課題を示す際には，より具体的な探究の様相が捉えられるように示すことが重要である。今回の改訂で新たに「内容」の一部として示された探究課題は，従来「学習対象」として説明されてきたものに相当する。ただし，探究的な学びの質を高めるためには，「環境」や「国際理解」といった学習のテーマのみの記載にとどまらず，対象に対して，どのような問いをもって取り組むのか，すなわち，何を探究していくのかを想定したうえで簡潔に示すことが望ましい。

　例えば，「私達のまちの自然環境と環境保全」という探究課題であれば，児童生徒の生活に関係がある自然環境は今どのような状況にあるのか，私達の生活や将来に関わる環境問題がどのように見えていたり，起きているのか，そして，私達はそうした問題に対して何ができるのか，これからどのように生きていくのか，といったことを探究していくことが考えられる。立場が違っても同じ思いをもつ他者との出会いもあれば，自分たちの思いや考えとは異なる意見や見方，かかわり方をする他者に出会うものである。学年が上がると現実社会の実際により近づいて問題に取り組むことが考えられ，対立している考え方や自分たちの活動に理解や協力を示さない他者との出会い，なかには自分たちが取り組もうとしていることとは相容れないような考え方や利益相反となるような事実と出会うこともある。このように，探究課題と向き合い，活動を進めていくなかで児童生徒が出会うひと・もの・こととももちうる問いや課題を想定す

▷1　探究課題の設定にあたっては具体的な例が解説第5章にあげられている。探究課題の中に「（地域の川の名前）の環境保全」や「（地区の名前）の活性化」というように固有の名称が入ることもある。

る。また，その問いや次々と出くわすであろう課題の連鎖過程を想定し，学習活動を構想する。より具体的には，児童生徒がどのようなきっかけで，どのようなことに気づき，問いをもったり，課題解決に向けて意識を高めるのかを予想し，学習活動の展開を構想する。

全体計画に記載する探究課題としては，端的な表現を用いることが多い。そのため，「国際理解」「情報」といったテーマのみの記述は簡便ではある。しかし，そのことによって児童生徒がかかわる対象が不明であったり，問うべき課題が示されていないことで，教師が体験活動の意味や学習活動の展開構想やその吟味が不十分にならないように留意したい。全体計画などの指導計画は，年間を通して，学習指導の指針となるものであることから，「何に関するどのような問題」を探究するのかがわかるように記述するといった工夫が考えられる。

2 知識・技能の設定

生きて働く知識・技能は，「何を理解しているのか，何ができるか」という考え方に基づいて設定されるものである。総合的な学習においては，探究的な学習の過程を通して，また，探究課題の解決を通して，どのような概念を形成するのかを想定する。児童生徒は，実社会や実生活にかかわる課題の解決や体験活動からさまざまな具体的な知識や個別的な技能を得るが，その習得が主たる目的ではなく，また，それで終わるものではない。「概念を形成する」とは，主体的で協働的な課題解決をすすめていくなかで，得られた経験や情報，知識のなかから，重要な考え方を見出したり，それらの共通性を明らかにしたり，相互に関連付けられるような性質があることに気づき，ひとつのかかわりがあるものとして包括的に捉えられるようになることである。こうした対象への理解のあり方を概念化という。こうした個別具体の事象から関係性を見出し，関連付けて統合的に捉えられるようになる。また，関連するほかの個別具体の事象や知識と新たに出くわしたときに，類似するものや関連付くものとして捉えられるようになる。このようにして形成されるものが概念であり，言葉を用いて表現したものが概念的知識である。

例えば，「町づくり」に着目して，町の人々や組織がかかわる「地域活性化」を探究する総合的な学習では，自分たちの住む地域をよりよくしようとして，「地域活性化」に児童生徒が参画したりしようとして探究を進める。そこでさまざまな立場な人がいることを知ったり，いろいろな考えや思い，かかわり方で取り組んでいる実際の人々や町づくりの課題に新たに出会うこともある。個々の活動や思いを見聞きして得られる情報は，その人の役割やかかわり方の理解や知識にもつながる。同様に多様な立場や人のかかわり方を知り，比

較したり，関連付けたりすることを通して，そこには共通する思いや工夫，努力に気づく。このように個別の知識や情報を持ち寄って比較したり，関連付けることを通して「町づくりにかかわる人々は地域活性化のために持続して取り組めるような工夫をしている」といったことを概念として形成することが考えられる。個別具体の事象から，関連する共通点を見出し，統合することが概念化である。多様なひと・もの・こととの継続的なかかわりから得られた知識や情報を協働して吟味することによって，概念化がより一層すすむ。より広く，また深く，そこにある課題や実態を理解することから，地域活性化とは何か，そこで自分たちにはどのようなことができるか，自分たちの町についてどのようにかかわることができるか，といった問いを生み出していくのである。

　このように学習活動を通して児童生徒が得られる概念に着目する。具体的には「地域活性化の活動を通して，かかわっているひとが地域の伝統文化を大切にしていることを理解する」といったことや「町づくりにかかわる人々が楽しみながらも，努力や工夫をしていることを理解する」といった学習活動を通して気づくであろう対象の特性やかかわりの特徴，特徴的な営みの記述や表現が形成された概念として考えられる。探究課題として示される環境や国際理解，福祉，といったテーマには，その内容領域に固有の重要な考え方や捉え方，つまり，概念がある。ある探究課題に対して，どのような概念を形成しうるかといったことや，どのような考え方ができるようになることを期待するのか，といったことを考えるときには，その領域における教材研究が重要な役割を果たすため，具体的なひと・もの・こととの出会いとともに，そこから児童生徒がどのようなことを学び得るのかを個別の事実的知識に留まらず，概念にまで拡張させて想定する必要がある。

　また，主体的・協働的に課題解決をする過程を繰り返していくことで，形成された概念とともに学習活動そのものの意義や価値を理解するということも考えられる。より具体的には，探究的な学習において自らの経験や活動をもとにして，概念を形成することができることや自律的に課題解決を実行することで多くのことを学び得られることや，自らの学習活動が実生活や実社会にかかわっていることで得られることの喜びを含めた価値の理解があげられる。これは，実感を伴った理解が肝心であって，児童生徒がそれを言語的に表現できるということを求めるものではない。例えば，過去の探究の過程で身に付けた学びの方法や学んだことを生かそうとして，さまざまな場面や文脈においてもそれらを活用したり，適用しようとしたりする行動や態度として現れることが考えられる。このような側面は「探究的な学習の良さ」の理解として位置付けられ，総合的な学習で期待されるものである。

　また，技能は他の教科等の学習で習得していることが考えられる。これは探

究の過程で用いられる方法や個別的な手順のことである。例えば，国語科で学習するインタビューや算数で学習するデータ処理や活用，理科等での実験的手法，社会科での調査方法，国語や図工，美術等で学習するチラシやポスターといった表現媒体や技法にかかわることがあげられる。知識同様，技能も，探究の過程において用いられることを通して，特定の文脈に限らず，日常生活の中でも活用可能なものになる。他の教科等で学習したことがこの時間では技能として用いられることで，どのような場面で効果をもつのか，また，どのような工夫がよりよい使い方であるのかといった使い方の背景や文脈，方法の特性や優位な点がわかるようになることも探究的な学びの特徴である。探究の過程では，さまざまな技能を用いうる。しかし，指導計画における内容の設定にあたっては，児童生徒が用いるすべての技能を書き出すというよりも，探究の過程で活用に値する技能を明確に示すことである。

　以上を踏まえると，「生きて働く知識・技能」としては，

　　・どのような個別的知識を通して，どのような概念を形成するのか

　　・どのような技能を用いるのか

　　・探究的な学習のよさとしてどのようなことに気づいてほしいのか

という３点を示すことが考えられる。

　総合的な学習では，一年間を通して学習活動を想定し，そこで「生きて働く知識・技能」は資質能力として育成される。探究課題を基にして，かかわりのある対象を明確にし，どのような考え（概念）を形成するのかを構想する際には，学習活動や単元ごとで出会う個別の知識や具体的な事実に比べると，より抽象的であったり，広範な対象や内容を含むことに留意したい。

③ 思考力・判断力・表現力等の設定

　思考・判断・表現は，主に探究の過程の各学習活動を通して，児童生徒が「知識や技能」を活用する場面で発揮される。課題設定，情報収集，整理・分析，まとめ・表現で示される探究の過程は，どのように学習活動を展開すると探究的な学習が進むのかという活動のモデルである。探究的な過程の各学習活動では，児童生徒が何を，どのように考えるのか，またどのようにそれを表現するのかといったことを構想し，過程として示す。「比べる」「関連付ける」「構造化する」「順序づける」といった思考のための技法を用いて，知識や技能を活用する様相を示すことが考えられる。次に，各過程でどのような思考や学習の過程が期待されてるのかを概説する。

　課題設定においては，児童生徒が実社会や実生活と関わる体験活動や資料，かかわる人の考えや実態にふれることで，かかわった対象に関心や興味をもったり，あこがれをもったりすることが考えられる。その自覚を基にして，自ら

▷２　解説第７章第３節に探究的な学習の指導のポイントとして，探求の過程の各プロセスにおける学習活動のイメージと教師の指導のポイントが詳述されている。

が知りたいことや解決したいことが明らかになり，これが課題設定につなが
る。より具体的で，価値ある課題設定に向けて，そのために，ひと・こと・も
のとの出会いを構想する。体験活動を取り入れたり，そこでの気づきや疑問，
驚きといったことの自覚を促したりする支援や学習活動の計画を考える。児童
生徒が活動を通して感じたことや気づきを記録したり，表現したりするような
機会を設けることで自覚を促したり，自らの問いや疑問の設定につながる振り
返りを促したりすることが考えられる。こうした体験と表現を行き来すること
が対象への気づきにつながる感覚を研ぎ澄ますことにもつながる。このような
学習活動や計画を踏まえ，児童生徒が課題設定でどのようなことに気づき，課
題を見出すのかの一連の意識や思考の流れを想定する。

　情報収集においては，児童生徒はさまざまな活動やひと・もの・こととの出
会いのなかで，課題に関連する情報をさまざまな方法を用いて集積することに
なる。情報収集をどのように進めるのか，といった設定においては，集める情
報の性質や手続きの進めやすさ，また発達や活動の目的や状況に応じて行う。
これまでの学習を生かして，児童生徒が自ら方法を選ぶということもできるだ
ろう。また，例えば，最初は身近な家族やかかわりのある人にインタビューな
どをして聞くことからはじめ，その成果を踏まえて，アンケートを作成し，よ
り広く情報を集める，といった段階的な方法の選択もある。児童生徒の実態と
その方法の手続きやよさに目を向けて，目的にあうかどうかを判断したり，多
様な情報を得るための対象を選択したりする。情報収集の方法をさまざまに経
験していくと，情報収集の方法を児童生徒が自ら考えて，選択して決めること
も考えられる。

　児童生徒が自ら情報収集の方法を決定する場合でも，また，教師が適切な方
法を提示してすすめる場合でも，次の整理・分析の場面でどのようにその情報
を扱ったり，分析するのかといった手続きの見通しをもつことや何のために情
報を集めるのかといった目的意識を明確にすることが重要である。この情報収
集の過程で取り組む課題に対して，どの手法を用いるのかというよりも，子ど
もたちがどのように情報収集の方法を選び，実行していくのかという過程で働
く思考に着目することが大切である。

　整理・分析においては，収集した多様な情報を用いて，設定した課題に対す
る答えを児童生徒が自ら導くことを目指すことになる。集積した情報の使いみ
ちを考えて分けたり，選び出したり，使いやすいよう表などにして整えたりす
ることや，関係性をもとに分類したり，因果関係を捉えたり，順序性を見出し
たりすることで課題解決に生かしていく。統計的な手法を用いて新たな値を求
めたり，適切にグラフ化したりすることも考えられる。試行錯誤しながら，問
題状況における事実や関係を理解することが，課題に対して自らの考えや解を

もったり，意思決定や判断の規準の設定につながることになる。

　この整理・分析の過程で児童生徒がどのような情報に対して，「比較する」「関連付ける」「順序付ける」などの思考のための技法をどのように用いたかということや，そのための思考ツールを用いたりして，自分たちなりの解決策や答えを出す過程を明らかにする。思考ツールの使用については，使用できたかどうか，ではなく，思考ツールを使って適切に自らの考えや解決策を見出せたかどうかというその過程が重要である。また，繰り返し学習していく中で児童生徒が自ら思考のための技法や思考ツールを選べるようにするなどして，より自律的な課題解決に向けた指導を見通すことも大切である

　まとめ・表現においては，整理分析した結果や自分の考えをまとめたり，他者に伝えることで，より考えが鮮明になったり，新たな課題を見出すことになる。また，他者に発表を聞いてもらったり，まとめたことを伝えることによって，質問をされたり，共感を得たりすることもまた，次の学習や課題解決につながる。

　より効果的にまとめたり，伝えたりするには，目的意識を明確にしたり，伝える相手を意識して，適切な方法を選択することになる。こうした過程で，自らの考えを異なる立場から見たり，より伝わりやすいように提示する情報を並べ替えたり俯瞰したりして論理的に表現することで，自分の思考を振り返り，考えがさらに深まったり，その考えてきたことの価値を理解したりする。また，表現が熟達することで，より論理的で効果的な方法を実践できたり，そのよさを実感したりすることができるようになるので，そのことかで，より学びを深めることや次の学びにつながるものとして捉えることに留意したい。

　思考判断表現を内容として記述する場合には，探究的な学習の各過程で，上記のようなことを念頭に，何について，どのような思考を働かせるのかを記述し，児童生徒が探究をすすめる思考過程を示す。その際には，生きて働く知識・技能に書いた内容を踏まえ，どのような対象について，どのような考えるための技法を用いて，どういった方向へと課題解決に望むのか，といったことを具体化していくことが考えられる。例えば，私達の町にある自然環境とその保全にむけた探究活動を例にすれば

　　地域の川の自然環境やその保全をしていくために，
　課題設定：地域の川に対する自分の関心や体験活動で気づいたことから，課題を設定する
　情報収集：自ら設定した課題の解決のために，多様な方法を用いて，まちの自然環境や保全にかかわる情報を集める
　整理分析：自らがどのように環境保全にかかわるかを考えるために，集積し

た情報を比較したり，分類したり，順序づけるなどして捉える。

　表現・まとめ：環境保全に対する自分の考えを相手や目的に応じてわかりや

　　すくまとめ，適切な方法を用いて表現する。

　より詳細な学習計画である単元計画などではより具体的な対象や学習活動が構想できる。それがより充実した探究的な学習活動につながる。

4　学びに向かう力，人間性等の設定

　総合的な学習では，児童生徒が身近な人々や社会，自然にかかわることを通して，自らの問いを見出し，社会や生活の実態とかかわる課題を設定することから探究が始まる。見出した課題について，自分がどのように解決したり，かかわったりできるのかを考えたり，計画をたてたりするなどして自律して課題解決に向かう主体的な態度が基盤にある。また，他者とかかわり，他者とともに課題解決に取り組むなかで，自らの考えをもつだけでなく，多様な考えを生かして新たな知を創造しようとする協働的な活動を主たる方法とする。身の回りにあることや実生活・実社会のことは，自分の生活や将来とかかわりがあることやそこに自分が関与する意味や必要性があることを見出すことによって，「自分ごと」として課題が存在するようになることがその後に続く探究を支えるものとなる。

　解決しようとする問題に対して，自分ひとりで取り組むだけでなく，他者との相互作用や協働して活動することでよりよい生活や社会を生み出していくという探究の本質にならうと同時に，一人では生み出せない知恵や考え方を他者と協働して構築していく過程，また，他者とのかかわりのなかで自分がどのようにかかわっていくかを考え，実行にうつしていく過程に主体的・協働的な探究的な学習の核がある。

　こうした探究的な学習を通して，児童生徒は繰り返し対象とかかわり，課題解決に臨む過程で，はじめよりもさまざまな情報や知識を得ていくと，新たな疑問や知らなかった事実の存在に出くわす。こうして自らの問いを更新していくことが粘り強く学習に取り組んでいく姿へとつながる。また，自らの思考や学習活動を振り返りながら，次に向けてどのように取り組むのか，どのように考えていくのがよいのかといった見通しをもち，自らがどのようなことができるのか，どのようなことに取り組むべきなのかといった自己への理解を踏まえて，次の活動へと進んでいくような学びを調整していく姿が期待される。そうした繰り返しの振り返りを通して，メタ認知を働かせ，自らがどのように対象とかかわろうとするのか，自分とどのようなかかわりがある課題であるのかをより深く理解するような自分への内省を深めていくのである。また，加えて多

様な考え方や異なる意見をいかして，地域や社会に参画していく姿が期待される。そうした主体的・協働的な課題解決の先に，将来，自分がどのように対象や課題にかかわっていく存在であるのかという自分の生き方やあり方について考えていくようになることが期待されるのである。

　こうしたことを踏まえ，児童生徒が，自分に関することとしてどのように探究に取り組んでいるのか，児童生徒に期待する協働的な問題解決の姿，また社会参画にかかわろうとする態度を明らかにすること，そして，総合的な学習の特質とも言える「自らの生き方を考える」ことにつながる児童生徒の姿を想定する。その学習過程は，一旦設定した課題や目標が問い直されたり，試行錯誤や行きつ戻りつ進む問題解決の過程が想定されるものであり，この過程で総合的な学習で設定した資質能力の育成を目指すものである。当初に設定した課題解決の過程を滞りなく済ませることや課題解決を達成すること自体が目標になったり達成を評価するのではないことに留意したい。

3　指導計画の作成

1　基本的な考え方

　年間指導計画は，各学校で作成した全体計画を踏まえ，一年間の流れのなかに複数の学習活動や単元を位置付けて示すものであり，一年間にわたる具体的な児童生徒の学習活動の展開を示すものである。この点で全体計画とは異なる。具体的な学習活動や年間を通して育成したい資質・能力を示していくことで，全体計画で示された目標を実現していく過程を，児童生徒の学習意識や思考の展開を構想して入念に計画をしていくことになる。▷3

　一方で，年間指導計画の運用にあたっては，柔軟かつ弾力的な姿勢をもつことが大事である。年度当初に立てた計画も学習活動の展開や児童生徒の取り組みやねがいを随時把握し，育てたい資質・能力と照らし合わせながら，必要に応じて適宜見直していく。次のような場合には，学習計画を見直したり，ねらいを具体化したり・焦点化したりするようなことが必要となる。

▷3　指導計画作成の際の留意事項は解説第6章第2節，及び第4節に，配慮すべきこと，運用にあたっての留意事項がまとめられている。

- ・学習活動の展開が必ずしも計画通りに進まず，検討した結果，事前の計画以上にふさわしい学習活動が生み出せると判断される場合
- ・教師が想定した以上の発想や追究の姿が見られる場合
- ・児童生徒の探究の方向性や課題の捉え方に教師の想定とのずれが生じて，計画通りに展開しない場合や育成しようとする資質・能力の高まりが見られない場合
- ・児童生徒の取り組みや思考が停滞して，次の段階へ進むことが困難にな

　る場合

　活動の目的や方法，内容，時数が変更された場合には年間指導計画を見直し，改めて関連付けられる教科等の内容を検討することでより効果的な学習につながる。その際には，児童生徒にとっての学びの必要感や必然性に基づいて，新たな学習活動を位置付けたり，新たに児童生徒の思考や活動を深めるために，専門家や関連機関等との連携も視野に入れて教材研究をし直したりすることが必要になる。

［2］　学習活動の適時性と連携による充実

　季節や行事を探究や学びに活用する際は，適時性があることや，事前の把握や十全な準備があることで，普段の授業では準備したり，設定したりすることができない環境や人とのかかわりを生み出すことができる。例えば，地域の伝統的な行事や町をあげての定期的な行事，季節に関連した行事は，当事者の活動の展開を関係者へのヒアリングや参観などを通して事前に把握することができる。児童生徒が直接地域の人々に話を聞いたり，行事そのものにかかわる際には，自分たちが主体的に参画しているからこそ聞き取ることができる地域の人の行事や地域に対する思いがあったり，自分たちが行事により多くの貢献をしたり，知りたいと思うからこそ，行事の背景や歴史などを知ろうとする気持ちが生まれるなど，対象である地域の行事等に対する思いが高まっていくことで深まる学びがあり，それによって探究が持続する。

　また，校内の行事や学習発表会などの機会を生かして，探究の成果をほかの学年や地域の人，保護者に向けて報告することで探究的な学習の過程をより充実することができる。例えば，調査結果をまとめ，表現する機会として学習発表会を活用すると同時に，ほかの学年の児童生徒や参観にきた地域の人や保護者に発表した内容の感想や意見を聞く機会とすることができる。それは，自分たちとは異なる視点や立場の人がどのように受け取るのかを知ることができたり，まとめ方や発表のしかたを振り返るきっかけを与えたりする。また，多様な意見や視点を踏まえて次の課題を設定したり，調査結果の整理・分析の方法やまとめ方をふり返るなどそれまでの活動を振り返ったりするきっかけとなる。

　総合的な学習では，地域や社会とかかわる学習活動が，この時間の探究課題の中核となったり，地域や社会とかかわることを通して得られた学びをさらなる探究へと展開したりすることが多い。ほかの機関や学校外の専門家，地域の人々の理解と協力によってより充実した学習を進めることができる。しかし，そうした人々をただ招聘したり，共に活動したりするだけでは必ずしも探究が充実するとは限らない。指導の構想をもとに事前に十分な打ち合わせを行い，

授業のねらいや学習活動についての理解を共有しておくことが大切である。探究課題や児童生徒の関心や実態を伝えるだけでなく，先方の専門的な知識や異なる視点から意見や情報を事前に聞かせてもらったり，それらに関する協議を行ったりしておくことで，教師の探究課題に対する理解が深まったり，児童生徒にとっての出会いの意味や学習過程での重要な側面に事前に気づいたり，教師自身が学んだりすることにつながる。それによって，探究的な学習の過程をより豊かにする適切な指導や支援を行うことができる。

　いずれにおいても，その活動の必要感や必然性があるかどうか，交流相手にも価値のある互恵的な関係を築くことができるかどうか等の点に配慮する必要がある。計画的に，見通しをもって，事前の打ち合わせ等を通して，相互理解を深め，目的をもって計画的・組織的に進めることが大切であり，その事前準備のためには，校内での情報共有や過去の実践にかかわる情報収集などは有効である。

3 他教科等で育成した資質・能力の発揮・活用

　総合的な学習の年間指導計画の作成に際しては，各教科等との関連的な指導を行うことが求められている。これまでも単元配列表などを活用して年間の教育課程を俯瞰し，そこに記載された各教科等の内容や学習活動を手がかりにして関連的な指導を図るといった試みが見られている。

　今回の改訂では，学習内容だけでなく，各教科等で身に付けた資質・能力を十分に把握したうえで，学習の時期や順序を組織し直す工夫が考えられる。また，各教科等で身に付けたことを知識技能として，児童生徒が意識的に選択して活用すること，そのようにして，教科で学習したことが他の教科や場面でも発揮できるということの発見や自覚することがある。それによって，児童生徒の学習は一層深まりを見せるし，発揮した資質・能力への振り返りの活動がメタ認知を働かせ，自らの資質・能力の高まりや探究的な学習のよさを自覚できる。

　例えば，社会科で学んだ情報の整理や算数科のデータの活用の手法をもちいて得られたデータを対象に，考察を深めていくことが考えられる。また，理科で学んだ生物とその観察の観点を基にして，地域に生息する生き物を観察したり，その生き物をみつけた環境も合わせて知ることで，生育環境を考えることなども考えられる。このように各教科で学んだことを総合的な学習に生かすことが考えられる。

　教科等としての学びと，この時間における学びの双方にとって，有効な連関をつくりだすために，他教科との関連を明らかにして，適切な学習時期や方法，環境を調整したり，学習環境の充実を図るために，人的資源や学習機会を

活用し，児童生徒の資質能力の発揮と活用を最大限となるように学習活動の計画・運用することがカリキュラム・マネジメントである。

⬜4　資質・能力の高まりを構想する

　探究をすすめる中で資質・能力がたえず高まっていくことを意識することが重要である。1年間の流れのなかで各教科等との関連を見通した単元配列表を作成することができる。各学年の年間指導計画を全校で共有していくことを通して，他の学年との関連を俯瞰でき，その年度の総合的な学習の取り組みを俯瞰することができる。学年間を越えて互いの取り組みを理解することができると，自分たちの学習活動と他学年や他学級の学習活動とを比較したり重ね合わせたりすることになり，ほかの学級の学習活動からヒントを得たり，4年間や3年間の総合的な学習の見通しをもつことできる。また，異学年での交流や相互に活動を発表し合うなどの活動の共有によって学びを深めることもできる。

　これまで児童生徒がどのような学習活動を経験し，そこでどのような資質・能力を発揮・活用してきたのかという学習の履歴とその成果について，事前に把握すると，その経験や成果を生かした学習活動や育成を目指す資質・能力を構想することができる。3学年であれば生活科の学習，4学年以降であれば，前年度までの生活科や総合的な学習の学習活動を把握することに加え，他の教科等での学習内容を把握しておくと，連続性や関連性を生かして学習活動をより発展的に展開したり，意味ある重複をさせたりしながら学習を充実させることができる。

　過去の学習活動を生かして当該学年の活動を構想する際には，活動は類似していたり，重複していたりしても，そこで育成を目指す資質・能力には，当該学年にふさわしいものがある。これまで培った資質・能力を基盤にしてより高次の資質・能力の育成を目指すことができるよう，探究課題や目指そうとする問題解決を設定することが必要である。教科等での学習成果を生かしたり，くりかえし活動するなかで，児童生徒が次第により高度な手法を用いたり，深い理解に基づく意思決定をすることができるようになる。学年が上がるにつれて，また，学期を追うにつれて，児童生徒が話し合いを通して形成している概念が高まっていったり，複雑な事象や問題でも経験やこれまでの思考を生かして，諦めずに考えることが出来たり，主体的・協働的に問題解決ができるようになったりするといったことが考えられる。このように発揮される資質・能力が，年間を通して次第に高まることを期待し，また，想定して，学習活動を構想する。指導計画を具体化する4月に出会う児童生徒が，当該年度の3月までに育ってほしい姿を描き出し，その姿を探究課題と資質・能力の三つの柱で具体化して全体計画で示す。児童生徒が全体計画で示した姿へと成長していく過

程を想定し，どのような学習活動を構想して，指導・支援するのかを描き出すのが年間指導計画である。

Exercise

① 本文中で取り上げた「私達のまちの自然環境と環境保全」を探究課題とする実践について，どのような学習活動が考えられるのかを構想し，育成が期待できる資質・能力を三つの観点から考えてみよう。その際にいずれかの学年を想定し，他教科等で関係する内容やこの時間の学習に生かせる資質・能力を教科書などを参考に抽出してみよう。
② 本文中で取り上げた探究課題「私達のまちの自然環境と環境保全」について，川または海，山，森林などを題材とした探究的な学習活動を展開する際に，身近な地域を想定して専門家としてどのような人が考えられるか，その人たちはどこにいけばアクセスできるか探してみよう。
③ 総合的な学習での「技能」にはどのようなことが考えられるだろうか。他の教科等の教科書から抽出し，どのような場面や探究の過程のどのような学習活動で活用できるかを考えてみよう。

📖 次への1冊

大島純他『主体的・対話的で深い学びに導く　学習科学ガイドブック』北大路書房，2019年。

　「学習科学」という比較的新しい研究領域の成果についてわかりやすく解説している。授業設計や改善に生かす方策を考えるための良書。今回の改訂に関係する新しい学びに関する理論や考え方や探究や協働の学術的，理論的背景について学ぶことができる。

小川雅裕『授業のビジョン』東洋館出版，2019年。

　総合的な学習の時間の授業づくりのポイントを今回の改訂に合わせてまとめたもの。とくに，一年を通した学習，単元単位，授業単位でどのようにゴールを明確にするか，つまり資質能力の三つの柱を明確な子どもの姿として描き出すかをのポイントを整理している。

合田哲雄『学習指導要領の読み方・活かし方——学習指導要領を「使いこなす」ための8章』教育開発研究所，2019年。

　今回の学習指導要領の改訂がどのようなものかの全体像を知ることができる。これからの学校教育に求められていることや，学習指導要領を「使いこなす」方法について解説されている。今回の学習指導要領の基礎や「主体的・対話的で深い学び」「資質・能力」がどのような背景で重視されているのかを知ることができる。

第7章
総合的な学習の単元計画

〈この章のポイント〉

　総合的な学習における単元計画を行う際には，［１］一時的体験でなく「探究的な学習活動の発展的な繰り返し」となる学習活動の展開として構想すること，［２］児童生徒の興味関心や問いを具体的な探究活動の姿として想定すること，［３］児童生徒の実際の取り組みや願いを随時把握し，育成を目指す資質・能力と照らし合わせながら，年度当初に想定し作成した単元計画を必要に応じて適宜見直し修正変更していく，柔軟かつ弾力的な姿勢が大切である。

1　総合的な学習における「単元」とは何か

　総合的な学習において具体的にどのような学習活動を展開するのかを計画するため，学校において教師は，本書の第6章で解説した「全体計画」ならびに「年間指導計画」にしたがって，単元計画を作成する必要がある。

　まず，単元とは何か。単元とは，児童生徒の学習過程における学習活動の一連の「まとまり」を指す用語である。教科教育においては，教科書に掲載されている教材（学習内容）や学習活動の一つのまとまりそのものが「単元」となる場合が多いが，本書で対象とする総合的な学習においては，学習活動の「まとまり」のみならず，学校教育目標をふまえたねらいの設定も各学校に委ねられている（詳しくは後述する）。このような総合的な学習においては，教師が意図やねらいをもって，学習活動のまとまりを適切に生み出す必要がある。

　特に新学習指導要領における総合的な学習においては，単元を「児童生徒の課題の解決や探究的な学習活動が発展的に繰り返される一連の学習活動のまとまり」として捉える必要がある。例えば小学校学習指導要領の「第5章　総合的な学習の時間」の「第1　目標」において，まず冒頭に「<u>探究的な見方・考え方</u>を働かせ，横断的・総合的な学習を行うことを通して，よりよく課題を解決」する学習活動であることが示されていることに加え，続く資質・能力の育成に関する(1)(3)にも，「(1)<u>探究的な学習の過程</u>において…」「(3)<u>探究的な学習</u>に主体的・協働的に取り組むとともに…」と示されている（179頁）。また，『小学校学習指導要領解説　総合的な学習の時間編』では，探究的な見方・考え方を働かせることが目標の冒頭に置かれていることについて，「探究的な学習の

重要性に鑑み，探究的な学習の過程を総合的な学習の時間の<u>本質と捉え，中心に据える</u>ことを意味している」と述べている（9頁）。総合的な学習における学習活動のまとまりとは，課題の解決や探究的な学習活動のまとまりのことを指すものであり，これこそが総合的な学習の本質であり中核をなすものとして捉える必要がある。

　それでは，課題の解決や探究的な学習活動が<u>発展的</u>に繰り返されるとは，どのような様相であろうか。さきに取り上げた「第1　目標」の(2)に，「実社会や実生活の中から問いを見いだし，自分で課題を立て，情報を集め，整理・分析して，まとめ・表現することができるようにする」とされている。ここに示されている［①問いを見いだし課題を立てる→②情報を集める→③整理・分析する→④まとめ・表現する］プロセスが，総合的な学習の時間における課題の解決や探究的な学習活動の1サイクルである。

　児童生徒自らが「①日常生活や社会に目を向けた時に湧き上がってくる疑問や関心に基づいて，自ら課題を見付け，②そこにある具体的な問題について情報を収集し，③その情報を整理・分析したり，知識や技能に結び付けたり，考えを出し合ったりしながら問題の解決に取り組み，④明らかになった考えや意見などをまとめ・表現し，そこからまた新たな課題を見付け，更なる問題の解決を始める」のである（9頁）。

　このように1サイクルの探究的な学習活動が進むなかで，児童生徒は新たな課題を見付け，さらに発展的な課題の解決や探究的な学習活動という次のサイクルに移行していく。ここでいう「発展的」とは，どのような状態を指すのか。児童生徒が発見する新たな課題が例えば「AではなくBについてはどうだろう」というように，対象を変えて同様に探究活動を進めていく場面について考えてみよう。類似する対象を同じように繰り返し調べるなかにおいても，「Aの時と比べてBでは…」と，前の探究サイクルで得た情報と比較したり，「Aで課題となっていたことと同じことが原因で…」と，前の探究サイクルで明らかになったことと関連付けたりといった姿が生起する。課題に多面的・多角的にアプローチするプロセスを重ねるなかで，解決すべき課題の本質が明確になり，児童生徒自身が必要だと考える探究すべき対象が焦点化されていく。このように，前の探究サイクルで得た情報や体験などをもとにして次の探究サイクルが進むことで，より探究する対象を多面的・多角的に捉えたり，解決すべき問題を焦点化したりというように，問題解決や探究的な学習活動が発展的に推移し，探究活動が深化していくのである。言い換えれば，探究的な学習活動のサイクルが1サイクルで終わってしまうと，発展的な探究は成立しなくなる。また，得た情報の比較や関連付けなどがなされず，ただ「調べてまとめる」ことを繰り返すだけでは，発展的な探究が成立しているとは言い難い。総

合的な学習においては，探究的な学習活動のサイクルが1サイクルに終わらず，児童生徒が前の探究サイクルで得た情報や体験などをもとにして，自らの考えや課題を新たに更新しながら，次の探究サイクルに進むというように，複数の探究的な学習活動のサイクルで単元が構成されるのである。

　これを模式図で示したものが，図7-1である。なおこの図は，平成20年の『小学校（中学校）学習指導要領解説　総合的な学習の時間編』において，「探究的な学習における児童（生徒）の学習の姿」として示された一連の学習過程の模式図であり，新学習指導要領においても変わらず，解説に掲載されている。この探究的な学習活動のサイクルこそが，総合的な学習の根幹をなす学習活動のプロセスなのである。

　このように総合的な学習における探究的な学習活動では，[①課題の設定→②情報の収集→③整理・分析→④まとめ・表現]という探究的な学習活動の1サイクルが発展的に繰り返し生起することを企図し，一連の学習活動を計画しなければならない。ただし，注意したいことは，探究的な学習活動のサイクルの「①②③④の過程を固定的に捉える必要はない（解説10頁）」という点である。図7-1にサイクルとして描かれているように①→②→③→④の順序を保つ必要はないのである。例えば①課題の設定を行い，②情報を収集し，③整理・分析をする中で，情報の不足に気づいたり，別の観点の情報が必要であることが見えてきたりすることが十分に想定される。このような場合においては，一度②に立ち戻り，情報収集を行ったうえで，再度③整理・分析を行い，④まとめ・表現に進めばよいのである。児童生徒の探究の必要性に応じて，①〜④を行きつ戻りつしながら，1サイクルを回していくことを理解しておく必要がある。

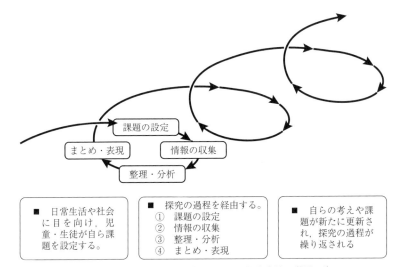

図7-1　総合的な学習の時間における児童生徒の学習の姿
出所：『小学校学習指導要領解説　総合的な学習の時間編』（2017年，9ページ）。

このように総合的な学習においては，単元を「児童生徒の学習過程における学習活動の一連のまとまり」として捉えるのみならず，上述した探究的な学習活動のサイクルを児童生徒の基本単位に置き，「児童生徒の課題の解決や探究的な学習活動が発展的に繰り返される一連の学習活動のまとまり」として捉えることが必要なのである。

なお総合的な学習においては，これまで，年間（1学年）を通して「一連の学習活動のまとまり」として捉える学校もあれば，児童生徒の抱く課題の視点や学習活動の深化を踏まえて，1学期や数か月を1単位として「一連の学習活動のまとまり」と捉える学校も認められた。新学習指導要領においては，後者のような「一連の学習活動のまとまり」の捉え方に基づいて，単元計画を立てることが求められている。

2　総合的な学習における単元計画

児童生徒の課題の解決や探究的な学習活動が発展的に繰り返される一連の学習活動のまとまりである単元を，いかに計画すればよいのか。

単元計画を立てるにあたっては，例えば小学校学習指導要領において，「(1)年間や，単元など内容や時間のまとまりを見通して，その中で育む資質・能力の育成に向けて，児童の主体的・対話的で深い学びの実現を図るようにすること。その際，児童や学校，地域の実態等に応じて，児童が探究的な見方・考え方を働かせ，教科等の枠を超えた横断的・総合的な学習や児童の興味・関心等に基づく学習を行うなど創意工夫を生かした教育活動の充実を図ること」（小180頁）を踏まえることが重要である。

小学校学習指導要領では，「(2)全体計画及び年間指導計画の作成に当たっては，学校における全教育活動との関連の下に，目標及び内容，育てようとする資質や能力及び態度，学習活動，指導方法や指導体制，学習の評価の計画などを示すこと」（小180頁）と記された。ここに，「単元など内容や時間のまとまりを見通して」という文言は見当たらない。また，これに続く(3)以降，この項が含まれる第3「指導計画の作成と内容の取扱い」に，単元に関する記載は存在しない。これは中学校学習指導要領においても同様である。何よりまず，新学習指導要領では，総合的な学習において，全体計画・年間指導計画のみならず，単元計画を立てることの重要性が新たに示されたことを押さえる必要がある。1年間の指導計画という単位ではなく，「児童生徒の課題の解決や探究的な学習活動が発展的に繰り返される一連の学習活動のまとまり」という視点から，すなわち単元計画レベルで学習活動の計画を立てる必要があることが，新たに打ち出されているのである。

　総合的な学習における年間指導計画の作成については，「当該学年までの児童の学習経験やその経験から得られた成果について事前に把握し，その経験や成果を生かしながら年間指導計画を立てる必要がある」（小解説95頁）とされている。すなわち年間指導計画は，前年度までの児童生徒の学習経験や学習成果をふまえて構想するものであり，年間指導計画については年度開始前に計画を立てることができる。ただ，総合的な学習における単元計画の作成において最も大切なことは，教師の目の前にいる児童生徒の実態を捉え，単元計画を立案／修正することである。資質・能力の育成に向けて，「児童の主体的・対話的で深い学びの実現を図るようにすること」「その際，児童や学校，地域の実態等に応じて」「児童が探究的な見方・考え方を働かせ」「教科等の枠を超えた横断的・総合的な学習や児童の興味・関心等に基づく学習を行うなど創意工夫を生かした教育活動の充実を図ること」（小180頁）が目指すべき方向性として示されている。中学校の学習指導要領においても，児童を生徒に置き換えた記載として示されている。このように学習主体である児童生徒がどのような実態にあり，どのような興味・関心をもち，またどのように探究的な見方・考え方を働かせ，どのようにすれば主体的・対話的で深い学びを実現することができるのか，目の前にいる児童生徒の，具体的で丁寧な実態の理解があってはじめて，当該年度の児童生徒の実態に応じた単元計画を立案／修正することができると言える。

　総合的な学習においては，児童生徒の課題の解決や探究的な学習活動が軸となることは前述したとおりである。それゆえ，総合的な学習では，児童生徒にとって意味のある課題の解決や探究的な学習活動のまとまりとなるように単元を計画することが大切である。児童生徒は，自分の周囲のひと・もの・ことについて，さまざまな興味関心を抱いている。また課題の解決や探究的な学習活動のプロセスのなかで出会うひと・もの・ことに対しても，新たな興味関心を抱くことが想定される。教師は，児童生徒が現に抱いている，また課題の解決や探究的な学習活動のプロセスにおいて新たに抱くことになる興味関心のなかから，教育的に価値あるものを捉え，それを適切に生かして学習活動を組織することが大切である。児童生徒自らの興味関心を，課題の解決や探究的な学習活動において生かし位置付けながら，資質・能力の育成に向けて主体的・対話的で深い学びが実現されるように，教師は，児童生徒自身による課題の解決や探究的な学習活動のプロセスを想定して単元計画を立案する。このようにして計画された単元は，児童生徒の興味関心に基づくものであることから，児童生徒の学習活動への意欲が高く，その持続性も強く長い傾向となる。またその学習活動の姿も真剣になりやすく，また学んだ内容や技能も，後々の学習や生活において生きて働くものとなることが多い。

このような総合的な学習の単元計画においては，児童生徒の興味関心と，教師の教育的価値の見取りに基づく学習活動の意図的な組織化，この二者のバランスが大切である。児童生徒の興味関心を重視する傾向が強くなり過ぎると，「児童生徒の興味関心に基づいて探究しているものの，そこには教育的な価値が認められない」「興味関心に基づいて探究しているものの，単なる体験や活動に終わってしまう」などの状況が生じる恐れがある。一方，教師の教育的価値に基づく学習活動の組織化の傾向が強くなり過ぎると，「児童生徒の興味関心が置き去りにされた，受動的で教師による設定的な学習活動」になることが懸念される。

総合的な学習の単元計画においては，「いかに児童生徒の興味関心や問いを大切にするか」「いかに教師の意図した学習を効果的に生み出していくか」，この二者が大切なポイントであると言える。以下，単元計画を作成する際の要点をまとめる。

［1］ 児童生徒の興味関心や，生み出した問いを生かした単元計画を立てるには…

児童生徒の興味関心や，児童生徒が生み出した問いを生かした単元計画を立てる際，児童生徒の興味関心や問いを捉え，課題の解決や探究的な学習活動に位置付けるうえで，留意すべき点が三つある。

第1に，児童生徒の興味関心や問いは，そのすべてを本人自身が意識しているとは限らず，無意識のなかにある部分も多いとの認識を教師がもっておくことである。児童生徒の興味関心や問いを出発点として，課題の解決や探究的な学習活動を開始し進めることによって，探究すること自体が児童生徒にとって意味や価値があり，意欲的な活動が展開していくことが期待される。しかしながら，児童生徒の興味関心や問いは，一時的なものであったり，移ろいやすいものであったりする場合も多い。例えば，児童生徒に「どのようなことに興味がありますか」などと訊ね，回答を得たとしても，それを訊ねた時点における一時的な興味関心である可能性がある。それを手がかりにして単元計画を行い探究的な学習活動を始めたとしても，児童生徒の探究意欲が短期間のうちに冷めてしまったり，探究的な学習活動の1サイクルを終えた時点で，続く問いが洗練されることなく，探究的な学習活動が終息してしまったりする危険性がある。単元計画においては，児童生徒の興味関心や問いを見取ることが大切ではあるが，そこにおいては，一面的・一時的な捉えに依るのではなく，多角的・重層的に，それまでの学びの過程を踏まえながら，児童生徒の興味関心や問いを捉えることが大切である。例えば，日常生活のなかでの語りやつぶやき，友だちとの会話，日記や学習活動の記録（ノートやワークシートなど），保護者から

寄せられた児童生徒の様子，前担任からの児童生徒の様子についての情報，また同じ学年団や他教科の担当教員からの情報など，多くの情報を手掛かりにして，現時点における児童生徒の興味関心や問いの傾向について精査することが大切である。またそこから得られた興味関心や問いについては，休み時間などに何気なく児童生徒に訊ね，児童生徒自身に語らせることによって，現時点における興味関心や問いに対する思いの強さを捉えることができるだけでなく，児童生徒自らが意識的に語りを深め，興味関心の対象や問いに関する新たな意味づけを始め，無意識であった興味関心や問いが意識化されることも考えられる。

　第2に，児童生徒の興味関心や問いは，児童生徒を取り巻く環境（ひと・もの・こと）との相互作用のなかで生まれ，変化するものであるとの認識を教師がもっておくことである。どのような対象に出会い，どのような経験をし，どのような出来事があり，そこで出会った人とどのような会話を交わすのか，そのような学習の多様な機会や場面を通して，児童生徒の興味関心や問いは，新たに生まれたり更新されたりする。現時点での児童生徒の興味関心や問いは，児童生徒を取り巻く過去から現在に至る環境との相互作用のなかで生まれたものである。それと同様に，これから始まる課題の解決や探究的な学習活動においても，児童生徒を取り巻く環境（ひと・もの・こと）との相互作用のなかで，興味関心や問いが新たに生まれたり，更新されたり，別の事象との関係性を見い出し深化・発展したりすることが期待される。そのように考えるならば，上述したように，児童生徒が現時点で有している興味関心や問いだけを頼りに単元計画を立てることは無理があり，児童生徒自身の興味関心の発展を損なう危険性がある。教師が設定した学習状況や学習環境，そこで起きる出来事や人との出会いによって，新たに興味関心や問いが生まれることも多い。そのような興味関心や問いが児童生徒のなかに生まれることを意図して，学習状況や学習環境，人との出会いなどを設定することは，事前の入念な準備／計画段階においても，また児童生徒の現状を踏まえた単元計画の柔軟な変更段階においても重要であり，教師の意図的で計画的な指導と言える。

　第3に，児童生徒の興味関心や問いを出発点にすれば何でもよいかと言えば，そうではない。その興味関心や問いを出発点としても，課題の解決や探究的な学習活動が深まらなかったり，一時的・刹那的で個人の満足に終わったりする可能性がある。課題の解決や探究的な学習活動のプロセスを発展的に繰り返し，探究的な学習が深化していくことによって，児童生徒が新たな学びの価値や意味を創造することが望まれるのである。そのような，探究的な学習の深化や新たな学びの価値および意味の創造を視野に入れながら，児童生徒の興味関心や問いのうち，それらにつながる可能性のあるものを見取り，選択し，そ

の後の課題の解決や探究的な学習活動を方向づける興味関心や問いとして価値づけながら，探究的な学習活動のプロセスに位置付ける教師の支援が大切である。

2 教師の意図した学習を効果的に生み出す単元計画を立てるには…

　総合的な学習の実施にあたっては，学習指導要領で定められた総合的な学習の目標（図中「第1の目標」），ならびに，各学校における教育目標をもとに定めた，各学校における総合的な学習の目標・内容と照らし合わせ，求められている資質・能力を育成するために，どのような課題の解決や探究的な学習活動が展開されていくことが望まれるのか，教師がまず仮の単元計画案として想定しておく必要がある（図7-2参照）。

　しかしながら，この仮の単元計画案のまま総合的な学習を行おうとすると，どうしても教師が設定したレールのうえを児童生徒に走らせるような，教師主導による課題の解決や探究的な学習活動に陥りやすい。

　大切なことは，先に述べたように，課題の解決や探究的な学習活動のプロセスを発展的に繰り返し，探究的な学習が深化していくことによって，児童生徒が新たな学びの価値や意味を創造できそうだと，教師が見通しをもつことのできる児童生徒自身の興味関心や問いを選択的に取り上げ，課題の解決や探究的な学習活動を展開させることである。そして，児童生徒をとりまく学習状況・学習環境（ひと・もの・こと）との出会いを，教師の教育的な意図に照らして，計画的にデザインすることである。

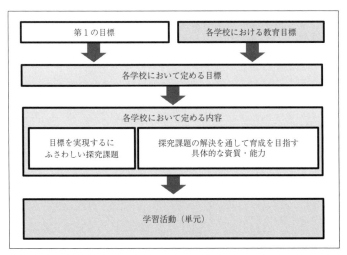

図7-2　総合的な学習の時間における目標・内容と学習活動の関係

　それでは，「学習状況・学習環境（ひと・もの・こと）との出会いを，教師の教育的な意図に照らして，計画的にデザインする」「児童生徒自身の興味関心

や問いを選択的に取り上げる」とは，どのようにすることなのか。本章では，『小学校学習指導要領解説　総合的な学習の時間編』において取り上げられている「学校の池をビオトープにしよう」の実践事例をもとに，単元計画を構想する上でのポイントを解説する。

　例えば「学校の池をビオトープにしよう」という単元を考えてみる。理科の学習をきっかけに飼育しているメダカが増え，水槽では飼いきれなくなったとき，児童は池に放そうと考える。しかし，池の実態を調査してみるとその池があまりメダカにとってよい環境でないということへの気付きから，池を何とかしたい，メダカのためによい環境の池を作りたいと願う。

（中略）

　池の構造やそこに生息する動植物を調査し，メダカの生態を軸に生き物にとって住みよい環境を考える中で，児童は生命の尊さや昔のまちの環境，生態系とは何か，日常の中に潜む環境の問題等に気付く。　　　　　　　　　　　　（101-102頁）

　上に例示された学習活動において，メダカを放そうと考えた学校の池の実態調査によって「池を何とかしたい」「メダカのためによい環境の池を作りたい」との思いを児童は強く抱くようになる。ここまでの一連の流れが，探究的な学習活動プロセスのうち［①問いを見いだし課題を立てる］段階であると捉えられる。「メダカが住みよい環境で暮らしてほしい」という児童の情意（ねがい）を原動力として，「池を何とかしたい」「どうすればメダカのためによい環境の池になるのだろうか」という興味関心や問いを持ち，池の構造やそこに生息する動植物の調査や，生き物にとって住みよい環境とは何かについて調べる活動が展開していく。［②情報を集める］［③整理・分析する］段階へと，探究的な学習活動のプロセスが進んでいく。

　この実践例では，理科の学習におけるメダカの飼育活動をきっかけとして，解決すべき課題状況が生じ，児童の興味関心や問いが生まれ高まることとなる。学習活動の開始前に個々の児童が予め抱いていた興味関心や問いから探究的な学習活動が始まっているわけではない。「理科の学習におけるメダカの飼育活動」という学級での共通体験をもとに，自然発生的に興味関心や問いが生まれてきているように見える。しかしながら，この飼育活動の時点から，総合的な学習における探究的な学習活動に向けた，教師の教育的な見通し（すなわち単元計画）に根差した，意図的な学習状況・学習環境のデザインを見ることができる。

　まず，「飼育しているメダカが増え」なければならない。また「水槽では飼いきれなくなった」という課題状況が発生しなければならない。そのために，飼育しているメダカが繁殖してくれなければならないのである。水温と日照時間が整えば，メダカの産卵は簡単だと言われているが，メダカの卵は親メダカにとっては餌にもなってしまうため，放っておけばメダカが増えるということ

は現実的ではなく，卵と親メダカを隔離する必要がある。また水中の酸素濃度が一定以上なければ孵化しないなど，「飼育しているメダカが増え」る状況になるまでには，メダカの飼育に対する教師の指導・支援が欠かせない。また「水槽では飼いきれなくなった」という課題状況が児童にとって明らかな事態として発生するに十分な「狭い水槽」が準備されている必要がある。課題状況が発生しなければ，児童が「池に放そうと考える」ことは難しく，その後の探究的な学習活動に展開する可能性も低い。教師は，児童のメダカに対する「ねがい」が生起するように，学習活動を進め，学習状況・学習環境を整えていくよう，予め見通しを持っておく必要がある。

　一方，児童一人が飼育していたり，飼育係だけがメダカの世話をしたりというような状況では，メダカに対する学級全体としての思いの高まりを期待することは難しい。学級の児童全員が飼育活動にかかわることによって，産卵や孵化，成長に伴って，メダカの生命を尊ぶ思いを高め，課題状況が発生した時に，「このメダカたちのために，どうにかしなければ」という，続く探究的な学習活動に対する学習集団としての原動力となっていくのである。またこのような共通体験をもとに，児童相互の思いを交流することを通して，児童の興味関心や問いが磨かれ，新たな興味関心や問いへと発展していく可能性もある。

　このように，児童生徒をとりまく<u>学習状況・学習環境（ひと・もの・こと）との出会いを，教師の教育的な意図に照らして，計画的にデザインすること</u>により，児童生徒の新たな興味関心や問いを生起させることとなる。また学級や学年団に共通する学習状況・学習環境（ひと・もの・こと）との出会いを設定することにより，学習状況・学習環境に対する思いや願いを学習集団として共有することができる。児童生徒相互のインタラクションを通して，興味関心や問いを発展・深化させる可能性も有しているのである。

　また，「水槽では飼いきれなくなった」とき，例えば「他のクラスにあげればいい」「クラスのみんなで少しずつ持ち帰って家で飼えばいい」「近くの川に放そう」という考えが出たとする。眼前の課題状況は解決したとしても，それらの選択肢は，「学校の池をビオトープにしよう」という探究的な学習活動にはつながりにくい。教師が教育的な意図をもとに，より望ましいと選択した児童生徒の考えが支持されるよう，アドバイスや支援を行うことは，回避すべき行為ではない。大切なことは，<u>教師が教育的な意図をもって選択的に取り上げた興味関心や問いが，児童生徒にとって「紛れもない自分たちの興味関心や問いである」と認識されていること</u>である。

　この実践例の記述のように，学習状況・学習環境（ひと・もの・こと）との出会いを通して，児童生徒がどのような思いや願いをもち，どのような興味関心

や問いを抱き，それらの興味関心や問いをもとに，[①問いを見いだし課題を立てる→②情報を集める→③整理・分析する→④まとめ・表現する]という，課題の解決や探究的な学習活動のプロセスをいかに積み重ねていくのかを，具体的な児童生徒の姿として想定し，丁寧に単元を構想することが大切である。

　併せて，図7-2において示した，各学校における総合的な学習の目標・内容と照らし合わせ，求められている資質・能力を育成するに足る学習活動として展開できるかどうか，単元計画の検討を行う必要がある。またそのような総合的な学習の目標・内容，ならびに求められている資質・能力の育成のために，教師はどの探究課題のどの場面において，どのように意図的に働きかけをしたり，さらなる共通体験の機会を設定したり，また児童生徒相互や学外の他者などとの交流の機会を設定すべきなのか，具体的に想定しておく必要がある。この想定においても，児童生徒の興味関心や問いの深化発展の可能性について，一人ひとりの児童生徒の姿を想起しながら，具体的に丁寧に予測しておくことが大切である。

　加えて，単元を構想するうえでは，十分な教材研究が欠かせない。総合的な学習においては，児童生徒自身が学習することの意味や価値を実感し体得しながら進んでいく課題の解決や探究的な学習活動のまとまりをもとに単元を構成するため，取り扱う内容は一つとは限らない。また探究的な学習活動のプロセス自体も単一軌道・一方向的なものになるとは限らない。できるだけ幅広く・拡散的に，学習対象となる可能性のある学習環境（ひと・もの・こと）や学習内容を網羅し，教師の意識下に置いておくことが大切である。例えば，さきにあげた「ビオトープ」に関する教材の広がりを想定したものが，図7-3である（小解説103頁）。これは「ビオトープ」という中心概念から想定される教材を，その相互の関係性を考えながら，図にまとめたものであり，イメージマップやブレーンストーミングによるマッピングなどと呼ばれる手法によるものである。これ以外にも，中心概念をもとに，想定される教材を1つ1つ付箋紙に書き出し，付箋紙をグルーピングなどして整理し，相互の関係性も考慮しながら1枚の図にまとめるといった，KJ法を応用した手法で教材の広がりを網羅的に捉える方法も考えられる。

　このように幅広く・拡散的な教材研究を行い，児童生徒の探究的な学習活動の可能性を広く想定しておくことが，児童生徒自身の興味関心や問いを選択的に取り上げる際，児童生徒の興味関心や問いを無碍に切り捨てるのではなく，教師が取り上げる選択肢の幅を広げることに寄与する。すなわち，より多くの児童生徒の興味関心や問いを，課題の解決や探究的な学習活動において大切なものとして位置付け，価値付けることを可能とする。

　以上を総括すると，総合的な学習の単元計画の構想においては，

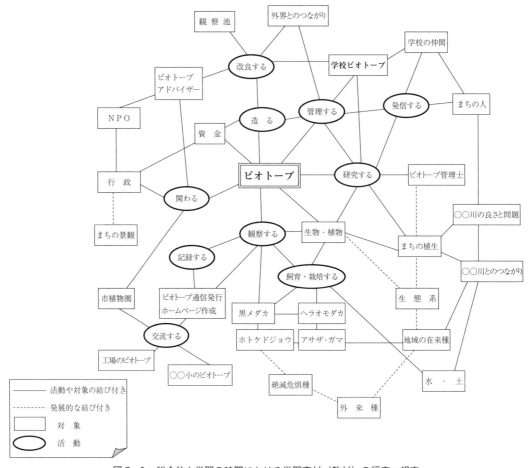

図7-3　総合的な学習の時間における学習素材（教材）の幅広い想定

●課題の解決や探究的な学習活動のプロセスにおいて，学習状況や学習環境との出会いによって生起する児童生徒の学習活動，興味関心や問いを含めた「思い」や「ねがい」を，具体的な児童生徒の具体的な姿として想定する。その際，児童生徒を取り巻く幅広い情報を手がかりに，精度の高い想定を行うこと。

●課題の解決や探究的な学習活動のプロセスの展開を予測し，解決すべき課題や探究すべき課題と児童生徒が出会う機会となるよう，課題状況を整え，学習環境（ひと・もの・こと）との出会いをデザインすること。

●教師は，課題の解決や探究的な学習活動のプロセスにおいて，価値や意味のある学習が実現するその後の方向性を想定し，教師が教育的な意図をもって児童生徒の興味関心や問いを選択的に取り上げることも大切である。その際，児童生徒の興味関心や問いを幅広く取り上げ，価値づけを行い，続く学習活動に意欲をもって臨むことができるよう，幅広く教材を想定し，多様な準備をしておくこと。

の３点が大切であると言える。

3　時代の進展に応じた新たな探究課題への対応と単元構想──プログラミングを例に

　なお，総合的な学習において取り扱う探究課題としては，「現代的な諸課題に対応する横断的・総合的な課題」「地域や学校の特色に応じた課題」「児童生徒の興味・関心に基づく課題」「職業や自己の将来に関する課題（中学校のみ）」などがあげられているが，今後，時代の進展に応じて，新たな課題が総合的な学習において取り上げられるべき探究課題として浮上することも考えられる。そのような場合にあっても，総合的な学習の目標に照らしながら，求められている資質・能力を育成するために，児童生徒の興味関心や問いをもとにした課題の解決や探究的な学習活動のプロセスに，新たな探究課題を適切に位置付けていくことが大切である。

　小学校の新学習指導要領において，「現代的な諸課題に対応する横断的・総合的な課題」のなかに新たに加えられた学習対象の一つが「プログラミング」である。その指導計画の作成と内容の取扱いについては，以下のように記されている（下線は筆者）。

> (9)情報に関する学習を行う際には，探究的な学習に取り組むことを通して，情報を収集・整理・発信したり，情報が日常生活や社会に与える影響を考えたりするなどの学習活動が行われるようにすること。第1章総則の第3の1の(3)のイに掲げる<u>プログラミングを体験しながら論理的思考力を身に付けるための学習活動を行う場合には，プログラミングを体験することが，探究的な学習の過程に適切に位置付くようにすること</u>。 （小学指・182頁）

　この「プログラミング」を軸とした総合的な学習の時間の展開例をあげながら，単元計画を構想する際に考慮すべき点を３点にまとめ，再確認しておきたい。

1　一時的体験でなく「探究的な学習活動の発展的な繰り返し」の単元構想

　総合的な学習においてプログラミングを取り扱う学習活動を単元として構想しようとする時，何よりまず，総合的な学習の目標を満たす学習活動となるよう，単元構想を始めることが何よりも求められる。プログラミングを体験するだけで学習活動が終わる，「探究的な学習活動の発展的な繰り返し」が生まれない取扱いは，総合的な学習においては適切とは言えない。

　プログラミングに関する内容自体を学習内容の核に据えてしまうと，「体験

するだけで終わる」学習活動になりかねない。子どもたちの日常にあり，身近に存在するのに隠れている，プログラムによって動いている機械を意識させながらプログラミングの体験に向かわせる，あるいは，プログラミングを共通体験させることを学習活動の入り口としながら，プログラムによって動いている機械へと意識を向かわせ，プログラミングと自分たちの生活との関係について思いを巡らせるなかで，興味関心や問いが生起するように単元計画を構想する必要がある。

2 児童生徒の興味関心や問いを具体的な学習活動の姿として想定する。

　児童生徒の興味関心や問いが生じる対象は，何よりまず児童生徒にとって「身近で」「具体的で」「目に見える」ものである。プログラムはまさにその対極にあり，一見「遠くの」「目に見えない」ものとして存在している。それゆえ，プログラムに関する児童生徒の興味関心の自然な発露を待っても，あまり期待できない。教師の働きかけによって，プログラムというものの存在を「身近で」「具体的で」「目に見える」ものとして意識させる必要がある。これにより，児童生徒にはなかった興味関心や問いが新たに生起し，探究的な学習活動の契機となっていく。

　例えば，外出した際によく目にし，自分たちも使っている"自動販売機"として具体化させる方法が考えられる。お金を入れボタンを押すことで選んだジュースとおつりが出る。自動販売機のなかでは何が起きているのだろう。子どもたちは自動販売機のなかでプログラムが動いていることを知り，「身近な生活のなかに，ほかにプログラムで動いているものはあるのかな？」と，自分たちの身近な生活に意識を向け，問いをもち興味関心を広げていく……。このように，児童生徒の具体的な興味関心や問いの生起を予測するとともに，児童生徒の興味関心や問いが探究的な学習活動の原動力となるよう，教師による教育的な働きかけを計画し，児童生徒の具体的な学習活動の姿として学習展開を描いていくのである。

3 教師の教育的意図を児童生徒の学習活動に効果的に生み出す単元計画

　一方，プログラムが使われていない機械に注目させ，その機械と対比して捉えさせることによって，プログラムをより顕在化させる方法もある。例えば，家族で出かけるショッピングモールなどでもよく見かける"カプセルトイの販売機"を取り上げる。それらの写真や動画を提示しながら，口頭で「自動販売機って使ったことある？」「中はどうなっているんだろう？」と問いかけ，児

童生徒の興味関心や問いを引き出すことも方法であるが，可能な限りホンモノに出会わせたい。実際に操作し目に見える動きを確認する中で，「ここまではわかるんだけど……ここはわからない。どうなっているんだろう?!」という問いや興味関心が，児童生徒のなかから湧き上がってくるだろう。このような対比による認識によって，「身近な生活のなかに，ほかにプログラムで動いているものはあるのかな？」という問いのみならず，「プログラムで動いていない身近な機械は，ほかにもあるのかな？」「プログラムで動いている機械は，機械が初めて作られた昔からプログラムで動いていたのかな？」という問いが生まれ，探究的な学習活動を進めることによって，プログラムが私たちの生活を支えるようになった時代の流れとともに，プログラムの恩恵を感じるようになるだろう。

　このように，教師の教育的な意図に照らし，学習活動の発展の見通しを持ちながら，学習状況・学習環境（ひと・もの・こと）との出会いを計画的にデザインすることによって，教師の教育的な意図をも踏まえた児童生徒の興味関心や問いが生まれることが期待できる。

Exercise

① 　第3節に取り上げた「プログラミング」を軸とした総合的な学習の展開例の続きを単元構想しよう。その際，単元計画を構想する際に考慮すべき3点（3節の　1　～　3　）を確認しながら単元計画を立てること。

② 　「プログラミング」を軸とした総合的な学習の展開について，第3節に取り上げた展開例とは異なる，新たな単元計画を立てよう。（①と同様に，第3節の　1　～　3　を確認しながら行うこと。）

③ 　①と②の単元計画を比較すると，より探究的な学習活動が深化発展し繰り返されていく可能性のある単元計画はどちらだろうか。学習活動を実施する学校種・学年を具体的に決め，観点を整理し議論しながら，児童生徒の具体的な興味関心や問い，生起することが予想される児童生徒の学習活動における姿を，単元計画のなかにさらに書き足してみよう。

📖次への一冊

田村知子・村川雅弘・吉冨芳正・西岡加名恵編著『カリキュラムマネジメントハンドブック』ぎょうせい，2016年。

C.M. ライゲールズ，A.A. カー＝シェルマン編，鈴木克明・林雄介監訳『インストラクショナルデザインの理論とモデル』北大路書房，2016年。

引用・参考文献

児島邦宏・村川雅弘編著『小学校　ウェビングによる総合的学習実践ガイド』教育出版，2010年。

中央教育審議会『幼稚園，小学校，中学校，高等学校及び特別支援学校の学習指導要領等の改善及び必要な方策等について（答申）』2016年12月21日。

文部科学省『小学校学習指導要領』東洋館出版社，2017年3月。

文部科学省『中学校学習指導要領』東山書房，2017年3月。

文部科学省『小学校学習指導要領解説　総合的な学習の時間編』東洋館出版社，2017年6月。

文部科学省『中学校学習指導要領解説　総合的な学習の時間編』東洋館出版社，2017年7月。

第8章
総合的な学習の学習指導

〈この章のポイント〉
　総合的な学習では児童生徒の興味関心に応じた活動が展開されるが，その活動を資質・能力の育成につなげるためには，綿密な計画に基づいた適切な指導と子どもの学習状況に応じた臨機応変な指導の両面が求められる。本章では，まず，学習の基盤となる資質・能力のうち「情報活用能力」と「考えるための技法」を取り上げ，その考え方について説明する。そして，探究的な学習の過程に沿ってそれぞれの学習場面において必要な学習指導について説明する。

1　総合的な学習における学習指導

　総合的な学習における教師の役割は，児童生徒に正しい知識を習得させることではない。どんな資質・能力を育てるのか，そのためにどのような活動を準備するのか，という大まかな学習の流れを計画し，そのために必要な環境をデザインすること，活動を円滑に進め，よりよい活動へとつなげるために学習を補助すること，そして，さまざまな学習体験を通して得られた学びを価値づけて，児童生徒に自覚させることなどの役割が求められる。

　総合的な学習では，児童生徒の興味関心に応じた活動が展開される。児童生徒が主体となり，解決したいと感じる課題に本気で向き合うことによって，教科等で習得した知識および技能が生きて働くものとなり，課題について考えたという経験を通して，未知の状況にも対応できる思考力・判断力・表現力が育成され，学びに向かう力・人間性が涵養されるのである。

　しかし，それは「児童生徒のやりたいことをやりたいようにやらせる」ということではない。総合的な学習における活動を資質・能力の育成につなげるためには，教師の適切な指導が必要となる。教師が児童生徒の身近にあることや，子ども自身が課題と感じるような教材から探究課題を設定し，活動をより多様なものとするための情報を提供し，どのような活動を行わせ，それをどのように整理させるのか，さらに，それらの活動を通じてどのような資質・能力の育成を目指すのかといったような見通しをもった指導が求められる。

　ただし，その事前の計画を無理に推し進めるのではなく，児童生徒の興味・関心や学習の展開に応じて，展開を変更するような臨機応変な対応が求められ

る。総合的な学習における学習指導では，このような児童生徒の主体性と教師の指導性のバランスが大切である。

　そのためには，総合的な学習における学習指導においては，その時間で育成を目指す資質・能力を意識することに加え，学習の基盤となる資質・能力を意識しながら学習指導を進めていくことが重要である。

2　学習の基盤となる資質・能力の育成

1　すべての学習の基盤となる資質・能力

　新学習指導要領において，「学習の基盤となる資質・能力」が例示されている。学習の基盤となる資質・能力とは，例えばメモの取り方や情報収集の方法などのようにそのような資質・能力があることで学習が円滑に進むと同時に，学習を通してさらにその資質・能力が育てられるというような資質・能力を指している。学習指導要領第1章，総則編，第2の2(1)には，そのような学習の基盤となる資質・能力の例として，言語能力と情報活用能力（情報モラルも含む），問題発見・解決能力等が例としてあげられている。

　総合的な学習は教科横断的で総合的な課題について，教科等の学習で習得してきたさまざまな資質・能力を総動員して活用することになる。そして，それらを活用することで，教科等の学習で育成された資質・能力もさらに高まることが想定できる。

　そのような学習を進めていくためには，各教科等の学習で育成された資質・能力に加えて，学習や探究の基盤となる資質・能力の発揮することが期待される。とくに，GIGAスクール構想において，1人1台の情報端末が児童生徒に配布された今，そのような情報端末を活用し，そこから得られた情報をもとに思考するための基盤となる資質・能力を発揮しながら学ぶことが重要となる。

　そこで，ここでは，総合的な学習における学習指導の際に重要となる資質・能力について，とくに「情報活用能力」とそれらの基礎となる「考えるための技法」について取り上げる。

2　情報活用能力の育成

　先に示したように，新学習指導要領において，情報活用能力が言語能力，問題発見・解決能力等と並んで，すべての学習の基盤となる資質・能力として位置付けられている。情報をうまく活用できることで教科等の学習が成立し，より深い学びが生まれ，そのような教科等の学びのなかで情報活用能力がさらに高次なものに育まれていく。

　私たちは生活のなかでさまざまな情報を集め，そのなかから大切な情報を選び，それらを組み合わせることで日々，生活を送っている。一人で複数の情報機器をもつことも珍しいことでなく，それを目的に応じて活用しながら，情報の受信者だけでなく，発信者となることも簡単である。そのような社会のなかで，情報をうまく使って，問題解決を行うための情報活用能力の重要性は日々高まっている。総合的な学習では，多種多様な情報を集め，自ら情報を処理しまとめる学習活動が行われるため，情報活用能力があることで学びが深まり，総合的な学習で文脈に応じて発揮されることにより，情報活用能力がより高度なものになり，まさに学習の基盤となる資質・能力が発揮され，育成されることが期待される。

　情報活用能力は，すべての校種の『学習指導要領解説　総則編』において，「世の中の様々な事象を情報とその結び付きとして捉え，情報及び情報技術を適切かつ効果的に活用して，問題を発見・解決したり自分の考えを形成したりしていくために必要な資質・能力である」（50ページ）とされ，さらに「情報活用能力をより具体的に捉えれば，学習活動において必要に応じてコンピュータ等の情報手段を適切に用いて情報を得たり，情報を整理・比較したり，得られた情報を分かりやすく発信・伝達したり，必要に応じて保存・共有したりといったことができる力であり，さらに，このような学習活動を遂行する上で必要となる情報手段の基本的な操作の習得や，プログラミング的思考，情報モラル，情報セキュリティ，統計等に関する資質・能力等も含むもの」（50ページ）として整理されている。つまり，情報の収集，整理分析，まとめ表現にかかわる能力やプログラミング的思考，情報モラルにかかわるものを含んだ能力として，想定されている。

　このように，情報活用能力とは，コンピュータの操作技能のみを指すのではなく，頭のなかで情報を処理し，問題解決する力というような幅広い能力を指したものとして示されている。多様な情報を収集し，整理・分析，発信する学習活動が行われる総合的な学習においては，情報活用能力が発揮され，育まれるのに適した場面がたくさんある。教師はそれらを意識的に関連付け，学習指導に生かすことが重要である。その際，情報活用能力の資質・能力の整理のうち，学習の基盤となるものと総合的な学習の目標と関係するものとを区別して，指導することが有効である。

① 学習の基盤となる資質・能力としての情報活用能力

　タイピングなどの情報機器の操作技能や，情報に関する法や制度・マナーについての知識などは，ノート指導や学習規律指導のように基本的なことを初期段階で指導しておくという工夫が考えられる。それにより総合的な学習の学習が円滑に進むことが考えられる。

▷1　情報活用能力の資質・能力整理
情報活用能力についてはこれまで，3観点8要素から整理されていたが，今回の学習指導要領における資質・能力の三つの柱で整理したのが，表8-1である。これのさらなる下位項目が『情報通信技術を活用した教育振興事業「教育の情報化の推進に関する調査研究」報告書』に整理されている。このなかには「考えるための技法」も情報活用能力の一部として整理されている。

例えば，情報収集のための方法やネット上のモラルやマナーなどを事前に指導しておくことで，総合的な学習ではより多様な情報の収集に焦点化し，内容により深く迫ることができる。

② 総合的な学習の目標と関係する資質・能力

情報活用能力として整理されているものには総合的な学習の目標に関係するものが多くある。総合的な学習で育てたい児童生徒の姿が「自分で問題を発見し，情報を集め，整理・分析し，問題に対する自分の答えを見つけ，表現する」という姿であるならば，情報活用能力は学習の基盤であると同時に，総合的な学習で育成を目指す資質・能力そのものである。

このような能力を育成するためには，児童生徒が解決したいと思う課題について情報を集めて分析し表現することで，多様な情報を活用し，問題解決を行う活動を通して，その際にどのような情報活用能力を活用するのかを意識的に指導することが大切である。

3　「考えるための技法」の活用

総合的な学習のなかでは，多様な活動が行われる。総合的な学習においては，「他者と協働して課題を解決しようとする学習活動」や「言語により分析し，まとめたり表現したりするなどの学習活動」が行われる。このような活動は各教科等においても行われるものであるが，1人の力では解決できない課題を扱ったり，多様な体験や情報をもとに解決策を考えたりする総合的な学習においてはとくに重要な活動となる。

▷2 「考えるための技法」の整理
「考えるための技法」という言葉は2008年の中教審答申のなかでも触れられている概念である。今回の学習指導要領では，それをさらに推し進めたものであるとみることができるだろう。泰山ほか（2014）の論文では，思考スキルという視点から指導要領や解説，教科書で求められる活動を教科横断的に分析した結果，19種類の結果を得ている。

そして，その際に「考えるための技法」が活用されるようにすることが，小中高全ての学習指導要領において示されている。総合的な学習における学習指導において，この「考えるための技法」を意識して指導することが児童生徒の思考を支援するための視点となると同時に，資質・能力の育成という観点からも重要である。

① 思考を支援するための視点

「考えるための技法」とは，授業中に児童生徒に求める思考を「比較する，分類する，関連付ける」などのように具体化したものである。総合的な学習では，多様な情報を収集し，その情報をもとにクラスの友達と協働したり，情報を分析したりして自分の考えを作り上げ，整理する学習活動が行われることが多い。しかし，その際，ただ単に「考えなさい」というだけでは，児童生徒は何をどうしたらいいのかわからなくなってしまったり，うまく考えがまとめられなかったりすることがある。

「考えるための技法」を活用させるとは，その学習活動で求められる「考える」を具体化することで児童生徒の思考を支援することである。

どのような「考える」を求めているのかによって，必要な発問や必要な支援が変わってくる。総合的な学習のなかで「考える」ということが「環境汚染の原因になっていることは何か考える」ということなのか，「自分たちの街の魅力を考える」ということなのかによって，必要な情報や活動は大きく異なる。

「環境汚染の原因について考える」ためには，さまざまな情報のなかから環境汚染につながる情報を「理由付ける」ことを求めるかもしれないし，「自分たちの街の魅力を考える」時には街について「多面的にみる」ことを求めているのかもしれない。

「考えるための技法」を活用させるとは，学習活動のなかで行われる多様な「考える」を具体化し，子どもがどのように考えるのかについての見通しを教師が持ち，そのために必要な情報や支援を準備することである。

総合的な学習の新学習指導要領には「考えるための技法」の例として「比較する」，「分類する」，「関連付ける」の三つの技法が例示されているが，「考えるための技法」はそれ以外にも想定できる。学習指導要領解説には「考えるための技法」の例として10種類があげられている。それ以外にも泰山ほか（2014）では，解説にあげられたものに加えて9種類，合計19種類が整理されている（表8-1）。

「考えるための技法」を活用させるためには，これらの視点を参考にしながら児童生徒に求める思考を具体化し，適切な支援を行うことが重要である。

② 「考えるための技法」の活用と資質・能力の育成

「考えるための技法」を活用させることは，授業中の児童生徒の思考を支援することと同時に，それを技法として自覚させる[3]ことで，ほかの場面でもその技法を活用した問題解決が可能になるように指導することである。

教科等の学習で身に付けた「考えるための技法」を，総合的な学習の文脈に応じて活用させることを通して技法として自覚させる。それを積み重ねることで，「考えるための技法」は生きて働くものとなり，それを他の場面にも活用していくことによって，未知の状況にも対応できる思考力・判断力・表現力が育成されるのである。

例えば，小学校，国語の学習指導要領では，国語科において育成を目指す「知識及び技能」として比較や分類があげられている。

> 比較や分類の仕方，必要な語句などの書き留め方，引用の仕方や出典の示し方，辞書や事典の使い方を理解し使うこと。
> 　第2［第3学年及び第4学年］2〔知識及び技能〕，(2)，イ，小学校学習指導要領，32ページ

このように国語科において比較や分類のための技法を習得させることが示されている。そして，総合的な学習における「比較する，分類する，関連付ける

▷3　技法として自覚すること
「考えるための技法」を指導するカリキュラムを構築している学校では，そのためのツールを準備したり，教科の特性に合わせて「考えるための技法」を活用させたりしている。その結果，「考えるための技法」を活用することで問題解決を行ったり，メタ認知の枠組みとして使用されたりすることが明らかになっている。

表 8-1 総合的な学習において活用を目指す「考えるための技法」

考えるための技法	定　義
学習指導要領解説に挙げられている「考えるための技法」の例	
順序付ける	複数の対象について，ある視点や条件に沿って対象を並び替える。
比較する	複数の対象について，ある視点から共通点や相違点を明らかにする。
分類する	複数の対象について，ある視点から共通点のあるもの同士をまとめる。
関連付ける	・複数の対象がどのような関係にあるかを見付ける。 ・ある対象に関係するものを見付けて増やしていく。
多面的に見る・多角的に見る	対象のもつ複数の性質に着目したり，対象を異なる複数の角度から捉えたりする。
理由付ける（原因や根拠を見付ける）	対象の理由や原因，根拠を見付けたり予想したりする。
見通す（結果を予想する）	見通しを立てる。物事の結果を予想する。
具体化する（個別化する，分解する）	対象に関する上位概念・規則に当てはまる具体例を挙げたり，対象を構成する下位概念や要素に分けたりする。
抽象化する（一般化する，統合する）	対象に関する上位概念や法則を挙げたり，複数の対象を一つにまとめたりする。
構造化する	考えを構造的（網構造・層構造など）に整理する。
学習指導要領解説に挙げられているもの以外の「考えるための技法」の例	
変化をとらえる	視点を定めて前後の違いをとらえる。
変換する	表現の形式（文・図・絵など）を変える。
関係づける	学習事項同士のつながりを示す。
焦点化する	重点を定め，注目する対象を決める。
評価する	視点や観点をもち根拠に基づいて対象への意見をもつ。
応用する	既習事項を用いて課題・問題を解決する。
推論する	根拠にもとづいて先や結果を予想する。
広げてみる	物事についての意味やイメージ等を広げる。
要約する	必要な情報に絞って情報を単純・簡単にする。

出所：泰山裕・小島亜華里・黒上晴夫（2014）『体系的な情報教育に向けた教科共通の思考スキルの検討～学習指導要領とその解説の分析から～』日本教育工学会論文誌　37巻4号，375-386ページより作成。

などの「考えるための技法」が活用されるようにすること」（学習指導要領，第
5章，総合的な学習，第3，2⑵，181ページ）という記述と合わせて考えると，
国語において習得した「比較や分類」といった技法を，総合的な学習で活用し
て課題を解決する学習指導が求められると考えられる。

　そして，このような「考えるための技法」の指導は国語科だけで行われるわ
けではない。理科では，第6学年において事象を多面的に調べる学習活動が行
われ，音楽科では，曲想と音楽の構造とを関係づけて捉えることが指導され
る。このように，さまざまな教科等や領域での学習場面で指導された「考える
ための技法」を他の教科等の学習で活用する学習活動を積み重ねることで，一
つの事象を「多面的にみる」技法や対象同士を「関係づける」技法が他の場面
でも活用できる技能となるように指導することが求められる。

　そのためには，各教科等や総合的な学習において児童生徒に求める「考える
ための技法」を教師自身が自覚し，意識的に指導することが必要である。

　総合的な学習だけでなく，各教科等の学習のなかで，児童生徒に求められる
「考えるための技法」は何か，それはどの教科のどの学習場面と同じなのかを
教師が意識することで，「考えるための技法」の視点から各教科等の学習を相
互に関連付けて指導することができる。それにより，教科等の学習で習得した
技法を活用して，総合的な学習で探究したり，逆に総合的な学習で自覚した
「考えるための技法」を教科等の学習で活用したりするような指導が可能にな
る。

　「考えるための技法」を習得し，さまざまな場面で意識的に活用する学習を
積み重ねることで「考えるための技法」をさまざまな場面で活用可能なものと
して習得させることが可能になる。

③　「考えるための技法」の指導における思考ツールの活用

　「考えるための技法」を自覚させるためには，思考ツール[4]を活用することも
有効である。「考えるための技法」を思考ツールと結びつけて指導するカリ
キュラムを構築し，実践を進めている学校もある[5]（関西大学初等部，2015など）。

　「考えるための技法」は目に見えるものではないため，それを児童生徒に自
覚させるのは簡単ではない。そこで，思考ツールを活用し，「比較する」とき
にはベン図を使って同じところと違うところを整理する，「理由づける」とき
には，クラゲチャートを使って，頭の部分に考えを入れ，足の部分に主張を支
える根拠を整理する。自分の考えを「構造化する」ときには，ピラミッド
チャートなどを活用し，一番下に事実，真ん中にそれらの事実をつないでわか
ること，そして，一番上にわかったことをもとにした自分の考えを書く。

　このように，同じ考え方をするときには，同じツールを教科横断的に活用さ
せることで，「考えるための技法」を意識化させやすくなると同時に，教科等

▷4　思考ツール
思考ツールとは「考えるための技法」の発揮を支援し，習得を促すためのツールである。ベン図やフィッシュボーン図，クラゲチャートなど，考えるための技法に応じたさまざまなツールが存在する。

▷5　「考えるための技法」に適した思考ツール
広げてみる技法を活用させるためには，例えば，イメージマップを活用させることが考えられる。同じように比較するためにはベン図が有効である。

表8-2 「考えるための技法」とそれを支援する思考ツールの例

比較する：ベン図	理由づける：クラゲチャート	構造化する：ピラミッドチャート

出所：シンキングツール〜考えることを教えたい〜
　　　http://www.ks-lab.net/haruo/thinking_tool/short.pdf より抜粋。

の学習を「考えるための技法」の視点で結びつけることができる（表8-2）。

　思考ツールを活用して学習指導を行う際には，思考ツールを使うことで考えやすくなったという経験を積み重ねることが大切である。そのため，思考ツールが目的化してしまわないように，探究の過程に位置付けると同時に，思考ツールにはさまざまな種類があるため，どのような「考える」を期待するのかを明らかにし，その場面に適した思考ツールを選択し，活用することが重要である。

▷6　その場に適した思考ツールの例
「考えるための技法」に対応した思考ツールの例としては，「シンキングツール〜考えることを教えたい〜」（http://www.ks-lab.net/haruo/thinking_tool/short.pdf）に20種類程度の思考ツールの例が紹介されている。授業中にどのような「考えるための技法」を活用させるのかを検討したうえで，適切な思考ツールを選択することが重要である。

4　すべての学習の基盤となる資質・能力の育成を目指した学習指導

　学習の基盤となる資質・能力についてとくに「情報活用能力」と「考えるための技法」を取り上げてここまで紹介した。前述したように，学習の基盤となる資質・能力として「情報活用能力」の他に「言語能力」「問題発見・解決能力」が例としてあげられている。

　「主体的・対話的で深い学び」の視点からの学習過程の改善でも目指されているように，資質・能力を「生きて働く」ものにしたり，「未知の状況にも対応できる」ものにしたりするためには，実際の文脈に応じてそれらの資質・技能を活用するような活動を準備する必要がある。総合的な学習はまさに実際の文脈を対象にする時間であるため，これらの学習の基盤となる資質・能力の育成を目指すために非常に重要な時間である。

3　探究的な学習の過程に沿った指導のポイント

1　探究的な学習の過程を支援する学習指導

　ここからは具体的な学習場面ごとにどのような指導が求められるのかについて整理していく。

　総合的な学習では，探究課題が設定され，探究的な学習の過程を通したさま

ざまな学習活動が行われる。探究的な学習の過程では,「①課題の設定→②情報の収集→③整理・分析→④まとめ・表現」という学習過程がスパイラルに繰り返される。探究の学習の過程は,いつも順序よく繰り返されるわけではなく,順番が入れかわったり,同じ活動のなかに複数の過程が含まれたりすることも考えられる。しかし,大まかにこのような学習過程をイメージしながら指導することが大切である。

２　課題の設定

　課題の設定とは,体験活動などを通して,探究課題を設定し課題意識をもたせる学習場面である。総合的な学習では児童生徒が自ら課題を設定し,自分ごととして課題を捉えることがその先の学習を進める際に重要である。しかし,教師が何もしないでいては,児童生徒が自ら課題を設定することは難しい。子どもの興味や関心に応じて教師が対象を選び,そこに「課題」や「ずれ」を感じさせることが必要となる。

　例えば,小学校において,自分たちの住む街について知っていることを「広げてみる」技法を使って書き出させることで,自分たちは街のことについてほとんど知らないということを自覚させたり,自分たちの思いと街の現実について「比較する」ことで,自分たちの知らなかった街の課題に気づかせたりするなかで,「街のために自分たちにできることは何か」というような課題を設定させる。

　課題設定の場面においては,児童がどのような課題を設定するかを意識したうえで,その課題が自覚できるような情報や体験を準備する必要がある。答えになるような情報があると課題が設定できないし,情報が少なすぎても課題を見つけることは難しい。課題を設定するために必要な情報や体験は何なのかを検討する必要がある。また,それをどのような「考えるための技法」を活用して分析させるのかを意識し,必要に応じて指導することが大切である。課題設定は,探究的な学習のスタートになるため,児童生徒が自分ごととして課題を捉えられるように教師が適切に支援することが必要である。

３　情報の収集

　課題の設定が終われば,必要な情報を取り出したり収集したりする活動が行われる。情報の収集のためには,どのような情報を集める必要があるのか,どうやって情報を集めるのか,集めた情報をどのように整理しておくのか,ということに注意して指導する必要がある。

　情報を集める際には,本を調べたり,インターネットで調べたりするだけではなく,実際に体験活動やインタビューなどの調査を通して,文字情報だけで

なく映像や感覚情報も含んだ多様な情報を収集させることが重要である。このような情報収集の場面では，情報をどのように集めるか，それをどのように蓄積しておくのかというような情報活用能力の発揮が期待される。まさに学習の基盤としての情報活用能力が活用され，育まれる場面である。また集めた情報は必要に応じて「分類」して整理しておくことで足りない情報が見えやすくなる。

4 整理・分析

収集した情報を，整理したり分析したりして思考する段階である。この場面では多様な「考えるための技法」を活用することがとくに期待できる。集めた情報を「比較」したり，「分類」したり，「関連付け」たりすることで情報同士が結び付けられ，「構造化」されていく。このような情報の整理・分析を通して，児童生徒自ら解決方法を検討していく。

児童生徒の思考を支援するためには，本来児童生徒が気づくはずの解決策を教師が言ってしまうことは適切ではない。かといって，自由に考えさせることで解決策にたどり着けない児童生徒もいる。教師は児童生徒がどのような方法で考えればいいのかを想定し，児童生徒の状況に応じて適切な支援を行う必要がある。

そのために教師は，どのような「考えるための技法」を活用させることが必要かを検討し，そのような技法を支援するための思考ツールなどを準備することで，児童生徒の思考を支援することが大切である。また，分析した結果，情報が足りないことに気づいた場合は，再度，調査や体験に行かせるなども必要である。

重要なことは，それぞれの児童生徒がどのような情報を集めているのかを把握したうえで，どのように情報を整理・分析させるのかをある程度予想し，適切な支援を行うことである。

5 まとめ・表現

気づきや発見，自分の考えなどをまとめ，判断し，表現する場面である。探究した結果をレポートや新聞，プレゼンテーションなどにまとめるなどのような学習活動を展開することが考えられる。情報活用能力を活用し，自分の考えを効果的に伝えるために適切な方法を選択し，表現する活動が求められる。

まとめ・表現の際には，表現するための目的や表現する相手意識をもたせるような指導が必要である。誰に何のために表現するのかによって，適切な表現方法は異なる。地域の人や他学校や他学年の児童生徒を対象にする場合は，レポートなどのようにある程度，整理された表現が必要になるだろうし，クラス

内での表現の場合は，しっかりとしたまとめではなく，これまでの学習の流れや考えの軌跡がわかるようなもので充分なこともある。

　さらに，考えをまとめることによって，次の探究課題が生まれ，さらなる探究的な学習の過程につながるような工夫も必要である。「考えるための技法」を活用しながら，最初に設定した課題との違いを「比較」したり，クラスの友達の考えを「評価」したりしながら，新たな課題意識を持たせるように指導することが重要である。

　このように総合的な学習においては，探究的な学習の過程のなかで，育成を目指す資質・能力や学びの基盤となる資質・能力が育つように教師が適切に学習指導を行うことが重要である。

　総合的な学習は，自分ごとの課題を探究する活動のなかで，これまで教科等で学習した資質・能力を活用することにより，総合的な学習の目標である資質・能力，ひいては，新しい時代に必要となる資質・能力が育成される。

　総合的な学習においては教師の綿密な指導計画を前提としながら，児童生徒の興味関心や探究学習の過程に応じて，指導計画を変更するようなバランスを保った指導が重要である。

Exercise

①　これまで経験したり，見たことのある総合的な学習の学習場面を想定し，そのなかでどのような「考えるための技法」が活用されていたかを検討しよう。

②　これまで経験したり，見たことのある総合的な学習の学習場面を想定し，そのなかでどのような「情報活用能力」が活用されていたかを検討しよう。

③　上の二つを踏まえて，総合的な学習における学習指導と「考えるための技法」「情報活用能力」との関係を検討しよう。

📖次への一冊

永野和男編著『発信する子どもたちを育てる　これからの情報教育』高陵社書店，1995年。
　　情報教育の考え方や実践が紹介されている。情報活用能力が学習の基盤としての資質・能力として整理される以前に出版された本ではあるが，現在の情報活用能力の定義と照らし合わせて読むことで情報活用能力の育成について有効な知見が得られる。

田村学・黒上晴夫編著『田村学・黒上晴夫の「深い学び」で生かす思考ツール』小学

館，2017年。

　　思考ツールによる思考支援や思考力育成に向けた学習指導について説明されている。総合学習の時間以外の事例も紹介されているため思考ツールを活用した学習指導のイメージを持つことができる。

関西大学初等部6年生著『ナマステ！　会いたい友だちと──友情は国境を越える』さくら社，2016年。

　　総合学習のなかで国際交流の実践における子どもたちの活動や考えを本にまとめたものである。総合学習の好事例であるとともに，このなかで教師に求められる学習指導は何かを考えるための資料になるだろう。

引用・参考文献

泰山裕・小島亜華里・黒上晴夫「体系的な情報教育に向けた教科共通の思考スキルの検討　学習指導要領とその解説の分析から」『日本教育工学会論文誌』37巻4号，2014年，375-386ページ。
関西大学初等部『関大初等部式思考力育成法ガイドブック』さくら社，2015年。

第9章
総合的な学習の評価

〈この章のポイント〉

　総合的な学習の目標や育成を目指す資質・能力をもとにして，カリキュラムはデザインされるため，評価もまたそれらとの関連付けを意識しながら考える必要がある。主なポイントは(1)総合的な学習の特質に応じた学習のあり方を理解したうえで評価の目的をしっかりと吟味する，(2)目的に応じた評価方法を選択する，そして，(3)評価者としての教師のあり方について自覚を深めることにある。本章では，総合的な学習における児童生徒の育ちとそれを支える教師の指導を評価するための，基本的な考え方やさまざまな方法を学ぶ。

1　総合的な学習の特質とその評価

［1］　評価することの意味

　みなさんは，これまでどのような総合的な学習に取り組んできただろうか？まずはそれを思い出してほしい。各学校段階において，きっとさまざまな探究課題に挑戦してきたはずである。では，その評価はどのように行われていただろうか？　通知表・成績表に取り組んだ活動や自分の役割，ならびに，教師の所見が書かれていたことを思い出す人がいるかもしれない。そういえば，成果発表会でのパフォーマンス（ポスターやスライドの完成度や話し方の巧みさなど）やレポートなどの提出物が評価されていたかもしれないと感じる人もいるだろう。では，教師がどのようなねらいをもって，いつ，何を，どのように評価していたかについて，その全体像をどこまで具体的にイメージできるだろうか？評価に関して，実は学習者の立場からでは気づかないことが多いのである。

　そもそも評価とはなにか？　それは「値踏み」することである。あまり意識していないかもしれないが，私たちは日々，何らかの価値づけをしながら暮らしている。例えば，この商品は使い勝手がよく，オシャレであると判断する場合，機能性とデザインを基準にして「値踏み」したことになる。でも，値段が高すぎるから買わないという場合，その人にとっては，コストが最も重要な基準として作用したことを意味する。あるいは，高価でも記念日だからと，購入することもありうる。つまり，評価するとは①何らかの「ものさし」をあてる

ことで，②その時々の状況とねらいに応じながら，③対象を「値踏み」することを意味する。

　もちろん，どの「ものさし」をあてるのかによって，対象の見え方や現れ方が変わってくることは言うまでもない。学習活動を対象に評価しようとする際，教師が"習得した知識の量"という一つの「ものさし」を過度に重視して評価したらどうなるだろうか？　一例に過ぎないが，主体的に学んでいたにもかかわらず，習得した知識の量が少なければ，その児童生徒は低く評価されるという可能性を指摘することができる。実際に習得した知識の量と主体性は，必ずしもきれいな比例関係になるとは限らない。自分があてはめようとする「ものさし」に自覚的な教師であれば，その可能性を理解したうえで，状況とねらいに応じて「値踏み」し，その後の適切な働きかけに心を砕こうとする。

　ただし，いかに総合的に判断しようと思っても，ある「ものさし」が採用された時点で，採用されなかった「ものさし」をあてれば見いだされるであろう他の価値は見過ごされたり，見逃されたりするのである。何かを重視することは，何かを犠牲にすることをも意味しており，「値踏み」という評価行為には両義性が常に付きまとう。教師はこの点を強く自覚する必要がある。

［2］　評価することの怖さ

　これまでの章で扱われてきた，総合的な学習の目標や学習指導などを学ぶと，総合的な学習では児童生徒の主体性がとても重視されていることがよくわかる。もちろん，児童生徒のために，児童生徒の側に立ち，児童生徒を主体にして，諸々の学習活動を組み立て展開していくことは重要である。とはいえ，だからといって，教師は「児童生徒の好き勝手」を許すことはできない。教師は児童生徒の学習を保障する責任を有していると同時に，評価権と懲戒権も有しており，児童生徒の学びと育ちをコントロールする役割を担っている。ゆえに，教師と児童生徒は対等になることはできない。

　詳細については後述するが，評価は一連の学習活動の最後にだけ行われるわけではない。最終的な成果物をもとに評価もするが，学習プロセスにおける取り組み方やその時々の達成度・進捗具合，さらに遡れば，どういった学習活動に取り組むかを計画するときにも，教師は各種の評価を行う。それぞれの評価場面において，教師は「善い－悪い」「優れている－劣っている」などを，自覚的か無自覚的かを問わず，価値判断することで，児童生徒の学習に大きな影響を与えている。順調だと判断すればそのまま取り組ませるだろうし，そうでなければ軌道修正を促すこともある。あるいは，やめさせたり，叱りつけたりする場合もあるだろう。いずれにせよ，評価権と懲戒権を使って教師は児童生徒の学習の流れを水路づけている。これがうまく作用すれば健全な「成長」や

▷1　評価権
学校における教育活動について，学校や教師が指導の結果責任を果たすために，児童生徒たち一人ひとりの学習状況を分析的かつ総括的に捉え，その善し悪しや優劣などの価値判断を下すことができる権限のこと。成績や評定をつけたり，単位認定したりすることも含まれる。なお，指導要録に評価結果を記録することが法的に義務づけられている。指導の改善に活かすのはもちろん，児童生徒の認知や言動を方向づけたり，進学の際に参照・活用されたりするため，大きな影響力がある。

▷2　懲戒権
児童生徒の不正または不当な行為に対して制裁を加えることができる権限のこと。校長及び教師が，学校の教育目的を達成するために，教育上必要があると認めるときに，必要な配慮をしたうえで科すことができる。法的効果が伴わない「事実行為としての懲戒」（叱責や訓戒など）と法的効果を伴う「処分としての懲戒」（退学や停学など）がある。後者の場合，学校の規律や秩序のために科される。学校教育法と学校教育法施行規則を法的根拠とする。

「発達」につながりうる。

　他方で，その使い方次第では，評価権と懲戒権に内在する権力性と暴力性が暴走することを知っておいてもらいたい。学校教育におけるパターナリズム[3]を正当化するわけにはいかない。教師の都合や教師の利益のためにこの評価権や懲戒権が行使されると，教師と児童生徒の関係は「権力─支配─服従」の関係に成り下がってしまう。それは教育ではなく，もはや管理である。実は意外なところに落とし穴がある。それは「理想の子ども像」を描き，その実現に向けて指導を充実させようとする教師のメンタルモデルである。上述した「ものさし」を思い出してほしい。理想に近づいているかどうかを「値踏み」するための「ものさし」にそぐわない児童生徒を，私たちはいつの間にか排除してしまっているかもしれないのである。だからこそ，教師は慎重かつ誠実に評価権と懲戒権を行使する必要がある。あわせて，児童生徒のみならず自分自身とその指導もまた評価の対象であることを忘れてはいけない。

▷3　パターナリズム
温情主義と訳される。父権主義とも。学校教育の場合，教師が児童生徒（弱い立場にある者）の意志とは関係なく，児童生徒のためになるという理由を大義名分にして，子どもの行為に介入・干渉したり，制限したりすること。

③　総合的な学習の特質

　新学習指導要領では，従来の何を教えるかという教育内容を中心にカリキュラムをデザインするコンテンツ・ベースの教育から，どのような資質・能力を獲得させるかを中心にデザインするコンピテンシー・ベースの教育[4]へと，（部分的にではあるが）パラダイム転換が図られた。その際，学校教育全体を通じて育成を目指す資質・能力の枠組みは，「生きて働く知識・技能の習得」「未知の状況にも対応できる思考力・判断力・表現力等の育成」「学びを人生や社会に生かそうとする学びに向かう力・人間性等の涵養」の3本柱で整理された。

　総合的な学習の目標と育成を目指す資質・能力は表9-1の通りである。

　目標の冒頭に「探究的な見方・考え方」とある通り，探究的な学習の過程こそが総合的な学習の本質とされ，その中心に位置付けられる。ここで言う探究的な見方・考え方とは「各教科等における見方・考え方を総合的に活用して，広範な事象を多様な角度から俯瞰して捉え，実社会・実生活の課題を探究し，自己の生き方を問い続ける」（文部科学省，2018b，114ページ）ことを意味する。この探究的な見方・考え方を働かせる学習の過程において，次のような子どもの姿を見出すことができるという。

▷4　コンピテンシー・ベースの教育
教科など特定の領域特殊的な知識・技能をさす「内容」（content）ではなく，領域を超えて機能する汎用性の高い「資質・能力」（competency）を中心にしてカリキュラムと授業を構成しようとする教育のこと。「何を知っているか」よりも，実際の問題状況で「何ができるか」に重きをおくもの。

　　事象を捉える感性や問題意識が揺さぶられて，学習活動への取組が真剣になる。身に付けた知識及び技能を活用し，その有用性を実感する。見方が広がったことを喜び，更なる学習への意欲を高める。概念が具体性を増して理解が深まる。学んだことを自己と結び付けて，自分の成長を自覚したり自己の生き方を考えたりする。　　　　　　（文部科学省，2018b，9ページ）

表9-1　総合的な学習の目標と育成を目指す資質・能力（小学校の場合）

【総合的な学習の目標】
探究的な見方・考え方を働かせ，横断的・総合的な学習を行うことを通して，よりよく課題を解決し，自己の生き方を考えていくための資質・能力を次のとおり育成することを目指す。
【育成を目指す資質・能力】
生きて働く知識・技能の習得
（1）探究的な学習の過程において，課題の解決に必要な知識及び技能を身に付け，課題に関わる概念を形成し，探究的な学習のよさを理解するようにする。
未知の状況にも対応できる思考力・判断力・表現力等の育成
（2）実社会や実生活の中から問いを見いだし，自分で課題を立て，情報を集め，整理・分析して，まとめ・表現することができるようにする。
学びを人生や社会に生かそうとする学びに向かう力・人間性等の涵養
（3）探究的な学習に主体的・協働的に取り組むとともに，互いのよさを生かしながら，積極的に社会に参画しようとする態度を養う。

出所：文部科学省（2018a，p.179；2018b，8ページ）をもとに筆者作成。

　総合的な学習の評価は，これら目標と育成を目指す資質・能力，さらには，総合的な学習の特質に応じた学習のあり方を踏まえて考える必要がある。例えば，各教科のように特定の学問的な知識やスキルの習得・活用に留まるのではなく，探究的な課題発見・解決の場面でそれらを教科横断的に活用したり，概念として総合的に深化させたりすることが求められる。また，学問的な達成という結果よりも，探究的な課題発見・解決のプロセス「課題の設定→情報の収集→整理・分析→まとめ・表現」の質（とそのためのスキル獲得）が問われる。さらには，そのプロセスが社会参画や自分の生き方にまで結びつくことが期待される。こうした性質が総合的な学習には伴うため，教科学習の評価とは異なり，次のような原則でもって対応することになっている。

　　総合的な学習の時間の評価については，この時間の趣旨，ねらい等の特質が生かされるよう，教科のように数値的に評価することはせず，活動や学習の過程，報告書や作品，発表や討論などに見られる学習の状況や成果などについて，児童のよい点，学習に対する意欲や態度，進歩の状況などを踏まえて適切に評価することとし，例えば指導要録の記載においては，評定は行わず，所見等を記述することとしてきた。

（文部科学省，2018b，124ページ）

　総合的な学習における評価の対象の多くは，曖昧かつ複雑で，解釈にかなりのゆらぎが生じるものが多い。難易度は極めて高い。自己の生き方という個人

の尊厳にかかわる対象を評価することには，常に怖さもつきまとう。そうであるがゆえに，独善的かつ恣意的な評価になっていないかどうか，教師には常に評価者としてのあり方を問い続け，その力量を高める続ける努力が求められる。

2　総合的な学習における評価の目的

［1］　実態把握のための評価──確かめる，企画に生かす

　評価には「対象に注目し理解するという『把握』の段階（例：A さんの行動や発言内容を捉える）と，自らのもつ判断基準に即して対象を価値づけるという『判断』の段階（例：『A さんは人格者だ』と意味づける）の 2 つのプロセス」（森・秋田編，2000，15ページ）がある。このうち，「把握」が評価の最初の一歩であり，第一の目的となる。

　総合的な学習をはじめ，すべての教育活動は，基本的に具体的な「誰か」に向けてデザインされ，展開されるものである。指導の対象であり，学習の主体となる人物ならびに複数の人物からなる学習集団をしっかりと把握することで，はじめて「生きた指導」は可能になる。教科書や一般書籍，Web サイトなどを教材として使うときも，目の前の子どもの実態に合わせてアレンジする必要があり，それなくして「生きた指導」は成立しない。だからこそ，これまで教育学は「診断的評価」「学習者分析」などの教育的行為をモデル化してきた。その方法と手続きは，客観的なものから主観的なものまで多岐にわたり，把握しようとする内容項目もさまざまである。心理学の文脈でよく使われる「測定」（assessment）は客観的な部類に位置付けることができる。

　教師は，この把握のプロセスを通じて，自分が指導しようとする対象は，「そもそも誰なのか」「何を求めているのか」「どのような特性・特徴を持っているのか」「どのような学力水準・発達水準にあるのか」などを，多面的・多角的に明らかにしていく。そして，その結果を子どもの成長に寄せる保護者の願い，地域の願い，教師の願いと照らし合わせて「判断」することで「教育的ニーズ」を見極めるのである。ニーズとは「必要性」を意味する概念であり，「実態と理想のギャップ」でもって特定され，そのギャップを小さくしていくプロセスが教授─学習過程であるといえる。

　とりわけ，総合的な学習の場合は児童生徒の実態や求めを把握するのはもちろん，児童生徒を取り巻く社会（地域社会，日本社会，国際社会）の実態やそこに暮らす人々の願いもより丁寧に把握しておく必要がある。「現代的な諸課題に対応する横断的・総合的な課題」「地域や学校の特色に応じた課題」「児童の

▷5　診断的評価
指導を開始するにあたって行われる評価で，学習の前提となる資質・能力や学力の実態を把握・判断する。新しい学習内容を学ぶために必要とされる力などがどの程度身に付いているのかを確かめたり，新しい教育内容に対してどの程度の知識や経験をすでにもっているのかを確かめたりなど，子どもの学習に対する準備性（レディネス）の確認を主目的とする。

▷6　学習者分析
指導の対象となる学習者の学習に対する状態を把握するために行う分析のこと。例えば，①前提行動，②教育内容に対する準備性，③教育内容と可能な教育伝達システムに対する態度，④学習に対する意欲，⑤教育レベルと能力，⑥学習スタイルの好み，⑦教育組織に対する態度，⑧集団やグループの特徴，などを分析対象とする。

興味・関心に基づく課題」などに挑戦することが学習指導要領でも例示されている。例えば各地域の課題を深く掘り下げていけば、日本社会や国際社会が抱える課題に結びつくことは意外と多く、その意味において教師自身が地域と積極的にかかわり、地域を舞台にして探究活動をしておくくらいの心づもりが理想としては求められる。このプロセスを通じて、子どもと一緒に挑戦する探究課題の具体的なトピック／テーマの選択、協力してくれる人々の発掘など、総合的な学習における諸活動を企画立案するときの判断に役立つリソースを収集することが可能になる。

こうした把握に基づく判断を通じて、教育的ニーズを見極め、具体的な学習活動を企画立案し、指導仮説を導出する力量が教師には問われるのである。

②　改善・成長のための評価──つなげる

教師による把握に基づく判断はどれだけ多面的・多角的に丁寧にしたとしても、常に暫定的なものに留まる。そこから導出された教育的ニーズや指導仮説もまた、常に「仮」のものにすぎない。実態は変わりゆくものであり、状況によっても見え方や現れ方が変わってくるからである。例えば、誰が指導するのか、誰と一緒に活動するのか、どこで活動するのか、どんなふうに活動するのかによっても、児童生徒が見せる姿は見事なまでに異なるのである。だからこそ、属人的要因（気質、性格、能力、年齢、性別など）と状況的要因・環境的要因の相互作用に注目しながら、指導「前」のみならず、指導「中」もまた継続的に解釈し続ける必要がある。

年間指導計画や学習指導案はあくまでも「紙キュラム」であり、「仮キュラム」である。変わりゆく実態を無視し、当初の計画に固執すればするほど、意図と経験の乖離はひろがっていくことになる。そもそも当初計画した通りに実践できる／されるとは限らない。また、実践されたとしても、教師がねらった通りに学んでくれるわけではない。さらには、教師が思ってもみなかったことを知らず知らずのうちに児童生徒が学んでいることもある。教育には「付随的学習」や「隠れたカリキュラム（Hidden Curriculum）」が付きまとうわけであり、「副作用」もまた生じるのである。すべての子どもに通用する万能な教育は存在せず、たとえ一人ひとりの児童生徒向けにカスタムメイドしたとしても、副作用のリスクを消し去ることはできない。授業とは「想定外」の連続である。

総合的な学習は、探究的な学習の過程を大切にするわけだが、探究的に学ぶからといって、すべての子どもが最初から真剣に学んでくれるわけではない。各教科ですでに学んでいるはずなのに、それを覚えているとも限らない。「考える技法」を形式的には使っているものの内容は全然深まっていないときもあ

▷7　隠れたカリキュラム
学校や学級生活、そこで展開される授業や学習のなかで、子どもたちが非計画的で無意図的な内容を学んだり、経験したりすること。彼ら／彼女らの帰属する組織やコミュニティに適応するための価値規範や行動様式、思考様式など。

る。グループ内で仲たがいして険悪なムードになることもある。地域の方に叱られて失意のどん底に陥ることだってある。結果的に，最後の発表会までは一応こなしたものの，学びの手ごたえを得ることなく，探究はめんどくさいということを結果的に学び取る児童生徒が出てくる可能性は否めない。

　では，教師にできることは何か？　まずは，目の前の現実，とりわけ，児童生徒が実際に経験している内実から，その進捗状況を把握するとともに，自らの指導を見直し，改善し続けることである。評価には「把握」と「判断」に加えて「問題解決」という側面がある（森・秋田編，2000，15ページ）。うまくいった場合は成功要因を，うまくいかなかった場合は失敗要因を，同僚とも対話しながら抽出し，次善の策を講じるのである。この指導のプロセスからフィードバック情報を収集し，問題解決や改善に生かすことを「形成的評価[8]」と呼ぶ。その対象には，カリキュラムの内部要素／外部要因[9]の評価も含まれる。

　あわせて，教師（集団）がフィードバック情報を収集・活用するだけでなく，その情報を児童生徒にも提供してあげながら，児童生徒自身が自らの学びのプロセスをふり返り，新しい挑戦に向けて，自分の成長課題を引き出すことも重要になる。評価をその後の挑戦や学びにつなげる，これが「ふり返りによる改善」においては肝要である。授業における学びは教師と子どもが一緒につくりあげていくものであり，プロセス評価においても対話と協働が求められる。

③ 選抜のための評価／説明責任・対応責任のための評価——証明する

　選抜のための評価という観点から考えると，総合的な学習の場合，各教科に比べて，直接的に受験などに結びつくわけではない。例えば，推薦試験やAO入試，就職試験などの面接を課される試験スタイルで受験する場合は，総合的な学習で探究した学びのエピソードが自分のアピール材料になったりすることがあるだろう。もちろん，選抜の場面で役立つからという理由でもって，児童生徒を動機付けたり，コントロールしたりすることは望ましくない。

　とはいえ，自らが胸をはってアピールできる材料になるくらい価値ある探究活動を経験できたのであれば，それは児童生徒にとってかけがえのない財産である。また，総合的な学習の経験が自らのキャリア意識の醸成やキャリア選択につながった例も多数ある。直接的・間接的を問わず，その後の選抜場面や児童生徒のキャリア選択に影響を及ぼしていることは知っておいた方がいい。

　他方で，教師には自らの説明責任・対応責任を果たす努力が求められる。自分（たち）が手がけた総合的な学習について，具体的な目標と育成を目指す資質・能力，ならびに総合的な学習の特質に応じた学習のあり方と照らし合わせ

▷8　形成的評価
教育の過程において，その後の指導や学習を改善するために行われる評価のこと。教師にとっては学習の進捗状況を把握し，自らの指導を反省するために，児童生徒たちにとっては学習の現在点を把握し，今後の見通しを得るために行われる。その結果はフィードバックされ，指導がねらい通りに展開していないと判断された場合には，指導計画の修正や児童生徒たちへの回復指導や補充指導が行われる。

▷9　カリキュラムの内部要素／外部要因
内部要素には①教育内容の適切性・妥当性，②組織原理（教科／教科外），③履修原理（履修主義／修得主義），④教材の適切性や効果，⑤配当日時数の妥当性，⑥指導形態の工夫や柔軟性，⑦指導法・指導技術の適切性，外部要因には①施設・設備の整備状況との関連，②教職員集団の力量や人数との関連，③国や地方教育行政との関連などがある。

ながら，児童生徒一人ひとりの学びをみとり，その成果と課題を総括する必要がある。教育学ではこれを「総括的評価[10]」と呼ぶ。その結果の一部は「指導要録[11]」に記載することが義務づけられている。指導要録の記載内容は，「調査書[12]」や「通知表・成績表」の作成時に活用される。

2019年３月に文部科学省初等中等教育局局長名で通知された「小学校，中学校，高等学校及び特別支援学校等における児童生徒の学習評価及び指導要録の改善等について（通知）」によれば，「総合的な学習の時間の記録」は，「この時間に行った学習活動及び各学校が自ら定めた評価の観点を記入した上で，それらの観点のうち，児童生徒の学習状況に顕著な事項がある場合などにその特徴を記入する等，児童生徒にどのような力が身に付いたかを文章で端的に記述する」とされている。そのフォーマット例は図９−１の通りである。

総合的な学習の時間の記録			
学年	学習活動	観点	評価

図９−１　総合的な学習と関連する「指導要録」の項目
出所：文部科学省初等中等教育局局長「小学校，中学校，高等学校及び特別支援学校等における児童生徒の学習評価及び指導要録の改善等について（通知）」，2019（平成31年３月）

このように指導「後」に，具体的な根拠に基づいた記録を残す必要があり，そのためにも，指導「前」／指導「中」のそれぞれの場面で継続的に評価情報を収集・解釈しながら，子どもたちの学びの軌跡を記録しておくことが重要になってくる。一連の学習の最後によく行われる成果レポートの作成や発表会でのパフォーマンスだけで判断することは不適切だと言える。

3　総合的な学習における評価の主体・内容・方法とその組み合わせ

1　評価方法におけるさまざまな選択肢

すべての子どもに通用する万能な教育は存在しないのと同じように，評価に関しても万能な方法はない。客観的だから正しいというのも幻想にすぎない。結局のところ，何のために何を評価したいのかというねらいや必要に応じて，適切な方法を選択し，組み合わせて実施することが重要になる。ある程度は，事前に評価計画を作成しておくことが望ましく，評価を担う人々が「評価疲れ」を起こさないように配慮しておいた方がいい。評価に疲れ，実践がないが

▷10　総括的評価
各単元の終了時をはじめ，学期末や学年末の節目において，指導や学習の成果と課題を総括するために行われる評価のこと。教師にとっては自らの指導を総合的・全般的に反省するため，児童生徒たちにとっては自分の学びのプロセスと成果を確認することを目的とする。総括的評価の情報に基づいて成績がつけられたり，指導要録が作成されたりする。

▷11　指導要録
児童生徒の学籍ならびに指導の過程および結果の要約を記録する原簿のこと。その後の指導に役立てる「指導機能」と外部に対する証明等に用いる「証明機能」をもつ。各学校で学習評価を計画的に進めていくうえで重要とされる。学校教育法施行令ならびに学校教育法施行規則でその作成と保存が，学校や校長に義務づけられている。

▷12　調査書
児童生徒の学習状況や成績などを記した報告書のこと。校長は，調査書その他必要な書類をその生徒の進学しようとする学校の校長に送付しなければならない。ただし，調査書を入学者の選抜のための資料としない場合は，調査書の送付を要しない。「内申書」と俗称されることもある。

しろになってしまっては本末転倒だからである。

　ここまで「学習前」（診断的評価），「学習中」（形成的評価），「学習後」（総括的評価）という時系列的な評価のタイミングに沿って解説してきた。各タイミングで想定しうる選択肢は概ね次のとおりである。まずは体系的な理解を図っておきたい（綴利，2020，184–185ページ）

〈評価の主体〉

①教師による評価（教師が児童生徒の学びのプロセスや成果を評価する）

②第三者による評価（専門家，保護者や地域住民などの関係者が評価する）

③相互評価（児童生徒たち同士が互いの学びのプロセスや成果を評価する）

④自己評価（自分自身が自らの学びのプロセスや成果を評価する）

〈評価の道具〉

客観的　①標準化された検査（心理検査，知能検査，学力検査など）

　　　　②標準化されていないペーパーテスト（穴埋め式，多肢選択式など）

　　　　③観察（ルーブリックを用いたパフォーマンス評価も含む）[13][14]

　　　　④学習の記録物・成果物（ノート，プリント，ポートフォリオなど）

　　　　⑤面談・インタビュー（個別面談，三者面談など）

主観的　⑥日記・日誌（体験や心情の変化などを綴った日記など）

〈評価の手続き〉

①絶対評価：予め定められた評価基準と照らし合せて，どれだけ達成したかを評価すること。

②相対評価：他者との比較を通して，学習集団全体のどのあたりの位置にいるのかを評価すること。

③個人内評価：学びに取り組む前とその後で，一人ひとりがどの程度／どのように成長したのか，その度合いでもって評価すること。

〈評価の項目〉

①反応：学習者の評判・満足度（学習者は気に入っていたか？）

②学習：教育目標に対する達成度（学習者は何を学習したか？）

③行動：学習者の行動変化・変容（学習者は学習したことに基づき，行動を変化させたか？）

④成果：組織として得られた成果（学習者の行動変容は組織に良い影響をもたらしたか？）

⑤投資対効果：コストに見合った成果（コストに見合う成果を得られたか？）

▷13　ルーブリック
パフォーマンスの到達度合いを示す数レベル程度の尺度と，それぞれのレベルに対応するパフォーマンスの特徴を示した記述語（評価規準）からなる評価基準表のこと。

▷14　パフォーマンス評価
自分のもつ知識やスキルを使いこなす（活用・応用・統合する）ことを求める評価法のこと。論説文やレポート，展示物といった完成作品（プロダクト）を評価したり，スピーチやプレゼンテーション，協働での問題解決，実験の実施といった実演（狭義のパフォーマンス）を評価したりする。

「探究的な学習の過程」が総合的な学習の本質であることは，すでに述べたとおりである。このことをしっかりと踏まえ，「生きて働く知識・技能の習得」「未知の状況にも対応できる思考力・判断力・表現力等の育成」「学びを人生や社会に生かそうとする学びに向かう力・人間性等の涵養」という資質・能力の三本柱と紐づけながら，総合的な学習の評価のあり方を考えておきたい。

まずは，「生きて働く知識・技能の習得」との関連についてである。探究的な学習の過程において，探究課題に関する事実的知識や技能を獲得することが子どもには求められる。しかも，個別の事実的知識や技能を獲得するのみならず，それを生きて働く「概念」的知識にまで高め，かつ，各教科等の枠を超えて，知識や技能の統合を図ることが期待されている。この達成度を評価しようとするとき，一問一答式，穴埋め式，多肢選択式のテストを選択するのはあまり適切ではない。むしろ「分類する」「関連付ける」「多面的に見る・多角的に見る」「理由づける（原因や根拠を見つける）」「見通す（結果を予想する）」「具体化する（個別化する，分解する）」「抽象化する（一般化する，統合する）」「構造化する」などの高次な認知的タスクを問うレポートなどの記述式，あるいは，パフォーマンス課題を課す必要があるだろう。この場合，一般的に教師が評価者となり，絶対評価で評価することが多い。児童生徒の認識の変容を見取りたいのであれば，個人内評価を組み合わせてもよい。

次いで，「未知の状況にも対応できる思考力・判断力・表現力等の育成」についてである。次の図9-2を参考にしてほしい。

探究の過程における思考力，判断力，表現力等の深まり（例）			
①課題の設定	②情報の収集	③整理・分析	④まとめ・表現
より複雑な問題状況 確かな見通し，仮説	より効率的・効果的な手段 多様な方法からの選択	より深い分析 確かな根拠付け	より論理的で効果的な表現 内省の深まり
例) ■問題状況の中から課題を発見し設定する ■解決の方法や手順を考え，見通しをもって計画を立てる 　　　　　　　　　など	例) ■情報収集の手段を選択する ■必要な情報を収集し，蓄積する 　　　　　　　　　など	例) ■問題状況における事実や関係を把握し，理解する ■多様な情報にある特徴を見付ける ■事象を比較したり関連付けたりして課題解決に向けて考える 　　　　　　　　　など	例) ■相手や目的に応じてわかりやすくまとめ表現する ■学習の進め方や仕方を振り返り，学習や生活に生かそうとする 　　　　　　　　　など

図9-2　探究の過程における思考力，判断力，表現力等の深まり（例）
出所：文部科学省（2018b，80ページ）。

探究的な学習の過程は，（形式的に）いくつかのフェーズに分けることが可能であり，各フェーズで子どもに求めることを設定することができる。図9-2

の例に書かれた項目を「～しているか？／～できているか？」という疑問文にしてみるだけで評価のポイントになりうる。実際は活動内容に即してより具体化を図ることが望ましい。調べる技法や考える技法，プレゼンの技法などをつかいこなせているかどうも評価対象になる。いずれの評価でも，どの「ものさし」で学びの様子を見取るのかも意識しておく必要があるだろう。プレゼン一つをとっても「論理性」を求めるのか，それとも「共感性」を求めるのかで違った評価になるからである。これらの評価は教師のみが主体にならなくても，子どもの自己評価や相互評価を組み合わせることが十分に可能であり，教師と子どもが評価観点や評価規準，評価基準などを共有し，互いの評価について対話を通じてすり合わせながら，その後の学びにつなげていく工夫が求められる。

　そして，最後が「学びを人生や社会に生かそうとする学びに向かう力・人間性等の涵養」である。図9-3を参照してもらいたい。なお，この評価にあたっては，「知識及び技能を獲得したり，思考力，判断力，表現力等を身に付けたりすることに向けた粘り強い取組を行おうとする側面」と「粘り強い取組を行う中で，自らの学習を調整しようとする側面」にも注目することが求められている（国立教育政策研究所，2020，22-23ページ）。

学びに向かう力，人間性等			
	例）自己理解・他者理解	例）主体性・協働性	例）将来展望・社会参画
自分自身に関すること	探究的な活動を通して，自分の生活を見直し，自分の特徴やよさを理解しようとする	自分の意思で，目標をもって課題の解決に向けた探究に取り組もうとする	探究的な活動を通して，自己の生き方を考え，夢や希望などをもとうとする
他者や社会との関わりに関すること	探究的な活動を通して，異なる意見や他者の考えを受け入れて尊重しようとする	自他のよさを生かしながら協力して問題の解決に向けた探究に取り組もうとする	探究的な活動を通して，進んで実社会・実生活の問題の解決に取り組もうとする

図9-3　学びに向かう力，人間性等
出所：文部科学省（2018b，81ページ）。

　児童生徒は，探究的な学習の過程におけるさまざまな文化的・社会的な役割実験を繰り返しながら，他者のことを理解しつつ，自己理解を深めていく。最初からうまく理解できるわけではなく，自律的かつ協働的に学べるわけでもない。学びの節目ごとに他者と対話する機会を設け，自己を省察することで，徐々に自己のスタイルを確立していくのである。この意味において，この評価にあたって，教師は特定の「ものさし」にこだわることなく，評価を積極的にひらき，多様な評価主体がポジティブなレンズでもって，児童生徒一人ひとりの強みや持ち味，ポテンシャルを見極めつつ，互いを認め合い，高めあう関係づくりに心を砕く必要がある。児童生徒が自分の「ものさし」をもち，それを

使いこなせるようにする，これが最終目標と言えるかもしれない。

4　総合的な学習における評価計画の作成

　総合的な学習は，基本的には各学年を基礎単位にして企画・実施・評価されることが多い。なかには，学習活動のまとまりによっては異学年と合同で実施したり，他校や関係諸機関・団体と連携したりする場合もある。その際，チームプレーが求められることは言うまでもないが，評価に関しても，評価体制を確立し，関係者間で評価の目的や内容，方法について共有し，関係者間の対話と協働でもって進めていく必要がある。

▷15　観点別学習状況の評価
児童生徒の学習状況を分析的に捉えるために，目標や内容に照らして，観点ごとに彼ら／彼女らの到達状況を評価するもの。「目標に準拠した評価」の一つである。

　現在の教育施策では，「目標に準拠した評価」を行うことが原則とされ，その実質化を組織的に図るために「観点別学習状況の評価[15]」を実施することが基本になっている。評価の観点は「知識・技能」「思考・判断・表現」「主体的に学習に取り組む態度」の3観点で整理されており，探究課題の解決を通して育成を目指す具体的な資質・能力と関連付けて各学校がそれぞれの詳細を設定することになっている。

　具体的には，各観点それぞれに，各学校が探究活動における具体的な児童生徒の姿を見取るにふさわしい評価規準を設け，年間や単元など内容や時間のまとまりを見通しながら，評価方法を工夫しつつ，評価場面を適切に設定する，ということである。その際，評価のための評価にならないよう，評価結果が指導の改善や子どもの学習意欲の向上，資質・能力の育成に結びつくようにすることが肝要である。「内容のまとまりごとの評価規準」作成の基本的な手順は次のとおりである。なお，内容のまとまりごとの評価規準について，具体的なイメージをもってもらうために，図9-4を掲載しておく。いずれもより詳細なことについては国立教育政策研究所（2020）を参照すること。

　　① 各学校において定めた目標と「評価の観点及びその趣旨」を確認する
　　② 各学校において定めた内容の記述（「内容のまとまり」として探究課題ごとに作成した「探究課題の解決を通して育成を目指す具体的な資質・能力」）が，観点ごとにどのように整理されているかを確認する
　　③ 【観点ごとのポイント】を踏まえ，「内容のまとまりごとの評価規準」を作成する。

5　総合的な学習における評価者としての教師

　総合的な学習における評価では，① 信頼される評価の方法，② 多面的な評

探究課題	内容のまとまりごとの評価規準		
	評価の観点		
	知識・技能	思考・判断・表現	主体的に学習に取り組む態度
身近な自然環境とそこに起きている環境問題	・生物はその周辺の環境と関わって生きていることを理解している。	・地域の自然環境への関わりを通して感じた関心をもとに課題をつくり，解決の見通しをもっている。	・課題解決に向け，自分のよさに気付き，探究活動に進んで取り組もうとしている。
	・調査活動を，目的や対象に応じた適切さで実施している。	・課題の解決に必要な情報を，手段を選択して多様に収集し，種類に合わせて蓄積している。	・自分と違う意見や考えのよさを生かしながら協働して学び合おうとしている。
	・環境と生物とが共生していることの理解は，自然環境とそこに生息する生物との関係を探究的に学習してきたことの成果であることに気付いている。	・課題解決に向けて，観点に合わせて情報を整理し考えている。	・地域との関わりの中で自分にできることを見付けようとしている。
		・相手や目的に応じて，分かりやすく表現している。	

図9-4　内容のまとまりごとの評価規準（例）
出所：国立教育政策研究所（2020, 34ページ）。

価の方法，③学習状況の過程を評価する方法が重視される。そのうち，①について，「教師の適切な判断に基づいた評価が必要であり，著しく異なったり偏ったりすることなく，およその教師も同じように判断できる評価」（文部科学省，2018b, 126ページ）が求められている。確かに教師同士の認識の信頼性や妥当性をすり合わせる必要はあるが，どの教師も同じように判断できる評価は，子ども不在の評価になりやすいという危険性は理解しておかなければならない。実際に私たちが思っている以上に，私たちは「評価バイアス」[16]の影響を受け，評価エラーを起こしているのである（池谷，2013）。だからこそ，人間は未知なる存在であり，正確には決して「わからない」という前提に立って評価することを心がけたい。わからないからこそ，少しでもわかろうと努力することができ，自分がわかったつもりになっているだけかもしれないと謙虚になることができる。自分だけは気づけない「盲点」があるとことをわきまえるからこそ，多様な評価主体に評価をひらき，対話と協働でもって評価を進めていくことができるのである。

　総合的な学習は，児童生徒がクリエイティブに「行為主体性（agency）」をもって探究的な学習の過程に取り組むことを強く求める。評価もまた，その「行為主体性」の欲求を高め，探究的な学びを駆動させる役割と機能を果たす必要がある。さまざまな評価を通じて，「こうあるべき」というものさしに児童生徒をあてはめるだけではなく，「こうありたい」という子どもの願いに耳

▷16　評価バイアス
評価場面において生じる思考や判断の偏りや歪みのこと。認知バイアスの一つである。たとえば，アンカリング（特定の情報から全体を判断してしまう傾向）やネガティビティ・バイアス（良い情報よりも悪い情報が気になってしまう傾向），結果バイアス（そこに至るプロセスよりも結果を重視する傾向）がある。その他にもハロー効果や寛大化傾向，近接誤差などもある。

を傾けたり，その願いを引き出したりしながら，むしろ，児童生徒と一緒に「ものさし」をつくっていく。そして，児童生徒一人ひとりの美点や強みに注目し，個性的な発露や伸長を促す，つまり，「エンパワーメント評価」の発想が強く求められる。評価言を含め，教師の発言に義務や指示・命令，ダメ出しに関するものが，どれくらい多いか意識したことがあるだろうか？

　評価の観点からすれば，最終的には教師が評価しなくても，児童生徒（たち）が自分（たち）で自律的に評価できるように導いてあげることが理想である。教師による教師のための評価ではなく，評価の目的，内容，方法，その結果の解釈，改善の方策検討にあたり，もっと児童生徒と対話と協働する工夫を試みることがあってもよい。そこに専門家などの第三者がかかわるとなおよい。児童生徒自身が評価する主体の一人となり，評価する／し合う行為を通じて，その信頼性と妥当性を吟味する経験を蓄積することで，はじめて主体的な評価者を育むことができるのである。教師もまた児童生徒から評価されるべきである。教師と児童生徒／児童生徒同士が対話を通じて，お互いに自らのよさや強み，美点を生かせるスタイルを探り，確立していく評価プロセスにこそ「行為主体性」は宿る。

　最後になるが，総合的な学習を担当する教師自身がもっとクリエイティブな真正の探究活動に取り組み，その一連の活動を評価する／される経験を積んだ方がいい。実際に経験してみるからこそわかる困難や気持ちがある。教師も児童生徒も探究という学びの冒険をともにする仲間であり，伴走者であってほしい，私はそう願っている。

Exercise

①　あなたは総合的な学習を通じて，どのような資質・能力を特に育みたいか？　そのうち，一つを取り上げ（クリエイティビティなど），その評価可能性を吟味し，評価の多様性と不確実性を考慮した評価方法をいくつか考案してみよう。

②　探究的な学習の過程における具体的な場面（調べる場面など）を一つ取り上げ，どういった「ものさし」で評価しうるのかを，できる限りリストアップしてみよう。

③　評価バイアスや評価エラーについて調べ，総合的な学習の評価場面で起こりうる可能性をシミュレーションしてみよう。

📖次への一冊

フェーターマン，D.M.& ワンダーズマン，A.（Eds.），笹尾敏明監訳『エンパワーメント評価の原則と実践』風間書房，2014年。
　　コミュニティのための参加型評価として注目されるエンパワーメント評価モデルの原則を事例に即して解説・紹介した図書。
根津朋実『カリキュラム評価の方法』多賀出版，2006年。
　　カリキュラム評価における質的な客観性の意義を説き，ゴール・フリー評価論の目的と方法，その可能性を論究した図書。
西岡加名恵『教科と総合学習のカリキュラム設計』図書文化社，2016年。
　　資質・能力育成のカリキュラム編成，学習評価，カリキュラム・マネジメント等について，「逆向き設計」論に依拠しながら，その考え方と方法を解説した図書。
田中統治・根津朋実編『カリキュラム評価入門』勁草書房，2009年。
　　カリキュラムをどう捉え，いかに評価するのか。具体的事例に即しながら，その理論と方法を解説・紹介した図書。

引用・参考文献等

安彦忠彦編『新版 カリキュラム研究入門』勁草書房，1999年。
国立教育政策研究所教育課程研究センター『「指導と評価の一体化」のための学習評価に関する参考資料』2020年（高等学校編は2021年）。
石井英真『今求められる学力と学びとは』日本標準，2015年。
池谷裕二『自分では気づかない，ココロの盲点』朝日新聞社，2013年。
文部科学省『小学校学習指導要領』東洋館出版社，2018年 a。
文部科学省『小学校学習指導要領解説　総合的な学習の時間編』東洋館出版社，2018年 b。
森敏昭・秋田喜代美編『教育評価重要用語300の基礎知識』明治図書，2000年。
日本カリキュラム学会編『現代カリキュラム事典』ぎょうせい，2001年。
鈴木克明監修『インストラクショナルデザインの道具箱101』北大路書房，2016年。
山﨑英則・片上宗二編『教育用語辞典』ミネルヴァ書房，2003年。
緩利誠「特別活動の評価」吉田武男・京免徹雄編著『特別活動』ミネルヴァ書房，2020年，177〜191ページ。

第10章
総合的な学習の教授組織と学校体制

〈この章のポイント〉

　総合的な学習は，児童生徒たちの主体的な学習によって成立する。だからと言って，彼らの好き放題にさせたり，教員が指導を放任したりして良いわけではない。むしろ教員や学校外の専門家など教育者側の綿密な仕掛けづくりや学校全体での適切な運営体制が必要不可欠である。本章では後者の学校の組織的な運営に焦点をあてて，この学習を成立させるための教授組織と学校体制について，中高一貫校の事例も取り上げながら解説する。なお，高等学校段階での名称は「総合的な探究の時間」であるので，高等学校段階に限定する場合は「総合的な学習（探究）」（以下では「」を省略）と表記する。

1　教授組織と学校体制からみた総合的な学習の課題

　本章では，教授組織を「実際に総合的な学習の授業を実施する組織」とする。たとえば，どのような属性の教員によって授業が行われているのか（複数教科で協働しているのか，など）や学校外の専門家も参画するのか，などである。また学校体制については「総合的な学習を推進するための校内体制」を指す。たとえば，校長のリーダーシップのあり様や総合的な学習を専門的に検討する組織の整備などである。

［1］　総合的な学習の課題

　2016年，中央教育審議会（以下，中教審）は「幼稚園，小学校，中学校，高等学校及び特別支援学校の学習指導要領の改善及び必要な方策等について」を答申した。これまでの取り組みの成果が示されつつも，総合的な学習については次の3点が課題として指摘された（中教審，2016，236ページ）。

・一つ目は，総合的な学習の時間で育成する資質・能力についての視点である。総合的な学習の時間を通してどのような資質・能力を育成するのかということや，総合的な学習の時間と各教科等との関連を明らかにするということについては学校により差がある。これまで以上に総合的な学習の時間と各教科等の相互の関わりを意識しながら，学校全体で育てたい資質・能力に対応したカリキュラム・マネジメントが行われるよう

にすることが求められている。

・二つ目は，探究のプロセスに関する視点である。探究のプロセスの中でも「整理・分析」「まとめ・表現」に対する取組が十分ではないという課題がある。探究のプロセスを通じた一人一人の資質・能力の向上をより一層意識することが求められる。

・三つ目は，高等学校における総合的な学習の更なる充実という視点である。地域の活性化につながるような事例が生まれている一方で，本来の趣旨を実現できていない学校もあり，小・中学校の取組の成果の上に高等学校にふさわしい実践が十分展開されているとは言えない状況にある。

　教授組織と学校体制に関しては，とりわけ上記の一つ目の課題が関係するだろう。そもそも学校の教育活動はそれぞれ関係性をもっているものであるが，筆者の経験上，そのような関係性はあまり意識されることが少ないように感じる。その原因の一つは「教科」というものへのこだわりの強さ，である（詳細は他書に譲る）。教科自体は重要な教育活動であるし，教科へのこだわりの強さ自体は否定されるものではない。だが，それが強すぎるあまり，他教科や教科外活動への眼差しが弱くなっている可能性が高い。もしくは個人としての眼差しは強くとも組織として対応できていない点にもどかしさを感じている場合もある（安藤・緩利，2020）。こうした傾向は教員ごとに違うし，校種による違いもあるだろう。しかしながら，総合的な学習は「生きる力」を育成する学校の教育活動の核として位置付けられている。ゆえに，学校全体で組織的に取り組まれる必要がある。中教審の指摘した上記課題は「教科は教科，総合的な学習は総合的な学習で」「私は教科の担当だから，総合的な学習は関係ない」といった強固な二項対立的考えを戒めているのではないか。

▷1　教科外活動
学校種によって異なるが外国語活動，総合的な学習，特別活動を総称した通称。教育活動における重要性は教科に勝るとも劣らない。

［2］　総合的な学習のための条件整備

　総合的な学習の教育環境の充実に必要な条件整備として以下の4点が指摘された（中教審，2016，242ページ）。

○各学校において，全ての教職員が協力して力を発揮するため，校長のビジョンとリーダーシップの下，各学校が育成しようとする子供の姿から必要な資質・能力を明らかにし，各教科等をつないでカリキュラムデザインができるミドルリーダー的な教員が育つことが期待される。

○総合的な学習の時間を担当する教員の資質・能力向上を図るため，国や都道府県等のレベルで各地域の取組状況等を協議できる機会を引き続き

充実する。

○「社会に開かれた教育課程」の視点から，学校と保護者とが育成したい子供たちの資質・能力について共有し，必要な協力を求めることも大事である。

○地域との連携に当たっては，コミュニティ・スクールの仕組みの積極的な活用や，地域学校協働本部との協働を図ることが望まれる。地域の様々な課題に即した学習課題を設定するに当たり，教育委員会と首長部局との連携も強く求められる。

上記の課題から，「校長のマネジメントの手腕」と「学校外に開いた学習を可能にする組織」の重要性を看取できる。前者に関し，実際にカリキュラムをつくり，授業を行うのはそれぞれの教員だが，校長は教育課程編成の責任者として，学校全体の視点からその方向性を示す必要がある。例えば総合的な学習を円滑に実施できるように，実務の中心となるミドルリーダー[2]を育てたり，教職員に対して有益な情報を提供できるよう，総合的な学習に関するアンテナを高くしたりする必要がある。総合的な学習を推進するための条件整備，ここに校長のマネジメントの手腕が問われる。後者についても，校長のマネジメントに左右される部分ではあるけれど，「社会に開かれた教育課程」[3]の実現には，総合的な学習がそのカギを握る。各教科の学びを他の教科に開くだけでなく，学校での学びを実社会と関連付けることができるからである。一方で，複数教科や学校外部との連絡調整が必要となることから，教員一人ひとりの意識や努力に頼るのではなく，総合的な学習を専門的に検討する組織や学校外とつながる組織の設置など，その学校や地域に応じた校務分掌[4]組織の整備が求められる。

2　カリキュラム・マネジメントと総合的な学習

1　カリキュラム・マネジメントとは

カリキュラム・マネジメントは「（社会と共通理解した）学校の教育目標を達成するために，データでもって PDCA サイクルを回して，学校を取り巻く諸資源を活用しながら，各教科等を横断した教育課程で教育活動を実施していく」（安藤，2018，128ページ）ことである。ここでは，「マネジメント」は管理職のすることであって，一般の教職員には関係ない，という考えは控えて欲しい。「学校を取り巻く諸資源」「各教科等を横断した教育課程」などの文言が象徴するように，カリキュラム・マネジメントは様々な関係者による連携・協働

▷2　ミドルリーダー
教務主任や主幹教諭などの公的な職制上のリーダーだけでなく，教育活動に取り組むうえで中心となる中堅教員も指す。

▷3　社会に開かれた教育課程
①よりよい学校教育がよりよい社会を創るという目標を社会と共有すること，②子どもたちに必要な力を明確にし，学校教育でそれを育成すること，③地域と連携しながら，教育活動を進めること，の三つを指す。

▷4　校務分掌
学校を適切に運営するために必要な教職員の業務分担のこと。学校や校種によって差異があるものの，教務や生徒指導をはじめ多岐にわたる。

を必要とする。そもそも「学校の教育目標を達成する」ことがその目的であるから，一人ひとりが学校の教育目標や経営方針を意識（留意）しながら，自身の教育活動を展開することが求められる。むしろ「自身もマネジメントに携わる一人だ」という意識が重要だろう。

実際，先の中教審答申でも「管理職のみならず全ての教職員が『カリキュラム・マネジメント』の必要性を理解し，日々の授業等についても，教育課程全体の中での位置付けを意識しながら取り組む必要がある」「『カリキュラム・マネジメント』は，全ての教職員が参加することによって，学校の特色を創り上げていく営みである。このことを学校内外の教職員や関係者の役割分担と連携の観点で捉えれば，管理職や教務主任のみならず，生徒指導主事や進路指導主事なども含めた全ての教職員が，教育課程を軸に自らや学校の役割に関する認識を共有」（中教審，2016，24ページ）することが重要であると言及している。

また，このカリキュラム・マネジメントと総合的な学習との関係について，中教審による次の指摘は特筆に値する（中教審，2016，237ページ）。

○総合的な学習の時間において，学習指導要領に定められた目標を踏まえて各学校が教科横断的に目標を定めることは，各学校におけるカリキュラム・マネジメントの鍵となる。各学校が定める目標についても，資質・能力の三つの柱の考え方を踏まえたものとなることが求められる。

○教科横断的に学ぶ総合的な学習の時間において，各教科等の「見方・考え方」を働かせることによって，「見方・考え方」は多様な文脈で使えるようになるなどして確かなものになり，各教科等の「深い学び」を実現することにもつながるものと期待できる。

○学年間・学校段階間といった「縦」のつながりでも期待される役割が大きい。小学校，中学校，高校の中で，どのような学習を行い，資質・能力を養うことを積み上げていくのかという中で，総合的な学習の時間においてどのような目標，内容の学習を行うかということがひとつの軸となる。

○さらに，総合的な学習の時間は，目標や内容を各学校が定めるという点において，各学校の教育目標に直接的につながる。特に，高等学校では総合的な学習の時間がその学校のミッションを体現するものとなるべきである。

このように，総合的な学習はカリキュラム・マネジメントの核として位置付けられ，これまで以上に各教科等との密接な関係性が求められることになった。あわせて，異学年や異校種との関係性も強調された。学校内の横の関係だ

けでなく，異校種との縦の関係が重視されたことから，今後は子どもの学習状況や取り組み内容などについて，一層の情報共有や連携・協働が教育活動の改善・充実に欠かせない。そしてそのためには組織的な対応がカギを握ることになる。

［2］　組織的な対応において重要なことは何か

　組織的な対応といったとき，皆さんはどのような状態をイメージするだろうか。もしかすると「足並みをそろえ，ぶれることなく，一致団結して対応する。そこに個々人の裁量は認められない」といったイメージをもつかもしれない。だが，そうではない。「目指すべき山頂は一緒だが，登山道はそれぞれ」「お互いに背中を預ける」という緩やかな関係性が重要であると考える。もちろん危機管理の場面では前者のような対応が求められることは少なくないだろう。けれども教育活動の構想やその実施においては，やはり教員の「持ち味」が重視されないと，実践そのものが硬直したり，マニュアル化したりしてしまう可能性が生じかねない。

　1997年の教育職員養成審議会（教養審）第一次答申「新たな時代に向けた教員養成の改善方策について」において，教員が得意分野をもち，個性豊かな多様な教員が組織的に教育活動を展開することが推奨された。以下，少し長くなるが，重要な部分であるので，そのまま引用する（教養審，1997，6ページ）（下線は筆者による）。

　　このように教員には多様な資質能力が求められ，教員一人一人がこれらについて最小限必要な知識，技能等を備えることが不可欠である。しかしながら，すべての教員が一律にこれら多様な資質能力を高度に身に付けることを期待しても，それは現実的ではない。

　　むしろ学校では，多様な資質能力を持つ個性豊かな人材によって構成される教員集団が連携・協働することにより，学校という組織全体として充実した教育活動を展開すべきものと考える。また，いじめや登校拒否の問題をはじめとする現在の学校を取り巻く問題の複雑さ・困難さの中では，学校と家庭や地域社会との協力，教員とそれ以外の専門家（学校医，スクール・カウンセラー等）との連携・協働が一層重要なものとなることから，専門家による日常的な指導・助言・援助の体制整備や学校と専門機関との連携の確保などを今後更に積極的に進める必要がある。

　　さらに，教員一人一人の資質能力は決して固定的なものでなく，変化し，成長が可能なものであり，それぞれの職能，専門分野，能力・適性，興味・関心等に応じ，生涯にわたりその向上が図られる必要がある。教員

としての力量の向上は，日々の教育実践や教員自身の研鑽により図られるのが基本であるが，任命権者等が行う研修もまた極めて重要である。現職研修の体系や機会は着実に整備されつつあるが，今後一層の充実が期待される。

　このようなことを踏まえれば，今後における教員の資質能力の在り方を考えるに当たっては，画一的な教員像を求めることは避け，生涯にわたり資質能力の向上を図るという前提に立って，全教員に共通に求められる基礎的・基本的な資質能力を確保するとともに，さらに積極的に各人の得意分野づくりや個性の伸長を図ることが大切である。結局は，このことが学校に活力をもたらし，学校の教育力を高めることに資するものと考える。

　下線部分をまとめると，つぎのようにまとめることができる。すなわち，「教員には多様な資質能力が求められるが，それをすべての教員が身に付けることは現実的ではない。むしろ個性豊かな教員が連携・協働することによって，組織的な教育活動を展開する必要がある。そのためには教員の資質能力を成長可能なものとして捉え，それぞれの教員の得意分野や個性を尊重することが，学校の教育力を高める」と。

　このように，この答申は，先に言及した「目指すべき山頂は一緒だが，登山道はそれぞれ」「お互いに背中を預ける」ような関係性を構想している。その学校に在籍している教員が，それぞれの強みを発揮したり，役割分担をしたりしながら，教科間や教科と教科外の関係性を肯定的に捉え，学校組織に存在する様々な「壁」を越境しようとするものである。こうした考え方は，2015年中教審答申「チームとしての学校の在り方と今後の改善方策について」で示された「チーム学校」の嚆矢とする見方もできる。

　さらに「教員」「得意分野」「個性」などの言葉をもう少し拡大して考えることもできるのではないだろうか。つまり「教員」を「学校」や「地域」に，「得意分野」「個性」を「強み」に置き換えることで，たとえば学校と地域がお互いに連携協働して教育活動にあたることや，学校が立地する地域の特色や学校の強みを生かした総合的な学習の構想につながるのではないかだろうか。もちろん総合的な学習に限定されるものでなく，学校のすべての教育活動にもあてはまるものである。

3　学習指導要領の解説にみる総合的な学習の　教授組織と学校体制

　ここでは，『高等学校学習指導要領解説　総合的な探究の時間編』における

総合的な学習（探究）の教授組織と学校体制の記述を取り上げる。小学校と中学校については，読者自身で適宜参照してほしい。

　解説では「第11章　総合的な探究の時間を充実させるための体制づくり」が該当する。この章は「第1節　体制整備の基本的な考え方」「第2節　校内組織の整備」「第3節　年間授業時数の確保と弾力的な運用」「第4節　環境整備」そして「第5節　外部との連携の構築」から構成される。ここでは第1節から第3節を取り上げる（第4節と第5節については，次章で扱う）。

1　体制整備の基本的な考え方

　第1節では，校長による校内体制づくりへの配慮が4点にわたって記されている。すなわち①校内体制の整備，②授業時数の確保と弾力的な運用，③学習環境の整備，そして④外部連携の構築である。

　総合的な学習（探究）は，横断的で総合的な学習であるため，さまざまな教職員による連携が欠かせない。そのためにも各教職員が協力できる体制をつくり，教職員の特性や専門性を生かすことが求められる（①）。総合的な学習（探究）の授業時数を確保することは当然であるが，学習活動としては講義・講演，校内外での探究活動やフィールドワーク，学習成果の発表会など，学習活動が多岐にわたる。そのため，集中開校形式や放課後や夏休みなどの長期休業の活用などの柔軟な運用が必要となる（②）。総合的な学習（探究）はさまざまな教職員がかかわりながら，体験活動，観察・実験・実習，調査・研究，そして発表・討論などのさまざまな学習活動が実施される。このため，こうした活動を可能にする人的・物的資源の体制の整備がどうしても欠かせない（③）。そして総合的な学習（探究）では，横断的で総合的な学習が求められるので，校内の教職員では対応が不十分になりうることもある。このため保護者や地域住民，地域の専門家など，多様な人物による教育活動への参画がこの活動の充実につながる（④）。

2　校内組織の整備

　第2節は，「校長のリーダーシップ」「校内推進体制の整備」「教職員の研修」から構成される。まず「校長のリーダーシップ」である。校長の職務は校務をつかさどることであり，この校務には教育課程も含まれている。だからこそ，総合的な学習（探究）のデザインにおいては，校長のリーダーシップが求められる。そのリーダーシップのもと，ミドルリーダーを中心に具体が講じられる。このため，解説では学校の総合的な学習（探究）の教育意義を踏まえ，校長自身の学校ビジョンを教職員に説明することや，教職員が協力できる体制づくりや雰囲気づくりを求めている。また「社会に開かれた教育課程」の実現

のため，実践に関する情報の積極的な発信によって外部からの理解や協力を得ること，コミュニティ・スクールの活用や教育委員会や地元自治体からの支援についても言及される。くわえて他校や他校種との連携においても校長の率先した働きかけの必要性が説かれる。

「校内推進体制の整備」に関しては，「生徒に対する指導体制」と「実践を支える運営体制」とに分かれる。いずれも校長の方針のもと，全教職員が協力しての目標達成が目指される。「生徒に対する指導体制」では，ホームルーム担任による指導，学年内もしくは学科内の教員で生徒の興味関心に応じた学習集団の組織化について述べられている。また学年や学科の枠にとらわれず，課題別の学習集団の編成があげられている。くわえて生徒の多様なニーズに対応するために，教員が個別に対応するのではなく，チームでかかわることの必要性等を説き，そのためにも多くの教員がかかわることのできるように時間割の工夫や研修会の実施を含む情報共有についても触れられている。

「実践を支える運営体制」では，まず総合的な学習（探究）が横断的で総合的な学習のため，教員の特性や専門性を生かした協働的な取り組みが前提となる。そのうえで，教員同士が相談できる仕組みづくりや指導に必要な設備の調整など，この活動を担当する教員を支援する組織体制の必要性を求めており，既存の校内分掌組織を生かした例を示している。すなわち，教務主任（計画立案など）をはじめとする職制ごとの役割および総合的な学習（探究）担当（教員への支援など），地域連携担当（校外関係者との調整など）をはじめとする校務分掌や事務職員（予算管理・執行など）などの役割が例示されている。つぎに総合的な学習（探究）を推進するための校内推進委員会を取り上げ，校内外の関係者間の連絡・調整といったコーディネートの必要性を求めている。とくに校長の方針のもと，教科等を横断したカリキュラム・マネジメントの実務におけるミドルリーダーの役割が期待されている。そして授業担当者による会議にふれ，週時程に担当者会議を位置付けること，この会議が連絡調整の場だけでなく，教員同士の学び合いによる研修機能や検証の場でもあると述べている。

そして「教職員の研修」についてである。総合的な学習（探究）を充実したものとするためには，この活動を指導する教員の指導計画の能力，実際の指導力，評価力などがカギを握るとされる。というのも，このような力を教員が有していなければ，どのような事前の準備をしたとしても，画餅となってしまう可能性を否定できないからである。そこで，各教科等の横断という点からカリキュラムをデザインする力を育成するために，研修計画の中に総合的な学習の研修を位置付けること，さらには学校全体での研修として位置付けることの必要性を指摘し，研修の内容や校内／校外研修の内容について例示が試みられている。校内研修の具体例としては，グループ研修と全体研修が，校外研修の具

体例として，視察研修，実地体験研修，そして教材収集研修があげられている。

3　年間授業時数の確保と弾力的な運用

　第３節では，授業時数の確保とその運用について，「年間授業時数の確保と配当」「弾力的な単位時間の運用」「授業時数に関する留意点」が扱われる。まず「年間授業時数の確保と配当」では50分を授業時数における１単位時間とし，１単位につき35単位時間として計算することを確認したうえで，総合的な学習（探究）の標準単位数３～６単位を満たすために，105～210単位時間の確保を求めている。あわせて，１年次から３年次それぞれの学年での開講や特定の学年で集中しての開講方法，年間35週にわたって行ったり，特定の学期や期間に集中して行ったりする方法など，授業時数の配当について扱っている。

　つぎに「弾力的な単位時間の運用」である。ここでは，多様かつ柔軟な総合的な学習（探究）を実施するためには，１単位時間を50分と硬直させるのではなく，その活動の特質に応じて，75分や100分で構成することもありうることや，先にも記したように，毎週定期的に行ったり，特定の時期に集中して実施したりと弾力的な運用の必要性を示している。あわせて，この活動の１単位時間の具体的な設定については，教育効果を高める観点から，指導内容のまとまりなどを考慮すること，学校の管理運営上に支障が生じないように教育課程全体にわたる検討の必要性を喚起している。

　最後は，授業時数に関する留意点に言及している。まず，年間指導計画や単元計画において，季節の変化や地域の行事に応じた工夫や各教科目との関連的な指導を考慮した適正な授業時数配分を求めている。つぎに，単元計画を各週の計画に位置付け，時期ごとの柔軟な対応の必要性をあげる。そして学期ごとの節目において授業の実施時数を積算し，学習活動の状況との照合を要するとしている。短期的かつ長期的な展望に基づく計画作成と時数の管理を通した学習活動の見直しについて言及している。

4　中高一貫校における総合的な学習の教授組織と学校体制

1　事例校の概要

　ここで取り上げる事例は，Ｐ県にある公立の中高一貫校である（以下，Ｑ校）。Ｑ校は公立工科系大学の附属高等学校として1994年に設立され，その後，2007年に中学校も新設された併設型中高一貫校である。現在，大学自体は改革

▷5　**中高一貫校**
1999年に法制化され，公立学校でも導入することが可能となった。中等教育学校，併設型中高一貫校，連携型中高一貫校の三類型からなる。教育課程上の特例が設定されている。なお私立学校や国立大学附属学校では上記三類型に拠らない歴史的な伝統校も存在する。

▷6　**併設型**
三類型の一つで，同一の設置者による中高一貫教育を実施する。中学校からの進学については連絡進学を基本としつつも，高校段階において入学選抜を実施し，外部から一定数を入学させる。

により文系と理系の学部を有する総合大学となったが，Ｑ校自体は設立の経緯もあり，現在でも理数系の教育に力を入れている。事実，高等学校の設置学科は理数系の学科のみである。

　校舎は同一敷地内に立地するものの，校舎自体は中学校と高等学校とで離れており，校舎間の移動には５分程度かかる。学校の規模は，中学校は１学年70名，高等学校は１学年160名を定員とし，中高合わせて690名である。高等学校の定員160名のうち，70名は中学校から内部進学[7]するので，90名が外部の中学校からの入学者となる。

　Ｑ校の教育課程は，「２-２-２制」を採用する。「中１と中２」「中３と高１」「高２と高３」を教育課程上一つのまとまりとすることで，６年間での学習の重点の移り変わりを教員側にも生徒側にも意識させる。こういった区切り方を専門用語では「学年の分節化[8]」と呼称するが，あくまでも教育課程上の区切り方であり，学校制度の区切りとは異なる点に注意しなければならない。中高一貫校に限らず，小中一貫校など，一貫校で採用されることが多い。

　Ｑ校は総長１名（大学教員による兼任），校長１名（中高を兼務），そして中高に教頭が１名ずつ配置されている。教員組織は中高で一体化されているわけではない。というのも，中学校段階の教員人事は近隣地域の市町組合立学校との交流人事であり，高等学校段階の教員人事は県立高等学校の人事の一環として行われるからである。こうした人事制度の差異により，中高教員の交流が不十分であることから，その改善策として，中高教員の相互乗り入れ授業を行っているという。例えば，高等学校からは地歴・公民科，理科，保健体育科，家庭科の教員が中学校の授業へ，中学校からは社会科，理科，保健体育科の教員が高等学校の授業へ乗り入れしている。また中高の一貫性を強化するために，高等学校籍の教員が中学校第３学年の主任として配置され，生徒とともに高等学校へ持ち上がる仕組みを導入している。

２ 教授組織と学校体制の現状と展望

　Ｑ校では中高大連携教育を重視し，母体の大学や周辺にある教育研究機関との連携を各教育活動で実施している。総合的な学習は，中学校での「PJ学習」「A学習」，高等学校での「TS」からなる（名称はいずれも仮称である）。

① 中学校の現状

　「PJ学習」は自然科学の知識を深く理解し，それに基づいた研究活動を行うものである。またこの学習を通して身に付けた力をほかの学習にも生かすことを目指している。１年生について１泊２日の集団宿泊活動として設定され，附置研究所等の施設を活用し，専門家からの講義や実習などの体験活動を行う。２年生と３年生はグループごとの探究学習が，月に１回，午後の時間帯を使用

▷7　内部進学
中学校から高等学校へ無試験入学することを指す。連絡進学やエスカレーター式とも称されることがある。高校入試がないため，それを「ゆとり」として個性伸長のための活動充実を図る場合が多い。入試が存在しないことによる「中だるみ」を指摘する声もある一方で，この「中だるみ」が個性伸長に欠かせないとする意見もある。

▷8　学年の分節化
「２-２-２」制は一例であり，他にも「１-２-２-１」制など様々なものが存在する。

して行われる。１グループ７から８名で編成し，９〜10講座ほど開設され，各講座には研究機関に所属する専門家が来校（最低３回）して，設定した学習テーマに関する指導を受ける。すべての教員がいずれかの講座（１講座当たり１名〜２名）に所属して，専門家とともに生徒の指導にあたる。この教授組織編成は，時間割調整に困難が伴うものの，自身の担当教科以外での生徒の姿に接することで，生徒理解の更新に益するとされる。この学習については，例年２月に発表会を実施し，１年間ないしは２年間の学習の成果を発表している。

　「Ａ学習」は日本や世界の伝統産業や文化などを広く調査研究して国際社会で生きる人材に必要な資質能力を身に付けることを目的としている。集中開講形式で実施され，１年生は近隣の教育研究施設の見学，２年生は近隣の地場産業の見学，そして３年生は大学の各学部を訪問し，研究の基礎を学ぶ活動をしている。この学習は地域学習の様相を呈しており，地元でない生徒も少なくないため，学校の立地を知ることも目的にある。この学習の成果は例年，Ｑ校が発刊する『中高大連携教育の記録』に収められる。

②　高等学校の現状

　「TS」は各学年に１単位配当されている。生徒の体験学習と高大連携授業から構成され，いずれの活動も，生徒たちのキャリア形成に資する内容となっている。体験学習には自然教室やさまざまな分野の専門家による講演会，また大学に属する留学生との国際理解を目的とした交流などが用意されている。高大連携授業は，進学希望分野に応じて，大学の研究者から専門分野に関する内容や研究者自身の研究内容を聴講するというものである。大学との調整は高大連携部がこれまで担ってきたものの，連携部に属する教員の担当教科とは異なる専門分野の研究者との授業内容の調整に一定の困難が生じていた。このため，調整にあたる教員の担当教科と大学研究者の専門分野とを近づけるために，教務部が中心となり各教科に担当を割り振ることによって，調整の円滑化を企図した。

　「TS」の諸活動はいずれも年間指導計画に位置付けられているものの，曜日固定にはしておらず，例えば「TS」が木曜日に入る場合は，当初の木曜日の時間割内容を別日に置き換えるという。この理由は，多くの内容が体験的な内容で構成されているため，日程調整の必要な内容が多いことによる。高等学校では期間集中型や土曜日集中開講などが一般的とされるが，Ｑ校においてこのような形で実施している理由は，時間割変更の調整は困難であるけれども，曜日を固定しない分，内容に応じて流動的・柔軟な対応ができる点にその長所を見出しているためである。

③　今後の展望

　Ｑ校のこのような実践にはいくつかの課題が生じており，このため総合的な

学習の内容をはじめ運営体制の見直しを図っている。

　Q校では，2018・2019年度に在籍した副校長（当時は組織改編前で現在の総長職を校長，現在の校長職を副校長と称していた）を中心に，中高の一貫性を強固にするため，学校行事の合同実施，中高教員による乗り入れ授業（前述）の開始，高校の新コースの構想などに取り組んだ。

　2020年度からは新しい組織体制となり，副校長は校長と称されるようになった。同年度4月に新しい校長が着任し，自身の学校経営のビジョンやこれからの学校教育に求められる姿，また，2022年度入学生から全面実施される新高等学校学習指導要領の趣旨を生かすために，「Society5.0に向けた人材育成を目指した新コースの設置とカリキュラム・マネジメント」「Q校における教育改革（コース制の導入）」と題した資料を作成し，改革の方向性について教職員との共有に努め，高校の新コースの設置の内容を具体化した。中学校において学習指導要領が全面実施となる2021年度に合わせて，高校においても同年度入学生から1年先行する形で，これらの内容を取り入れた新コースの設置が決定された。現在はこの決定に基づき，Q校の教育課程やその運営体制などについて，調整を進めている。そのなかには，以下に記すような総合的な学習の改革も含まれている。

　中学校においては，外部の機関や専門家との良好な関係を築くことができているものの，とりわけ外部の指導者の厚意で一から十までを生徒に教えてしまいがちにあり，探究学習の目的が失われがちであるという。このためにも今一度，その目的を共有するための機会が必要であるとしている。また充実した探究学習を実施するためには，現状では教室と備品が不足していると言い，高等学校の時間割と調整しながら，高等学校校舎での実施について相互の教務部での調整が課題の一つとしてあげられていた。

　高等学校については，生徒のキャリア形成等に資する内容であるとしても，「総合的な探究の時間」への改編による探究学習の重視という視点に照らし合わせた場合，それが弱いことが校内で議論となった。議論の結果，探究活動をより重視するために，新コース設置に合わせて2021年度と2022年度より総合的な学習（探究）を大幅に刷新し（コースにより開始年度に差異がある），大学との連携のもと教科等横断的活動と探究活動とを充実させた。

　Q校はその開校の経緯から，理数系に教育の重点が置かれている。このため総合的な学習（探究）についても中学校では生物と地学に，高等学校では数学，物理，化学，英語に関する内容が多い。今後はこのバランスについても中高間で調整しながら，総合的な学習での中高の一貫性を確保することが課題として言及された。

Exercise

①　学習指導要領の総合的な学習の章を読んだうえで（校種は問わない），web などを用いて，さまざまな学習活動の例を調べてみよう。そのうえで，どのような人的／物的資源がかかわっているのか，明らかにしてみよう。

②　自身が卒業した小中高（校種は問わない）の総合的な学習に関する資料（学校要覧や教育課程表）を入手して，総合的な学習がどのような教授組織／学校体制によって実践されているか調べてみよう。

③　自身が教職に就いた際に，取り組んでみたい総合的な学習のテーマを考えなさい。そのうえで，その活動の教育効果を高めるために，必要な学校内外の人的資源に留意（どのような教科と協働すべきか，どのような外部人材を招聘すべきか，など）しながら，具体的な活動を構想してみよう。

📖次への一冊

文部科学省（2017a）『小学校学習指導要領』，同（2017b）『中学校学習指導要領』，同（2018a）『高等学校学習指導要領』

　　「学習指導要領のしばりが厳しくて……」という言葉を，教職学生だけではなく業界関係者からもしばしば耳にする。本当にしばりが厳しいのかどうか，学習指導要領が何を語っているのか，じっくりと目を通して考えて欲しい。なお，授業研究に熱心なとある現職教員は，「愛読書」と語っていた。

文部科学省（2018b）『小学校学習指導要領解説　総合的な学習の時間編』，同（2018c）『中学校学習指導要領解説　総合的な学習の時間編』，同（2019）『高等学校学習指導要領解説　総合的な探究の時間編』

　　「解説」は学習指導要領の「公式ガイドブック」である。読み込むことで学習指導要領に関する理解がより深まる。とある現職教員によれば「僕の『解説』は幾度の読み返しでマーカーと手垢でまみれています」とのことである。

山口満・谷川彰英編著（1999）『趣味を生かした総合的学習』

　　本文中で「強み」を生かした組織展開について扱った。この書籍では人間の趣味（釣り，マンガ，鉄道，食べ物，サッカー）から総合的な学習に接近している。「趣味」は「強み」にも通じる。こうした視点は，テーマが硬直しがちな総合的な学習を学校全体で構想する際に，一つの参考になる。

引用・参考文献

安藤福光「教育課程・方法研究の現在」滝沢和彦編著『教育学原論』ミネルヴァ書房，2018年，125〜136ページ。

安藤福光・綴利誠「高等学校におけるカリキュラム・マネジメントの実態に関する予備

的検討」『兵庫教育大学研究紀要』第56巻，2020年，83〜94ページ。

中央教育審議会「新たな時代に向けた教員養成の改善方策について（第一次答申）」1997年7月28日。

中央教育審議会「幼稚園，小学校，中学校，高等学校及び特別支援学校の学習指導要領の改善及び必要な方策等について（答申）」2016年12月21日。

文部科学省『小学校学習指導要領』東洋館出版社，2017年a。

文部科学省『中学校学習指導要領』東山書房，2017年b。

文部科学省『高等学校学習指導要領』東山書房，2018年a。

文部科学省『小学校学習指導要領解説　総合的な学習の時間編』東洋館出版社，2018年b。

文部科学省『中学校学習指導要領解説　総合的な学習の時間編』東山書房，2018年c。

文部科学省『高等学校学習指導要領解説　総合的な探究の時間編』学校図書，2019年。

山口満・谷川彰英編著『趣味を生かした総合的学習』協同出版，1999年。

P県Q中学校『令和元年度　学校要覧』2020年。

P県Q高等学校『令和元年度　学校要覧』2020年。

P県Q中・高等学校『2019　学校案内』2019年。

P県Q中・高等学校『平成30年度　中高大連携教育の記録』2019年。

［付記］

　Q校の事例については，2020年6月23日に実施した学校関係者（校長，中高両教頭，中学校教務担当教員，高等学校教務担当教員）からの聞き取り，および同校提供の諸資料をもとに執筆した。本章で記した内容はいずれも往時のものである。事例に関する内容の掲載許諾については，2020年7月11日に校長より得た。Q校の先生方に記して感謝申し上げる。

第11章
総合的な学習の学習環境

〈この章のポイント〉

　総合的な学習は，児童生徒自らが課題を設定し，解決に向けて情報を収集・整理・分析したり，周囲の人と意見交換・協働したりしながら進めていく探究的な学習である。総合的な学習における学習環境とは，児童生徒の探究的な学習が主体的・対話的で深い学びになるように人的・物的・空間的・時間的な学習環境を配置することである。そこで，本章では，この学習環境について「学校内の学習環境」「地域の学習環境」「外部人材」に大別して解説する。教師に求められる弾力的な時間の運用や校内でのさまざまな学習形態，多様な探究的な学習に対応できる学習空間，教師の専門性を生かした人的配置，地域の物的・人的な環境，専門機関等の外部人材の確保など，総合的な学習における学習環境を整備するためのマネジメントについて学ぶ。

1　学習指導要領の目指す学習環境

1　教えるための環境から学ぶ環境へ

　2017年3月31日に文部科学省より「社会に開かれた教育課程」を基本理念として，新学習指導要領が告示された。そして，新学習指導要領等の「社会に開かれた教育課程」で「生きる力」を育成することを改善の方向性として「学びの地図」を示している。さらに，その実現のための方策として「カリキュラム・マネジメント」「主体的・対話的で深い学び」（「アクティブ・ラーニング」）が提起されている。

　カリキュラム・マネジメントについては，「①各教科等の教育内容を相互の関係で捉え，学校の教育目標を踏まえた教科横断的な視点で，その目標の達成に必要な教育の内容を組織的に配列していくこと。②教育内容の質の向上に向けて，子どもたちの姿や地域の現状等に関する調査や各種データ等に基づき，教育課程を編成し，実施し，評価して改善を図る一連のPDCAサイクルを確立すること。③教育内容と，教育活動に必要な人的・物的資源等を，地域等の外部の資源も含めて活用しながら効果的に組み合わせること」と三つの側面があげられた（中央教育審議会，2016，23～24ページ）。

　一方，主体的・対話的で深い学びの実現の視点からの授業改善が求められて

▷1　学びの地図
「何ができるようになるか」「何を学ぶか」「どのように学ぶか，何が身に付いたか」「子ども一人一人の発達をどのように支援するか」「実施するために何が必要か」など，学校教育を通じて子どもたちが身に付けるべき資質・能力や学ぶべき内容，学び方の見通しなどを示したものである。

いる。主体的な学びとは，「①子どもたちが学ぶことに興味や関心を持ち，自己のキャリア形成の方向性と関連付けながら，見通しを持って粘り強く取り組み，自己の学習活動を振り返って次につなげる」学び。対話的な学びとは，「②子ども同士の協働，教職員や地域の人との対話，先哲の考えを手掛かりに考えること等を通じ，自己の考えを広げ深める」学び。深い学びとは，「③習得・活用・探究という学びの過程の中で，各教科等の特質に応じた「見方・考え方」を働かせながら，知識を相互に関連付けてより深く理解したり，情報を精査して考えを形成したり，問題を見いだして解決策を考えたり，思いや考えを基に創造したりすることに向かう」学びである（中央教育審議会，2016，49〜50ページ）。

このように，教科横断的な視点で学校の教育目標達成に必要な教育課程を組織的に配列することを重視し，PDCA サイクルを活用し，社会リソースの活用を重視したカリキュラム・マネジメントを推進していくことが求められているのである。そして，児童生徒たちが主体的で，対話的・協働的な学習活動を通して，「見方・考え方」を働かせた深い学びが求められているのである。教師は，このような児童生徒の学びを支援することができるように，学習環境を整えることが重要である。

[2] 探究的な学習における学習環境

1872年の学制発布では，読み・書き・計算を基盤とした国民皆教育を実現するために近代学校制度が構築された。このような教科学習を中心とした学校教育における学習環境は，教師が教える場としてのものであった。教師が教えるために必要なものとして，学校施設，教室，黒板，教科書等の環境を整えてきた。しかしながら，近年の教師主導の教育から児童生徒主体の学習へのパラダイム転換によって，学習環境も教師が教えるためのものから児童生徒が主体的に問題解決するためのものへと転換していかなければならないのである。

総合的な学習の目標は，「探究的な見方・考え方を働かせ，横断的・総合的な学習を行うことを通して，よりよく課題を解決し，自己の生き方を考えていくための資質・能力を次のとおり育成することを目指す。(1)探究的な学習の過程において，課題の解決に必要な知識及び技能を身に付け，課題に関わる概念を形成し，探究的な学習のよさを理解するようにする。(2)実社会や実生活の中から問いを見いだし，自分で課題を立て，情報を集め，整理・分析して，まとめ・表現することができるようにする。(3)探究的な学習に主体的・協働的に取り組むとともに，互いのよさを生かしながら，積極的に社会に参画しようとする態度を養う」とされている。つまり，この目標である(1)(2)(3)は，学校教育法30条第2項に定められた学力の3要素であり，それに沿って，探究的な学習を

▷2 高等学校については，総合的な探究の時間と名称が変更された。小・中学校の総合的な学習の時間と総合的な探究の時間の目標には共通性と連続性があるとともに，一部異なる特質がある。詳細については，本書の第5章を参照のこと。

展開していくことが求められている（中学校学習指導要領第4章第1，2017，159ページ）。

この目標を達成するためには，生徒が主体的に問題解決できる学習環境や，対話的・協働的な学びを展開できる学習環境をつくる必要がある。

総合的な学習における学習環境は，(1)学校内の学習環境，(2)地域の学習環境，(3)外部人材である。したがって，学校内，地域における，教師，ボランティア，専門家など，児童生徒に指導・援助する支援者としての人的な学習環境のマネジメントが求められる。また，教室，特別教室などの空間的な学習環境，印刷物，視聴覚教材，図書教材，ホワイトボード，模造紙や付箋紙，コンピュータ，タブレットなどの物的な学習環境，弾力的な時間運用としての時間的な学習環境のマネジメントが求められるのである。

2　学校内の学習環境の整備

1　弾力的な時間の運用

新中学校学習指導要領の第1章総則の「第2 教育課程の編成」3(2)ウ（ア）において，「各教科等のそれぞれの授業の1単位時間は，各学校において，各教科等の年間授業時数を確保しつつ，生徒の発達の段階及び各教科等や学習活動の特質を考慮して適切に定めること」と示されている（中学校学習指導要領（平成29年告示），2017，22ページ）。

総合的な学習では，多様な体験活動が用意される。例えば，自然体験，社会体験，生活体験，勤労体験，ボランティア体験などである。そして，その体験を通して，観察・調査・見学・探索・測定，収集・採集，勤労・生産・奉仕，飼育・栽培，作業・操作・製作，言語表現・文章表現・演奏表現・身体表現，模倣・動作・劇化，臨場体験・実体験などの多様な学習活動が展開される。このため，1単位時間や年間を見通した授業時数の弾力化が必要となる。

具体的には，総合的な学習では，地域の清掃活動，リサイクル活動，動物保護，朗読・手話などのボランティア活動，農作業や生き物の飼育，ものづくりなどの生産活動という教室内だけでなく，学校外における体験活動が多様に展開されることになる。そのため，計画によって，1単位時間50分を60分，90分などに変更することが必要になるのである。

一方で，学習する時期によっては，時間を毎週定期的に繰り返す時期もあれば，施設の見学，現地での調査や人々へのインタビューなどを実施するのにふさわしい時期がある。そうした学習活動の違いによって1週あたりの時間を通常より多く実施することもある。また，学習の成果をまとめて発表したり，

▷3　授業の1単位時間を50分にこだわらず柔軟に運用したり，一定の期間に集中的に学習活動を実施したりすることによって学習の成果を高めるようにする。

ディスカッションをしたりする学習活動を実施する場合には，1日で集中的に実施することなどもある。さらには，自然体験活動など，一定の期間に集中して実施することで効果が上がる学習活動もある。ただし，年間の単位時数を確保することが前提条件である。

　一年間を見通した授業時数の弾力的な運用の筆者の事例が（図11-1）である。小学校第6学年の福祉をテーマとした取り組みであり，探究課題は「わたしたちの地域の福祉に関する課題とその取り組み」である。6年生は，地域の高齢者，保育園児，障害のある人との交流を通して，これからの自分の生き方について考える学習を実施している。1学期は，地域の高齢者や保育園児，障害のある人と交流したり，触れあったりして，地域の福祉への興味・関心を高めるとともに，課題を設定した。ここでは，交流や触れあいの時間を1日で集中的な実施としている。

月	1学期（18時間）	月	2学期（33時間）	月	3学期（19時間）
4	「共に生きる仲間として」 ・福祉について考える(1) ・高齢者とふれあう(5)（集中的な実施） ・保育園児と交流する(4)（集中的な実施） ・障害のある人の話を聞く(3)（集中的な実施） ・車イス体験をする(3)（集中的な実施） ・学習計画を立てる(2)	9	「高齢者のことをもっと知ろう」 ・高齢化による体の変化について調べる(5) ・福祉施設について調べる(6) ・高齢者と交流する(5)（集中的な実施） 「小さい子のことをもっと知ろう」 ・保育園について調べる(4) ・保育園児と遊ぶ(5)（集中的な実施） 「障害のある人のことをもっと知ろう」 ・障害について調べる(5) ・障害のある人の生活について聞く(3)（集中的な実施）	1	「調べたことをまとめよう」 ・高齢者，保育園児，障がいのある人についてまとめる(4) 「共に生きる仲間としてについて発表する」 ・発表の計画・準備し，保護者や地域の人に伝える⒂（集中的な実施）

図11-1　「福祉」をテーマとした弾力的な年間授業時数の事例
出所：筆者作成。

　2学期は，設定した課題について，図書，インターネット検索，福祉施設の見学，施設の方たちや障害のある人へのインタビューなどによる情報の収集し，その整理・分析をしている。ここでは，時期や計画によって，1週あたりの時間を増やしたり，1日で集中して実施したりして工夫している。

　3学期は，これまでの学習活動をプレゼンテーションやペープサート，劇などでまとめ・表現している。発表の計画・準備では，1週あたりでまとめて実

施し，発表会は１日に集中して実施している。総合的な学習の固定された時間割では，週２時間として計画されていたが，弾力的な時間の運用を通して，年間70時間を確保し，児童の探究的な学習を支えているのである。

　このように，各学校においては，目的や学習活動に応じて計画的かつ弾力的に１単位時間や１週間あたりの授業時数の運用による時間的な学習環境を整備する必要がある。こうした運用は児童生徒の学習への集中力や持続力，指導内容のまとまり，学習活動などを考慮して効果的に決定する必要がある。

［2］　学習空間の確保と整備

　新中学校学習指導要領の第１章総則の「第３　教育課程の実施と学習評価」(7)においては，「学校図書館を計画的に利用しその機能の活用を図り，生徒の主体的・対話的で深い学びの実現に向けた授業改善に生かすとともに，生徒の自主的，自発的な学習活動や読書活動を充実すること。また，地域の図書館や博物館，美術館，劇場，音楽堂等の施設の活用を積極的に図り，資料を活用した情報の収集や鑑賞等の学習活動を充実すること」と示している（中学校学習指導要領（平成29年告示），2017，24ページ）。

　総合的な学習では，探究的な学習の過程において，学級のメンバーで活動を行うことはもちろん，学年全体，異学年間での学習活動も想定されるだろう。また，課題づくりや情報の収集，ものづくり，発表の準備など，多種多様な学習活動が展開されるなかで資質・能力が育成される。

　総合的な学習における探究的な学習に児童生徒が主体的・対話的に取り組み，その過程で見方・考え方を働かせ，学びを深めていくには，普通教室内だけでなく，理科教室，音楽教室，図画工作教室，家庭教室，視聴覚教室，コンピュータ教室，図書室などの特別教室，オープンスペース（多目的スペース），余裕教室[44]などの学習空間としての環境を目的に応じて，適切に整えることが望まれる。すなわち，総合的な学習のねらいの実現や児童生徒の課題解決に必要な学習空間の整備が必要とされるのである。

▷4　各学校においては，近年，少子化による学級数の減少により空き教室としての余裕教室が増加している。

　例えば，学習課題の設定において，児童生徒は図書館を活用して総合的な学習のテーマにあった図書を読んだり，施設を見学したりしながら，児童生徒個々人が疑問に思ったことを付箋紙に記述する。そして，児童生徒が自己の疑問を書いた付箋紙を持ち寄り，KJ法やウェビング手法を使いながら疑問を整理し，グループで課題を作成していく学習活動が考えられる。

　また，児童生徒は，探究的な学習において，学習課題について図書や資料を使って調べたり，必要な人にインタビューしたりするなどをして情報を収集してくる。そして，その多くの情報を関連付けながらグループで整理したり，分類したりしながら分析することがある。

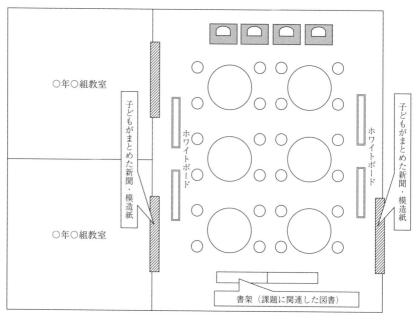

図11-2　オープンスペースの配置例

出所：筆者作成。

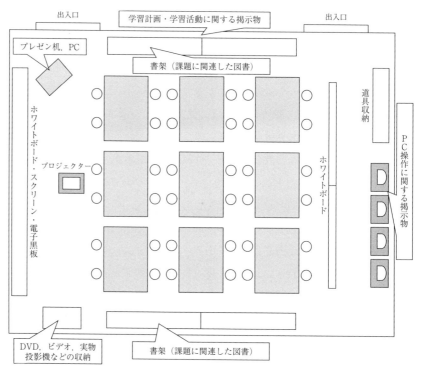

図11-3　余裕教室の配置図

出所：筆者作成。

　このような活動を行っていくためにはグループで活動できるようにオープンスペース（図11−2）や余裕教室（図11−3）などのスペースを活用して学習空間を整えることが必要となる。なお，教師は，図書室に児童生徒の課題の追究に応じられるような図書や資料を揃えておき，学習センター・情報センターとしての役割を果たすことができるようにする。また，オープンスペースに児童生徒が情報を整理するためのカードや付箋紙，模造紙，ホワイトボードなどを準備しておく必要もある。さらに，整理・分析の仕方を指導することも大切である。

3　情報環境の整備と活用

　新中学校学習指導要領の第1章総則の「第3　教育課程の実施と学習評価」1(3)では，「情報活用能力の育成を図るため，各学校において，コンピュータや情報通信ネットワークなどの情報手段を活用するために必要な環境を整え，これらを適切に活用した学習活動の充実を図ること。また，各種の統計資料や新聞，視聴覚教材や教育機器などの教材・教具の適切な活用を図ること」と示している（中学校学習指導要領（平成29年告示），2017，24ページ）。

　そして，第4章総合的な学習の時間「第3　指導計画の作成と内容の取扱い」2(3)において「探究的な学習の過程においては，コンピュータや情報通信ネットワークなどを適切かつ効果的に活用して，情報を収集・整理・発信するなどの学習活動が行われるよう工夫すること。その際，情報や情報手段を主体的に選択し活用できるよう配慮すること」と示している（中学校学習指導要領（平成29年告示），2017，161ページ）。すなわち，情報手段の基礎的な操作を習得し，情報や情報手段を主体的に選択・活用できるようにすることが求められているのである。

　総合的な学習においては，コンピュータ（タブレット端末を含む），デジタルカメラ，デジタルビデオなどの情報機器を有効に活用することによって，児童生徒の情報検索や情報活用，情報発信などの能力を高めるとともに，学習意欲の向上を図ることができる。

　例えば，課題の設定において，教師はテーマに関係するDVD映像を準備する。そして，情報の収集において，教師は調査活動の記録のため，タブレット端末やデジタルカメラやビデオカメラなどの情報機器を準備したり，児童生徒の課題に関連するサイトを予め検索サイトやキッズサイトをお気に入りに入れたりする。さらに，集めた情報を整理・分析するためのワープロソフトや表計算ソフト，視覚的にアイディアを表し整理できるソフトなどを整備する。また，効果的に発表活動を行うために，プレゼンテーションソフト準備したり，デジタルビデオカメラやICレコーダーなどを整備したりする必要がある。そ

の際，パソコン上で児童生徒が共通の画面を見ながら情報やアイディアを記入することができるホワイトボードのようなツールを活用することも考えられる。

　児童生徒は，テーマに関する映像を視聴することによって，興味・関心を向上したり，深めたりする。そして，児童生徒が視聴した映像の感想や意見を自由に出し合うなかで現状の問題を考えることによって，課題を明確化することができる。児童生徒は，さまざまな情報機器などを活用して課題解決に必要な情報を収集することとなる。さらに，収集した情報を多様なソフトを目的に応じて使用し，情報の整理・分析を行い，課題解決を図ることができる。その後，課題の設定から情報の収集，整理・分析した内容について，表現活動のためのソフトや機器を活用してまとめ・表現する。探究的な学習の過程において，情報ツールを活用することで，児童生徒は，情報共有や対話的・協働的な学習活動を展開することができる。

　このような探究的な学習の過程において，情報環境を整備することによって，児童生徒は，「課題の設定」「情報の収集」「整理・分析」「まとめ・表現」を充実することができるとともに，対話的・協働的な学習の促進が予想できる。

　このように，児童生徒の課題解決の支援ツールとしてソフト面とハード面の学習環境を整えることが必要である。情報機器は児童生徒の学習の動機づけの機能を果たすことや問題解決のツールとして役立つのである。なお，情報環境を整えるうえでは，「世の中の様々な事象を情報とその結び付きとして捉えて把握し，情報及び情報技術を適切かつ効果的に活用して，問題を発見・解決したり自分の考えを形成したりしていくために必要な資質・能力」である情報活用能力を教科横断的な視点で育成することが求められる（中央教育審議会，2016，37ページ）。

4 人的な環境の体制づくり

　わが国の教育環境は，これまでの教職員定数改善計画よる教職員定数改善によって，特定の教科等において主導教員と副指導教員が協力して行うティーム・ティーチング（TT）や学級あるいは学年を少人数にして分割する「少人数指導」が導入されてきた。「教職員等の指導体制の在り方に関する懇談会（提言）」においては，主体的・対話的で深い学びや探究的な学習の視点から学習集団における人的な環境の検討が必要であることが指摘された。

　総合的な学習においては，「知識及び技能」「思考力，判断力，表現力等」「学びに向かう力，人間性等」の資質・能力を育むための効果的な学習集団を編成しなければならない。新中学校学習指導要領の第4章 総合的な学習の時間の「第3 指導計画の作成と内容の取扱い」2(6)では「グループ学習や異年齢集団による学習などの多様な学習形態，地域の人々の協力も得つつ，全教師

▷5　学習指導要領（総則編）には，「学習の基盤となる資質・能力」として示されている。情報活用能力育成のために，児童生徒たち一人ひとりに個別最適化されたICT環境として1人1台端末のGIGAスクールが実現されている。

▷6　本懇談会では，「教育再生の実行に向けた教職員等指導体制の在り方等に関する検討会議」の提言（平成26年8月）等を踏まえ，公立義務教育諸学校の「新たな学習・指導方法に対応した定数措置」「教職員の新たな職務に対応した定数措置」「教職員の質の向上に対応する定数措置」など，教職員等指導体制等に関する平成28年度概算要求に向けた検討を行うため，平成27年7月に設置されたものである。

が一体となって指導に当たるなどの指導体制について工夫を行うこと」（中学校学習指導要領（平成29年告示），2017，161ページ）と示している。

　総合的な学習においては，学級担任が指導の中心となって学習指導を進めることが多い。しかし，総合的な学習においては，学習活動の展開にともなって学習活動の幅が広がったり，深まったりすることが起こり得る。このような場合には，ティーム・ティーチングでの指導体制を整えたり，学級の枠を超えて学習指導を分担したりすることも考えられる。一方，学習の内容によっては，専門教科の教師や栄養教諭，養護教諭，図書館司書等の専門性を生かした人的な環境の体制をつくることが必要となる。

3　地域の学習環境

１　社会リソース活用のためのカリキュラム・マネジメント

　新中学校学習指導要領の総則「第1　中学校の基本と教育課程の役割」4では，「各学校においては，生徒や学校，地域の実態を適切に把握し，教育の目的や目標の実現に必要な教育の内容等を教科等横断的な視点で組み立てていくこと，教育課程の実施状況を評価してその改善を図っていくこと，教育課程の実施に必要な人的又は物的な体制を確保するとともにその改善を図っていくことなどを通して，教育課程に基づき組織的かつ計画的に各学校の教育活動の質の向上を図っていくこと（以下「カリキュラム・マネジメント」という。）に努めるものとする」と示されている（中学校学習指導要領（平成29年告示），2017，20ページ）。

　総合的な学習における探究課題[7]は，学校の実態に応じて，横断的・総合的な課題，地域や学校の特色に応じた課題，児童生徒の興味・関心に基づく課題，職業や自己の将来に関する課題などで設定される。これらの課題を理解したうえで，地域の自然，歴史，文化，生活，福祉，産業などに関する地域素材について理解を深めることである。また，学校の属する地域が，都市部，住宅地，農業の盛んな地域，工業地域，自然豊かな地域などの特色についても理解することである。すなわち，学校のある地域の学習環境を学校の課題や児童生徒の実態に合わせて，地域素材を教材化することが総合的な学習において必要となる。

　児童生徒にとって身近である地域素材に含まれている教育的意義として，次のことがあげられる。すなわち，第一に，学習対象を児童生徒がそれぞれ自分なりにしっかりと捉えることによって，はじめて興味・関心が生じ，また，とらえた事実や評価のずれが学習のエネルギーとなる。自分たちが生活している

▷7　探究課題とは目標の実現に向けて，学校として設定した児童生徒が探究的な学習に取り組む課題であり，従来「学習対象」と説明してきたものに相当する。

地域において，事実を具体的に見ることは，学習活動を成立させていく起点となること。第二に，自然や社会的事実・事象が地域という場のなかで，存在し，機能し，動いており，その本質が露呈していること。第三に，学習対象を直接見たり，触れたりして，体験を豊かにし，臨場感をもって実感的に理解できること。第四に，地域に学習対象があることから，何度でも実際に見たり聞いたりすることができるとともに，資料も入手しやすいこと。第五に，自分たちの生活の場である地域を学習の場とし，地域の人や自然などとの交わりを深めていくなかで，地域の人々と共に，よりよい生活の場，学びの場として高めていく条件をつくっていくこともできるのである。

つまり，地域のリソースとしての「ひと・もの・こと」を学習対象として探究課題を設定することが肝要である。例えば，「ひと」には，地域に暮らす外国人，身の回りの高齢者とその暮らしを支える人々，地域の農業生産者，地域の伝統や文化の継承に力を注ぐ人々，商店街の再生に向けて努力する人々，自己の将来などが考えられる。「もの」としては，身近な生き物，河川などの自然環境，地域の歴史的文化財，福祉施設などをあげることができる。「こと」については，地域に暮らす外国人が大切にしている文化や価値観，地域の防災への取り組み，祭り，環境問題，職業などがある。

このように，児童生徒や地域の実態に応じて必要な教育資源を確保して教育課程を編成し，評価し，改善するカリキュラムをマネジメントを実施することによって，組織的かつ計画的に各学校の教育活動の質の向上を図ることができるのである。

２ 現代的な諸課題に対応する横断的・総合的な課題

現代的な諸課題に対応する横断的・総合的な課題とは，社会の変化にともなって切実に意識されるようになってきた現代社会の諸課題のことである。横断的・総合的な課題としては，国際理解，情報，環境，福祉・健康などである。この課題を設定する場合，以下のような具体例が考えられる。

具体的には，高齢化が進んでいる地域において，その課題解決に向けて，主体的に考えることができる人材育成を教育目標として掲げる学校があったとする。その学校で現代的な諸課題に対応する横断的・総合的な課題として「福祉」を取り上げるとした場合，「身の回りの高齢者とその暮らしを支援する仕組みや人々」のような探究課題が考えられるだろう。そして，地域に暮らす高齢者とその暮らしを支える社会福祉などの仕組み，福祉施設などで働き支える人々などが学習対象となる。学習事項としては，身近な高齢者の暮らしについて理解すること，それを支える仕組みや人々について調べ，自己の生き方について考えるようにすることなどをあげることができる。

▷8　学習事項
学習事項とは，個々の学習対象とのかかわりを通して，学んでほしい内容のことである。

152

３ 地域や学校の特色に応じた課題

　地域や学校の特色に応じた課題とは，各地域や各学校に固有な諸課題のことである。地域や学校の特色に応じた課題としては，地域の人々の暮らし，伝統と文化，地域経済，防災などがある。この課題を設定する場合，以下のような具体例が考えられる。

　例えば，伝統的な文化とのかかわりの多い地域において，地域の伝統や文化を大切にできる人材育成について教育目標を掲げる学校を想定してみる。そこで，地域や学校の特色に応じた課題のうち「伝統文化」が選択される。探究課題には，「地域の伝統や文化とその継承に力を注ぐ人々」などが考えられる。そして，具体的には，郷土料理，伝統，地域の歴史（人物，建造物，祭り）や文化（音楽鑑賞会，演劇鑑賞会，展覧会），その継承に力を注ぐ人々などが学習対象とすることができる。学習事項としては，地域の伝統や文化のもつ特徴・地域の伝統や文化の継承に力を注ぐ人々の思い，地域の一員として，伝統や文化を守り，受け継ごうとする活動や取り組みなどがある。

４ 児童生徒の興味・関心に基づく課題

　児童生徒の興味・関心に基づく課題とは，児童生徒の発達段階等から興味・関心をもつと予想される切実かつ現実的な課題のことである。これについては，児童生徒の実生活・実社会における個人的で内面的な課題であるといえる。児童生徒の興味・関心に基づく課題については，例えば「ものづくりの面白さや工夫と生活の発展」「生命現象の神秘，不思議，すばらしさ」などの課題の設定が考えられる。この課題を設定する場合，以下のような具体例が考えられる。

　例えば，児童生徒が地域のものづくりに興味・関心をもち，探究的に学ぶ生徒を育成したいと考える学校があると想定する。そこで，児童生徒の興味・関心に基づく課題として，「地域の味噌づくりの工夫と人々の生活」のような探究課題を設定する。そして，具体的には，生徒が「自分たちの手で味噌つくり味わいたい」という思いや願いをもつ。その思いや願いをもとに大豆の作り方を調べて栽培し収穫する。また，味噌の種類や味噌の作り方を調べて発表する。さらに，手作り味噌をつくって，味噌を使った料理を味わう活動を通して，主体的で探究的に学ぶ力を育成する。

５ 職業や自己の将来に関する課題

　職業や自己の将来に関する課題は，小学校では，児童の興味・関心に基づく課題に位置付けられている。中学校および高等学校では，独立した課題として

取り上げている。職業や自己の将来に関する課題について学習を行う際には，問題の解決や探究的な活動を通して，自己の生き方を考えるなどの学習活動が行われるよう配慮する必要がある。この課題を設定する場合，以下のような具体例が考えられる。

　例えば，自己の将来について夢や希望をもち，人生を豊かに生きることができる人材育成を目指すという教育目標を掲げる学校の場合，自己の将来に関する課題として「キャリア」が重視される。その場合，「実社会で働く人々の姿と様々な職と生活との関わり」のような探究課題を考えることができる。そして，具体的には地域にあるお店や会社，地域で働く人々，職業体験などが学習対象となる。学習事項としては，働く人々の職について理解すること，仕事について調べたり体験したりすること，自己の職業的な将来の展望について考えることなどを想定できる。このように探究的な学習においては，育成すべき資質・能力を児童生徒が取り組む学習活動との関連において具体的に示すことが必要である。

　したがって，総合的な学習においては，地域リソースとしての「ひと・もの・こと」を学習対象として，児童生徒が探究的な見方・考え方を働かせながら，学びを深めることができるように学習環境を整備することが必要となる。学習する内容や探究課題，学習事項を明示し，児童生徒の「知識及び技能」「思考力，判断力，表現力等」「学びに向かう力，人間性等」の資質・能力を育成するために社会リソースを活用したカリキュラム・マネジメントが求められるのである。

▷9　各教科等の特質に応じた「見方・考え方」を総合的・統合的に働かせることで，各教科等の「見方・考え方」と総合的な学習の時間の「見方・考え方」は相互に関連し合いながら，より確かなものとなり，実社会・実生活のなかで生きて働くものとなっていく。

4　外部人材との連携

1　外部人材との連携の必要性

　新中学校学習指導要領の第4章総合的な学習の時間「第3　指導計画の作成と内容の取扱い」2(7)では，「学校図書館の活用，他の学校との連携，公民館，図書館，博物館等の社会教育施設や社会教育関係団体等の各種団体との連携，地域の教材や学習環境の積極的な活用などの工夫を行うこと」（中学校学習指導要領（平成29年告示），2017，161ページ）と示されている。

　つまり，総合的な学習では，探究的な学習において地域の人材を積極的に活用することが求められている。その効果としては，以下の4点である。すなわち，第一に，教師だけでは提供することのできない学習活動や学習内容を実現できること。第二に，児童生徒が専門性の高い人材とかかわることによって，学習活動を豊かにできること。第三に，多様な人々とのかかわりのなかで，児

童生徒の社会性が育成され，地域の人々に支えられながら学ぶことによって，地域への愛着が芽生えるなど児童生徒の「生きる力」を育めること。第四に，地域の人々との交流で得られる多様な経験が，教師としてのより豊かな指導力の向上につながることである。つまり，外部人材を活用によって，教師の指導力の向上および，児童生徒の資質・能力を高めるうえで効果があると言えよう。

　外部人材との連携を重視した学習活動を実現するためには，専門家や企業，大学，社会教育施設ならびに社会教育関係団体等の公的機関などの協力が欠かすことができないのである。例えば，以下のような外部人材との協力，連携が考えられる（中学校学習指導要領（平成29年告示）解説 総合的な学習の時間編，2017，140ページ）。

- ・保護者や地域の人々
- ・専門家をはじめとした外部の人々
- ・地域学校協働活動推進員等のコーディネーター
- ・社会教育施設や社会教育関係団体等の関係者
- ・社会教育主事をはじめとした教育委員会，首長部局等の行政関係者
- ・企業や特定非営利活動法人等の関係者
- ・小学校や高等学校等，幼稚園等の関係者など

　総合的な学習においては，「社会に開かれた教育課程」の視点から，地域の教育資源などを積極的に活用することを通して，児童生徒に育成したい資質・能力について外部人材と共有し，協力を求めることが肝要である。

［2］　外部人材との連携における留意点

　外部人材との連携においては，教師個々人が外部の教育資源を活用することができるように，学校において外部人材のリストなどを作り整備・構築することが肝要である。外部人材と連携したり，リストを作ったりするためには，以下の点に留意することである。

　すなわち，第一に，学校が日常から外部人材との関係づくりを大切にすることである。具体的には，学校が外部人材に対して，学校の教育目標や学校行事，学校の児童生徒の活動の様子を「学校だより」などで継続的に配信してくことである。また，学校が資源回収や祭り，運動会，文化祭などの地域の活動や行事に積極的に参画していくことである。このように，相互関係を構築することによって，互いの協力関係が築かれていくのである。第二に，学校内に外部人材との連携を図るための校内担当者を配置し，情報の共有化を図ることである。校務分掌上に地域連携担当係を設置し，その担当者を窓口として各学年と連携を図ることが考えられる。そして，外部人材との連携を通して得られた

情報や新たな外部人材や施設などを「外部人材リスト」として管理し，それらの情報を更新したり教師間で共有したりすることが求められる。第三に，探究的な学習を実施するうえで，学校と外部人材・施設などが学習のねらいや役割，状況を互いに理解することである。そのため，外部人材と協力して学習活動を行う際には，十分な打ち合わせをして，その役割分担や児童生徒への対応方法などを確認することが必要である。例えば，外部人材を招く場合には，講話の内容について，その詳細や難易度を打ち合わせすることが大切である。また，児童生徒の学習課題がわかっている時は，事前に外部人材に伝えておくことにより，予め回答を準備することもできる（中学校学習指導要領（平成29年告示）解説 総合的な学習の時間編，2017，141～142ページ）。

　このように，外部人材との連携を充実することにより，児童生徒の主体的・対話的で深い学びを実現することが可能となるのである。そのためには，学習指導要領が求める「社会に開かれた教育課程」の理念の重要性を認識し，学校の教育目標を社会と共有・連携しながら地域の人的・物的資源を活用することが教師に求められるのである。

Exercise

① 　総合的な学習における学習環境の要点について，「学校内の学習環境」「地域の学習環境」「外部人材」の観点から具体的に説明してみよう。
② 　パソコン教室，オープンスペース，余裕教室等を例として，児童生徒が主体的・対話的で深い学びが展開しやすい学習環境の構成を自分なりに考えてみよう。
③ 　身近な地域の学習環境について，例示された五つの探究課題を参考にして，探究課題を考え，話し合ってみよう。

📖次の1冊

加藤幸次編『ひろげよう子どもの「選択」基本テク37』教育開発研究所，2000年。
　　本書では，学習のなかにある「内容の選択」「方法の選択」に着目し，子どもが学習活動を「選択」するという学習環境について紹介している。
村川雅弘編『やってみよう「総合的な学習」おもしろ活動基本テク37』教育開発研究所，2000年。
　　本書では，総合的な学習で汎用性の高い基本的なテクニックについて，具体的な実践を通して新たな教材，単元，学習方法，学習環境等の開発について紹介している。
吉崎静夫編『つくろうアイディアいっぱいの「時間割」基本テク37』教育開発研究所，

2001年。

　　本書では，学習指導要領で示されている弾力的な時間割について，総合的な学習の
　　時間割をどのように編成したらよいのかを実践的に紹介している。
加藤幸次・浅沼茂編著『シリーズ　オープン・スペースの活用 第3回 学習環境づくり
　と学習材の開発』明治図書，1989年。

　　本書では，オープン・スペースの理念と，その活用事例，学習環境という視点から
　　のその活用方法の事例について紹介している。
加藤幸次『アクティブ・ラーニングの考え方・進め方』黎明書房，2016年。

　　本書では，「アクティブ・ラーニング」のための学習活動の場づくりについて，子
　　どもが学習環境と相互作用しながら自ら学ぶ学習システムについて紹介している。

引用・参考文献

加藤幸次『アクティブ・ラーニングの考え方・進め方』黎明書房，2016年。
中央教育審議会「幼稚園，小学校，中学校，高等学校及び特別支援学校の学習指導要領
　等の改善及び必要な方策等について（答申）」2016年12月21日。
文部科学省『中学校学習指導要領（平成29年告示）』東洋館出版社，2017年3月31日。
文部科学省『中学校学習指導要領（平成29年告示）解説　総合的な学習の時間編』東洋
　館出版社，2018年2月28日。
文部科学省『今，求められる力を高める総合的な学習の時間の展開（小学校編）』アイ
　フィス，2021年。
文部科学省「今，求められる力を高める総合的な学習の時間の展開（中学校編）」アイ
　フィス，2022年。

第12章
総合的な学習と各教科等の関係

〈この章のポイント〉

　ここまで，総合的な学習の意義と国内外の歴史，学習指導要領の変遷や扱い（目標，指導・単元計画），および具体的な学習指導（評価，教授組織，学習環境を含む）について述べてきた。いずれも総合的な学習の「中身」にかかわる。本章は見方を転じ，総合的な学習の「外側」とのつながりを取り上げる。すなわち，近年登場した新語「教科等横断的」をキー・ワードとして，教育課程における「総合的な学習（高：探究）の時間」と各教科等との関係を説明する。以下，前章までと同様に，とくに支障がない限り，「総合的な学習」と略す。

1　諸前提の確認

　いま一度，重要な諸前提を確認しておく。教育課程における総合的な学習と各教科等との関係を扱ううえで，いずれも必須である。

1　前提1：総合的な学習は，教科ではない

　総合的な学習が「教科ではない」とは，どういうことか。この問いは，簡単には答えられない。あるものが「教科ではない」とは，先に「教科とは何か」が決まっていないと，答えようがない。○○を「教科ではない」とみなすには，「教科とは××である」と，教科の条件××を先に決めなければならない。

　教科である条件の一つは，法規の定めにある。省令（しょうれい）として，学校教育法施行規則がある。これは文部科学大臣発の「規則」であり，国会で定める学校教育法を円滑に運用するため，決められる。本章と関連する第50条（平成29年3月31日文部科学省令第20号）を，以下に示す。

> 第五十条　小学校の教育課程は，国語，社会，算数，理科，生活，音楽，図画工作，家庭，体育及び外国語の各教科（以下この節において「各教科」という。），特別の教科である道徳，外国語活動，総合的な学習の時間並びに特別活動によつて編成するものとする。

　条文から，小学校の教育課程（要するに学校の「番組」，「メニュー」）は，(1)各

▷1　高等学校は2018年の学習指導要領で，「総合的な学習の時間」から「総合的な探究の時間」へと改められた（下線は根津）。以下，本文では小学校・中学校にあわせ，「総合的な学習」と記す。

▷2　中学校や高等学校にもそれぞれ，対応する規定がある（第72条，第83条）。

教科，(2)特別の教科である道徳，(3)外国語活動，(4)総合的な学習の時間，そして(5)特別活動によって編成される，と言える。(1)(2)は語「教科」を含むが，(3)(4)(5)にはない。よって(3)(4)(5)は，「教科ではない」。うち(3)外国語活動は小学校のみだが，(4)(5)は中学校や高等学校にもある。このように学校の「番組」や「メニュー」にあたる教育課程は，「教科ではないもの」を，必ず含む。「教科ではないもの」をまとめて「教科外」と呼ぶ場合もあるが，これはわかりやすく説明するための語であり，法規類にはあまり見られない。

　小学校と中学校・高等学校とで事情は異なるが，教科の法的な根拠として，教員の免許状も考えられる。中学校や高等学校の場合，教員の免許状は教科ごとに存在する（教育職員免許法，第4条）。一方，総合的な学習や特別活動には，個別の免許状がない[3]。総合的な学習や特別活動は，教職課程の必修事項として含まれる（同法施行規則）が，法による「免許状化」はなされていない。実際，教育職員免許法そのものの条文には，免許状の名称として「総合的な学習の時間」や「特別活動」は見当たらない。

　ゆえに総合的な学習は，法的には「教科ではなく，免許もない」。ここから，検定教科書がない，主に学級（高：ホームルーム）担任が実施する，学校によって内容が異なるといった，読者の経験の一端を説明できるだろう。

▷3　「特別の教科である道徳」は「教科」と銘打つが，「道徳科の免許状」はない。それゆえ「特別」とも言える。

2　前提2：総合的な学習は，特別活動とは異なる

　総合的な学習と特別活動との区別がつかない学生は，教育学部や教職課程の授業でも，一定数いる。確実に違いを理解してほしい。

　教室の時間割に「がっかつ」や「(L) HR」（(ロング) ホームルーム）の文字はあっても，「特別活動」は，まずないだろう。学習指導要領において特別活動は，学級活動（高：ホームルーム活動），児童会（中高：生徒会）活動，クラブ活動（小のみ），および学校行事に区分される。このうち年間で時数が示され（学校教育法施行規則，別表第一等），原則として毎週実施されるのは，学級活動だけである。本書は特別活動の教科書ではないので詳細は割愛するが，学習指導要領には特別活動全体としての目標に加え，各活動・行事の目標および内容も示される。学習指導要領の特別活動の章で確認してほしい。

　総合的な学習は，別の名称で時間割に記される場合がある[4]。これもまた，総合的な学習と言われて，あまりピンとこない一因かもしれない。多様な名称の理由は，学習指導要領の次の記載による。

▷4　例として，校名等を入れた「○○タイム」・「××の時間」，「総合的な学習の時間」の略称から，「そうがく」・「総学」・「そうごう」等が考えられる。

　　(5)　各学校における総合的な学習の時間の名称については，各学校において適切に定めること。

　　（『小学校学習指導要領』(2017)，「第5章　総合的な学習の時間　第3　指導計画

の作成と内容の取扱い」の1の(5))

　さらに総合的な学習の場合，全体の目標は学習指導要領で示されるが，各学校レベルの目標及び内容は，文字通り各学校で決めなければならない（『小学校学習指導要領』(2017)，「第5章　総合的な学習の時間　第2　各学校において定める目標及び内容」）。この点は，ここまで他章でも説明されてきたはずである。ただし学習指導要領には，次の文言もある。

　(5)　目標を実現するにふさわしい探究課題については，学校の実態に応じて，例えば，国際理解，情報，環境，福祉・健康などの現代的な諸課題に対応する横断的・総合的な課題，地域の人々の暮らし，伝統と文化など地域や学校の特色に応じた課題，児童の興味・関心に基づく課題などを踏まえて設定すること。
　（『小学校学習指導要領』(2017)，「第5章　総合的な学習の時間　第3　指導計画の作成と内容の取扱い」の2の(5)）

　引用の通り，総合的な学習の「探究課題」として，「国際理解，情報，環境，福祉・健康など」，「地域の人々の暮らし，伝統と文化など」，そして「児童の興味・関心に基づく課題など」が例示される。これらは例示に過ぎず，「総合的な学習の時間」の目標実現にふさわしいと判断されれば，他の内容（たとえば五輪や人権，平和教育，防災・安全教育等）でもよいと解釈できる。総合的な学習の目標に沿って，何を実践するか決めるよう，各学校は求められている。

　以上の確認から，特別活動には所定の目標や内容があるが，総合的な学習は各学校で目標や内容を定める必要がある，といえる。同じ教科外の扱いだが，この点で両者は異なる。

③　前提3：総合的な学習は，「ゆとりの時間」や生活科と関連が深い

　他章の通り総合的な学習は，1998年告示の学習指導要領によって導入された。これに先立ち，1996年の中央教育審議会答申で，すでに「総合的な学習の時間」の名称は登場していた。[5]さらにその前は何もなかったかというと，そうとも言い切れない。総合的な学習の登場前に，見出しの「ゆとりの時間」や生活科が開始されていた。「ゆとりの時間」は現在の学校で見聞きしないが，生活科は現存する。多くの読者は，生活科の内容を覚えているはずだ。
　①　「ゆとりの時間」の登場

▷5　第4章に答申の抜粋が紹介されているので，ここでは省略した。

1977年の学習指導要領の改訂で，小学校・中学校に，「ゆとりの時間」や「創意工夫の時間」と呼ばれる時間が導入された（水原，2018，166〜170ページ）。当時は学校週5日制の導入前で，土曜日も午前中は授業が普通だった。一つ前の1968年の学習指導要領（中学校は翌年告示）に比べ，授業時数の削減が顕著である。例えば，小学校第5学年で年間1085時間（各教科，道徳・特別活動の学級活動・クラブ活動は時数提示なし）から1015時間（各教科，道徳，特別活動），中学校第2学年で年間1190時間（必修教科，道徳，特別活動，選択教科）から1050時間（同）と，年間70時間から140時間の授業時数が削減された（水原前掲による）。年間標準35週として，週あたり2から4コマの授業時数が減った計算になる。

　年間の授業時数は減ったが，学校で学ぶ時間を短縮して早く帰れるようにはならず，学校週5日制も1990年代末まで導入されなかった。授業時数の削減で「浮いた」週2から4コマの「時間」は，次の通り用いるとされた。

> ……その減少した時間は「学校が創意工夫を生かした教育活動を行う時間」に充てられることになります。それは「ゆとりあるしかも充実した学校生活」を創りだすことが目的で，各学校では「ゆとりの時間」とか「創意工夫の時間」と呼んでいました。教育課程審議会答申では，「各教科の授業時数の削減により生じた時間については，上記の観点などに照らして，<u>国としてはその時間や幅や内容を特に定める基準は設けないこととし，各学校において創意を生かした教育活動が活発に展開されることを期待する</u>」と小・中学校に要請されました。
>
> （水原，2018，166〜167ページ）（下線は引用者による）

　引用の下線部の趣旨は，先述の前提1・2そのものである[6]。「教科や特別活動ではなく，各学校で内容を定める」からである。実際，「ゆとりの時間」を総合学習と結びつけた実践報告もある（例えば，安藤ほか，1981）。ただし当時の「ゆとりの時間」の実態は，現在まで学術的な検討が進んでいない。総合的な学習の前身として，「ゆとりの時間」の諸実践を再評価する必要があるだろう。

② 生活科と「総合的な学び」

　生活科は，小学校の低学年に置かれる教科である。生活科の授業時数として，年間34週扱いの第1学年で102時間，同35週扱いの第2学年で105時間が，それぞれ示される（学校教育法施行規則，別表第一）。また小学校の低学年には，社会科も理科もない。かつての学習指導要領や教育課程では，小学校の低学年に「社会科」や「理科」が存在したが，生活科の導入にともない廃止された。

　以上の事実は，生活科が導入された1989年学習指導要領以来，本稿執筆時

（2022年3月）まで変化がない。移行期間や内容等の変更は皆無ではないが，この30年間で生活科は，一教科として定着したと言えよう。生活科成立当時の背景や状況は，吉富・田村（2014）や加藤（2018）に詳しい。

　小学校の低学年には，現在も総合的な学習がない。専門学会の名称は，変遷を経て，現在は「日本生活科・総合的学習教育学会」である（https://seikatsu-sougou.org/about/）。さらに文部科学省の中央教育審議会・初等中等教育分科会・教育課程部会には，「生活・総合的な学習の時間ワーキンググループ」が置かれる（https://www.mext.go.jp/b_menu/shingi/chukyo/chukyo3/index.htm）。

　以上の諸事実から，「生活科は社会科と理科とを単にくっつけた教科ではなく，第3学年以降の総合的な学習の時間との関係も深い」とまとめられる。

　実際，生活科と総合的な学習とは，語「総合的な学び」で結びつくと説明できる。この語は，『小学校学習指導要領』（2017）の生活科の箇所に登場する。

▷7　学習指導要領の告示から全面実施までの期間を指す。1989年告示の小学校学習指導要領の場合，全面実施は1992年だった。学習指導要領が告示されると，その4月から直ちに全面実施されるわけではない。教科書の作成や検定・採択，各種の入試対応，教員の研修等，段階的に各種の対応を行う（移行措置）期間を要する。

　⑷　他教科等との関連を積極的に図り，指導の効果を高め，低学年における教育全体の充実を図り，中学年以降の教育へ円滑に接続できるようにするとともに，幼稚園教育要領等に示す幼児期の終わりまでに育ってほしい姿との関連を考慮すること。<u>特に，小学校入学当初においては，幼児期における遊びを通した総合的な学びから他教科等における学習に円滑に移行し，主体的に自己を発揮しながら，より自覚的な学びに向かうことが可能となるようにすること。</u>その際，生活科を中心とした合科的・関連的な指導や，弾力的な時間割の設定を行うなどの工夫をすること。

（『小学校学習指導要領』（2017），「第2章　第5節　生活」，「第3　指導計画の作成と内容の取扱い」の⑷。下線は引用者による）

　引用中の下線の通り，「総合的な学び」は「幼児期における遊びを通」すとされる。また「総合的な学び」から，「他教科等における学習に円滑に移行」することも目指される。下線の前後の文にある「他教科等との関連を積極的に図り」や，「生活科を中心とした合科的・関連的な指導」といった語句も見逃せない。これらは，「2」で扱う語「教科横断的」や「教科等横断的」へと結びつく。

　教育課程への導入は，生活科が先だった。その後で総合的な学習が導入され，「総合的な学び」を介して生活科と結びつけられて今日に至る，と言える。

2　「教科等横断的」とは

　教育課程における総合的な学習と各教科等との関係は，見出しのキー・ワー

ド「教科等横断的」で説明できる。まぎらわしいが「教科横断的」という語もあり,「教科等横断的」の理解は,それほど簡単ではない。そこで以下,「教科等横断的」を解説する。

本章の「1」で,次の三つの前提を確認した。

前提1：総合的な学習は,教科ではない
前提2：総合的な学習は,特別活動とは異なる
前提3：総合的な学習は,「ゆとりの時間」や生活科と関連が深い

総合的な学習に関するこれらの前提は,「教科等横断的」の理解にとって不可欠である。

1 　「等」の有無で大違い

「教科横断的」と「教科等横断的」との違いを説明しなさい──大学院の入学試験や教員採用試験で,いつか出題してほしい問いである（出題済みかもしれないが）。一体,どこがどう違うのか。何をどう答えればいいのか。

手がかりの一つは,表12-1である。これは,公開の論文検索データベースCiNii（サイニィ）による検索結果である。

表12-1　雑誌記事検索の結果にみる用例数の変遷

(件)

期間 検索語	1900-1976	1977-1988	1989-1997	1998-2007	2008-2016	2017-2022
合科的	2	33	28	27	47	39
教科横断的	0	0	1	45	122	263
教科等横断的	0	0	0	0	0	159

出所：CiNii（https://ci.nii.ac.jp）の検索結果による（2022.3.18）。

表中,期間の「1900-1976」は,「1900年から1976年」を指す。「1900-1976」を除き,各期間の開始年は,いずれも小学校学習指導要領の告示年である。今回は検索語として,「合科的」・「教科横断的」・「教科等横断的」を選んだ。

「合科的」という用例は戦前から存在するが,まれである。明らかに増えたのは,1977年以降である。1977年版の学習指導要領は,次の通り低学年と関連付けて,「合科的な指導」を用いた。

　　7　学校においては,次の事項に配慮しながら,学校の創意を生かし,全体として調和のとれた具体的な指導計画を作成するものとする。

　(1)　各教科，道徳及び特別活動について，相互の関連を図り，発展的，系統的な指導ができるようにすること。なお，低学年においては，合科的な指導が十分できるようにすること。

(『小学校学習指導要領』(1977)，「第1章総則」の7。下線は引用者による)

　この引用の趣旨が，後年の生活科を準備したとも考えられる（吉富・田村2014：15〜21）。近年の学習指導要領でも，生活科に限らず，総則等で「合科的・関連的な指導」が使われる。各自で確認してほしい。

　一方「教科横断的」は，筆者が調べた限り，学習指導要領にはなかった。表12-1によると「教科横断的」は，1998年以降で用例数が増える。1998年の学習指導要領による「総合的な学習の時間」設置と必修化によると考えられる。

　最後に「教科等横断的」は，表12-1によれば，近年登場した「新語」である。この語は2017年の学習指導要領で，「カリキュラム・マネジメント」に関連して，次の通り用いられた。

　4　各学校においては，児童や学校，地域の実態を適切に把握し，教育の目的や目標の実現に必要な教育の内容等を教科等横断的な視点で組み立てていくこと，教育課程の実施状況を評価してその改善を図っていくこと，教育課程の実施に必要な人的又は物的な体制を確保するとともにその改善を図っていくことなどを通して，教育課程に基づき組織的かつ計画的に各学校の教育活動の質の向上を図っていくこと（以下「カリキュラム・マネジメント」という。）に努めるものとする。

(『小学校学習指導要領』(2017)，「第1章　総則」，「第1　小学校教育の基本と教育課程の役割」の4。下線は引用者による)

　以上の検討から，「教科横断的」と「教科等横断的」との違いは，①用いられ始めた時期，②学習指導要領の記載の有無，③「等」の有無にある，と考えられる。ここに表12-1の「合科的」を含めれば，「合科的」→「教科横断的」→「教科等横断的」という用例数の推移も理解しやすい。今後は，学習指導要領にない「教科横断的」に比べ，「カリキュラム・マネジメント」とも関連する「教科等横断的」の用例が増える，と予想できる。

　「教科横断的」と「教科等横断的」との違いのうち，①用いられ始めた時期，および②学習指導要領の記載の有無は，表12-1で説明できる。1990年代後半に総合的な学習を新規構想する際，既存の各教科を起点とし，それらを組み合わせて総合（統合）するという発想は，ごく自然だったと考えられる。この発想が，学習指導要領にない「教科横断的」という用例へと結実した，と思

われる。あわせて1998年の学習指導要領の総則で，総合的な学習に関連して，語「横断的・総合的な学習」が用いられた。この事実も，背景として見逃せない。他方，近年登場した③の「等」は，教科間の組み合わせに限定せず，教科以外の教育内容も含めると解釈できる。小学校の場合，「教科外」の外国語活動，特別活動や総合的な学習等も各教科と関連付ける，という趣旨をうかがえる。

ゆえに見出しの通り，「等」の有無で大違い，とまとめられる。

2 「教科等横断的な教育内容」とは

① 「教科横断的」から「教科等横断的」へ

では，「教科横断的」とは異なる「教科等横断的な教育内容」とは，どういうものだろう。

「等」のない「教科横断的」の発想からすれば，各教科の「教材単元」（緩利・安藤，2019，17〜18ページ）を精査し，教科間の類似点や共通点を探し出し，それらを結びつける手続きを想定できる。逐一例示しないが，学術論文の主題や副題で「教科横断的」を用いる場合，「○○（科）における」や「××教育について」等，教科（科目）や教材単元の名称もよく併記される。

この手続きを「教科等横断的」に当てはめると，各教科や「教科外」の単元を精査し，教科等の間の類似点以下同様，となる。妥当そうにみえるが，問題がある。「教科外」は，各教科のように明確な教材単元を持たないため，各学校で「経験単元」（同，20〜21ページ）を独自に開発しなければならない。特に総合的な学習の場合，教科ではなく（前掲・前提1），各学校による内容の自由度が高い（前提2，前提3）。各教科で「教材単元」に慣れた教員でも，異動先の学校行事や総合的な学習に戸惑う様子は，想像に難くない。また，全教科等を担当できる小学校教員には「何をいまさら」かもしれないが，教科ごとに専門分化した中学校や高等学校の教員にとって，検定教科書がない「経験単元」は，なじみが薄いだろう。「教科等横断的な教育内容」を扱う際は，各教科を超え，「教科外」を含めて教育課程を俯瞰する視点が求められる。

② 学習指導要領解説の付録にみる「教科等横断的」の例

「教科等横断的な教育内容」を知るうえで，必読の資料がある。それは，学習指導要領解説の「付録」である。以下，『小学校学習指導要領（平成29年告示）解説 総則編』(2017)の「付録6」を例に説明する。目次には，「付録6：現代的な諸課題に関する教科等横断的な教育内容についての参考資料」と示される。この「付録6」の概要を，表12－2に示す。

「付録6」はA4判で40ページ以上あり，一部を除き，見開き（A3大）の一覧表形式である。前文，総則や各教科等（小中別）の枠内には，関連する学習

▷8 『中学校学習指導要領（平成29年告示）解説 総則編』(2017)にも，「付録6」として同じ内容が収められている。冊子体のほか，インターネット経由でも簡単に読める。この「付録6」にあたる資料は，『高等学校学習指導要領（平成30年告示）解説 総則編』(2018)には含まれていない。

表12-2　「付録6」の概要

現代的な諸課題に関する 教科等横断的な教育内容	関連教科等 ＊
伝統や文化に関する教育	小：則，国，社，音，図，家，外，道，総，特
	中：則，国，社，技・家，保体，音，美，外，道，総，特
主権者に関する教育	小：社，道，特，家（例）
	中：社，道，特，理（例），技・家（例2件）
消費者に関する教育	小：社，家，道
	中：社，技・家，道
法に関する教育	小：則，社，家，道，特
	中：則，社，技・家，道，特
知的財産に関する教育	小：前文・則，国，社，音，図，道
	中：前文・則，国，社，音，美，技・家，道
郷土や地域に関する教育	小：社，国，音，生，図，家，外，総，特
	中：社，音，技・家，美，外，国，総，特
海洋に関する教育	小：社，特
	中：社，技・家，理，特
環境に関する教育	小：則，生，社，家，体，理，道，総
	中：則，社，理，技・家，保体，道，総
放射線に関する教育	小：国，社，道
	中：国，理，技・家，保体，道
生命の尊重に関する教育	小：則，理，生，道，特
	中：則，理，道，特
心身の健康の保持増進に関する教育	小：則，体，家，理，社，生，道，総，特
	中：則，保体，総，社，理，技・家，道，特
食に関する教育	小：則，社，理，家，体，特，生，道，総
	中：則，社，理，技・家，保体，道，総，特
防災を含む安全に関する教育	小：則，体，家，特，道，総，理，社，生，図
	中：則，保体，道，社，理，総，特，美，技・家

注：「則」は総則，「総」は総合的な学習の略。同様に，教科等の名称を略記した。小学校「外」
　　は「外国語科」に「外国語活動」を含む。（例）は例示された教科。
出所：『小学校学習指導要領（平成29年告示）解説　総則編』(2017)，「付録6」をもとに筆者作
　　成。

指導要領の記述が示される。一部（小学校「消費者に関する教育」，中学校「放射線
に関する教育」等）を除き，ほとんどの内容が各教科と「教科外」との組み合わ
せから構成される。まさに，「教科等横断的」そのものである。なお表12－2
の「関連教科等」の順や略称は，引用者が任意に定めた。学習指導要領の記述
量がばらつくため，各教科等の順は，学校教育法施行規則の通りとは限らな
い。例えば表中「郷土や地域に関する教育」や「防災を含む安全に関する教
育」は，総則以外，教科や「教科外」の順はまちまちである。

　表12－2の全13の「○○教育」は，「付録6」では最上部に表題として「○
○に関する教育（現代的な諸課題に関する教科等横断的な教育内容）」と記され，

「○○」にそれぞれの名称が入る。表題の下に，次の説明文がある。例とし
て，「伝統や文化に関する教育」を示す（中学校は「児童」が「生徒」となる）。

> 本資料は，小学校学習指導要領における「伝統や文化に関する教育」につ
> いて育成を目指す資質・能力に関連する各教科等の内容のうち，主要なも
> のを抜粋し，通覧性を重視して掲載したものです。各学校におかれては，
> それぞれの教育目標や児童の実態を踏まえた上で，本資料をカリキュラ
> ム・マネジメントの参考としてご活用ください。
> （『小学校学習指導要領（平成29年告示）解説　総則編』（2017，204ページ））

　引用から，各教科等の順よりも一覧表形式の「通覧性」が重視された，とい
える。また，「カリキュラム・マネジメント」との関連も示された。これは，
①の後半部分で確認した内容と符合する。
　表12-2の内容や構成は，(1)で述べた＜各教科の「教材単元」を精査し，教
科間の類似点や共通点を探し出し，それらを結びつける＞という手続きでは，
まず得られない。逆に，まずテーマやトピックを決め，それに合わせて教科等
を読み込む手続きを要する。表12-2は，「関連教科等」を組み合わせて，「現
代的な諸課題に関する教科等横断的な教育内容」を着想したわけではない。ま
ず「現代的な諸課題」があり，既存の「関連教科等」をどう組み合わせてそれ
に対応するかという問いへの，回答例である。この「逆転の発想」は，「経験
単元」を含みこむ「教科等横断的」な手続きの特徴と思われる。
　総合的な学習は，表12-2中「関連教科等」の大半に含まれるが，すべてで
はない。この表は例であり，各学校による総合的な学習の扱いまでは固定しな
い。たとえば各学校や地域の実態に応じて，総合的な学習として「海洋に関す
る教育」や「放射線に関する教育」を扱う場合も，もちろんありうる。

3　「教科等横断的」に考えてみると

　ここまでの検討から，総合的な学習，「教科等横断的」，そして本章で詳述し
ないが「カリキュラム・マネジメント」の三者は，密接に結びつくと考えられ
る。「教科等横断的」は総合的な学習と各教科等とをつなぐキー・ワードであ
り，それらのつなぎの運営や調整，および質の向上が，「カリキュラム・マネ
ジメント」に含まれる。各教科に含まれない事柄は総合的な学習で補完・代
替，各教科は基礎で総合的な学習は応用，などとみなすよりも，逆に総合的な
学習を軸に「教科等横断的」な発想で各教科等を結びつける意識が求められる
だろう。

以下，構想できる二つの例，および担当教員について述べ，まとめとする。

1　構想二例

　2の2で述べた「逆転の発想」は，小学校の学校行事では珍しくない。運動会や修学旅行が近づくと，各教科や「教科外」を問わず，校内は行事一色となる。運動会であれば，各競技種目の練習はもちろん，行進や応援，歌や振り付けの考案や練習，各種物品や装飾の制作，学級・異年齢集団による話し合い等，事前の準備段階から，「教科等横断的」そのものである。当日の会場整備，運営補助や安全・体調管理，天候変化やケガへの対応，来賓・保護者対応や式典等もある。運動会後は，作文や絵画，動画作成といった振り返り活動もありうる。修学旅行も同様である。行程や交通機関の利用を含む事前学習，各教科の既習事項との関連付け，各種の役割分担や集団活動，事後の制作活動や発表会……等々。多彩な各種の活動に，各教科とつながる内容はないだろうか。2022年3月18日，論文検索データベースCiNii（サイニィ）で，語「運動会」・「体育祭」と「教科横断」・「教科等横断」とを組み合わせて検索したところ，該当記事は皆無だった。「修学旅行」と「教科横断」・「教科等横断」で検索しても，該当記事は1件（河内ら，2017）だった。今後は増えることを期待したい。

　別の例を考察する。本章の執筆時点（2022年3月）でも，「新型コロナウイルス」に関する各種の対策が続いている。既存の各教科の教材単元を精査しても，「新型コロナウイルス」は得られない。「教科等横断的」の発想によれば，「新型コロナウイルス」を「現代的な諸課題」とみなし，これに合わせて各教科等でどう教育内容を開発するか，という問いを得られる。感染症の一つであるから，体育科（中：保健体育科）や理科，家庭科（中：技術・家庭科），特別活動による諸活動等が思い浮かぶ。各種報道資料・情報の正確な理解や，外国の状況の把握は，国語科や社会科，外国語科の出番だろう。音楽科や図画工作科（中：美術科）は，外出規制に伴う余暇の充実やストレス対策としても考えられる。公衆衛生の歴史や感染者とのかかわりは，社会科や特別の教科である道徳科とも結びつく。表12-2には「算」（中：「数」）が見当たらないが，感染者数の増減や，統計資料の扱いも重要である。そしてオンライン学習を成立させる際，児童生徒だけでなく，教員もICT機器の活用が不可欠である。電話や家庭訪問以外の連絡手段の確保，そして教材や学習のオンライン化は，各地で喫緊の課題とされている。これも一つの「総合的な学習」である。

2　では，誰が？

　「総論賛成，各論反対」という言葉がある。学術用語というより，俗語に近

い。意味は，「全体的な方向性や考え方（総論）には納得するが，個々の具体的なやり方や行動（各論）は拒否する」というあたりだろうか。「教室をきれいにしよう」（総論）に異論はないが，「いつ誰が掃除をするか」（各論）の話合いになると，黙って下を向く例があげられる。「総論賛成，各論反対」は，"NIMBY" とも近い。これは「ニンビー」（または「ニンバイ」）と読み，英語の"Not In My Back Yard" の頭文字に由来し，学術的にも用いられる。意訳すれば，「わが家の裏にはお断り」となろう。「みんなのために必要」と頭ではわかる（総論）が，不快で嫌な気分がするものや事柄は自分の家から遠ざけたい（各論），という意識を指す。学校や保育所，公園等で「朝早くから子供の声がうるさい」という近隣の苦情が発生し，訴訟となる場合もある。これも "NIMBY" の例と呼べる。

　総合的な学習や教科等横断的な教育内容を扱う際，「総論賛成，各論反対」や "NIMBY" のような態度をとる教員がいるかもしれない。「確かに学校としてはやらなければならないが，誰がやるのか。私は嫌だ，やりたくない」という類の意思表明である。「嫌だ，やりたくない」の理由はさまざまだろうが，多忙や不安，経験不足等もありうる。担当教科に固執する「教科の壁」や「教科エゴ」（渡辺1996）も，「嫌だ，やりたくない」理由となりうる。とくに教科ごとの免許制度をとる中学校や高等学校の場合，教員は担当教科に「教科アイデンティティ」（村井2014）をもつ。「私は○○科の教員です」という自覚や誇り，愛着とも言える。「教科アイデンティティ」自体は悪くないが，教員が置かれた状況によっては先鋭化し，「教科の壁」や「教科エゴ」といったセクショナリズム（sectionalism,「縄張り根性」）にも転じうる。「総合は賛成（しぶしぶ），各教科としては絶対反対（自分は○○科だから）」という類の意識である。どの教員も手をあげないとなると，「総合は，学級（ホームルーム）担任がやればいい（＝私は○○科教員だからやらない，担任もやりたくない）」と，総合的な学習の実施を，学年や学級に「丸投げ」する事態も想定できる。こうなると，「教科の壁」や「教科エゴ」というより，「教科の要塞」か「私が教科」ではないか。「よくわからないけど面白そう」，「では，全員でできるところから」という雰囲気があれば別だが，校内の人手や時間に余裕がないと，なかなか難しい。

　本章のタイトルは，「総合的な学習と各教科等の関係」である。その「関係」を具体化し日々実践するのは，文部科学省でも学習指導要領でもなく，各学校の教員である。とくに中学校・高等学校の教員を志望する読者は，「教員は総合的な学習や特別活動を担当する」という重要な事実を，改めて認識してほしい。担当教科の専門性はもちろん不可欠だが，教員の専門性のすべてではない。

Exercise

①　小学校・中学校・高等学校時代，「生活科」や「総合的な学習（探究）の時間」で自分はどんな活動をしてきたか，Ａ４判一枚に箇条書きで記す。これをほかの受講生と交換して見比べ，共通点や相違点を話し合ってみよう。

②　1970年代から80年代に小・中学生だった人たちから，「ゆとりの時間」の思い出話を聞く。この思い出話と，自分の経験とを照らし合わせ，共通点や相違点を探してみよう。

③　自分の趣味や興味のあることをいくつか選び，「現代的な諸課題」として設定する。その「現代的な諸課題」を，学校の全教科等でどのように扱えるか，シミュレーションをしてみよう。

📖次への一冊

吉富芳正・田村学『新教科誕生の軌跡　生活科の形成過程に関する研究』東洋館出版社，2014年。
　　タイトル通り，新教科「生活科」の誕生を扱った一冊。「総合的な学習の時間」の前史としても読める。当時の文部省関係者等4名の証言も収めており，カリキュラム研究としての資料的な価値が高い。

中野真志・加藤智編著『生活科・総合的学習の系譜と展望』三恵社，2018年。
　　国内外の歴史的な検討を踏まえ，今日へと結びつけた一冊。生活科と総合的な学習とに通底する理論に加え，実践事例を検討する。執筆者10名中4名が小学校教諭で，近年の実践例も扱われる。

引用・参考文献

安藤富美子・川田基生・白井宏・鈴木洋一郎・高須明・高橋祐子・田中裕巳・德井輝雄・増田温美・松井一幸・三橋一夫・山田雄一「『ゆとり』の時間を利用した総合学習の実践に向けて（D．総合学習の研究）（共同研究）」『名古屋大学教育学部附属中高等学校紀要』26，1981年，43〜45ページ。

加藤智「生活科誕生期のカリキュラム開発および評価の実態──水戸市立常磐小学校の研究を基に」中野真志・加藤智編著『生活科・総合的学習の系譜と展望』三恵社，2018年，97〜116ページ。

河内昭浩・藤本宗利・下田俊彦「中学校国語科における教科等横断型授業の構築──学習単元『修学旅行の体験を紀行文にしよう』」『群馬大学教育実践研究』34，2017年，13〜21ページ。

水原克敏「成熟社会で多様な価値観の国民像──『ゆとり』志向の1977年改訂」水原克敏・髙田文子・遠藤宏美・八木美保子『新訂　学習指導要領は国民形成の設計書　そ

の能力観と人間像の歴史的変遷』東北大学出版会，2018年，159〜176ページ。

村井大介「カリキュラム史上の出来事を教師は如何に捉えているか──高等学校社会科分化の意味と機能」『教育社会学研究』95，2014年，67〜87ページ。

吉富芳正・田村学『新教科誕生の軌跡　生活科の形成過程に関する研究』東洋館出版社，2014年。

緩利誠・安藤福光「カリキュラムの類型論」吉田武男監修・根津朋実編著『教育課程』ミネルヴァ書房，2019年，15〜28ページ。

渡辺光雄「次期教育課程改訂への動向と課題──どこまで克服できるか"教科エゴ"（〈特集〉次期教育課程に向けての動向─その２）」『物理教育』44(1)，1996年，53〜55ページ。

第13章
総合的な学習の事例（小学校）

〈この章のポイント〉

　小・中学校における，全国学力・学習状況調査の結果からは，総合的な学習で，自分で課題を立てて情報を集め，整理して，調べたことを発表するなどの学習活動に取り組んでいる児童生徒ほど，各教科の正答率が高い傾向にあることが明らかになっている。このことは，総合的な学習の取り組みが児童生徒の学力の向上に寄与していることを示している。本章では，小学校における総合的な学習の実践事例をもとに，具体的な単元構成のあり方や単元を通してどのように資質・能力が育成されていくのかについて学ぶ。

1　総合的な学習の時間で求められるもの

　学習指導要領［2008年改訂］では，探究的な学習を実現するために，「①課題の設定→②情報の収集→③整理・分析→④まとめ・表現」の探究の過程が明示された。日常生活や社会に目を向けたときに湧き上がってくる疑問や関心にもとづいて，そこにある具体的な問題について情報を収集し，その情報を整理・分析したり，知識や技能に結び付けたり，考えを出し合ったりしながら問題の解決に取り組み，明らかになった考えや意見などをまとめ，表現することを重視することとした。くわえて，そこからまた新たな課題を見つけ，さらなる問題の解決を始めるといった学習活動を発展的に繰り返していくことを明らかにした。

　新学習指導要領は，知識の伝達だけに偏らず，学ぶことと社会とのつながりをより意識した教育を行うことで，児童生徒たちが基礎的な知識や技能を習得するとともに，実社会や実生活のなかでそれらを活用しながら，自ら課題を発見し，その解決へ向けて主体的・協働的に探究し，学びの成果を表現し，さらに実践に生かしていけるようにすることを重視している。これを実現するためには，それぞれの教科等を学ぶことによってどういった力が身に付き，それが教育課程全体のなかでどのような意義をもつのかを整理し，教育課程全体の構造を明らかにしていくことが重要とされる。そのなかでも，これまで以上に総合的な学習と各教科等の相互のかかわりを意識しながら，学校全体で育成を目指す資質・能力に対応したカリキュラム・マネジメントが求められている。

▷1　カリキュラム・マネジメント
新学習指導要領では，「各学校においては，児童や学校，地域の実態を適切に把握し，教育の目的や目標の実現に必要な教育の内容等を教科等横断的な視点で組み立てていくこと，教育課程の実施状況を評価してその改善を図っていくこと，教育課程の実施に必要な人的又は物的な体制を確保するとともにその改善を図っていくことなどを通して，教育課程に基づき組織的かつ計画的に各学校の教育活動の質の向上を図っていくこと」とされている。

社会の変化が激しさを増し，厳しい挑戦の時代が到来すると言われている今だからこそ，児童生徒たちが実社会や実生活と豊かにかかわり，多様な他者と協働することを通して，問題を解決し，そのなかで生かすことができる資質・能力を身に付け，自己の生き方を考え続けていけるような，さらに質の高い総合的な学習を展開することが重要となる。

2　新たな学校文化を創造・発信する総合的な学習

ここからは，第4学年単元「開さい！附小マスコット総選挙　～学校のよさを発信して学校を元気に～」の実践をもとに，総合的な学習の具体的な単元のあり方について示していく。

1　単元構成の考え方

本単元のねらいについては，学校のよさを発信して学校を元気にするためのプロジェクトとして，学校のオリジナルマスコットづくりを通して，学校にかかわるさまざまな人たちの学校への思いに気づくとともに，学校の伝統や文化のすばらしさを再認識することとした。

そのために，単元の学習指導過程を図13－1のように，スタンディング，リサーチ，プラン，ドゥ，チェック，アクションと位置付け，その過程のなかで追究する学習対象によって，児童の目的に応じたチームを組織し，児童たちが自己実現をすることができるようにしていった。

▷2　チーム
本単元における「チーム」については，①達成すべき目標が存在すること，②成員同士が協力し合って課題や作業に取り組むとともに，目標達成のために互いに依存し合う関係にあること，③各個人に果たすべき役割があることといった三つの要素を満たしているものとしている。

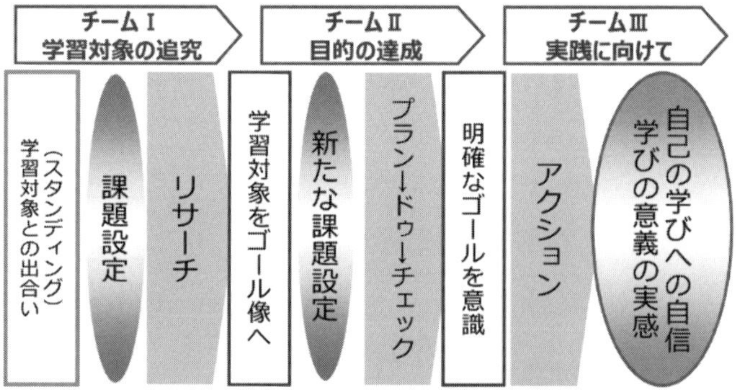

図13-1　単元「開さい！附小マスコット総選挙」の構造

本単元における，目的に応じたチームについては，それぞれ違った児童たちの目的によって編制された次の三つである。一つは，マスコットや学校の文化，学校にかかわる人々の思いなど，リサーチする対象ごとに組織するチームⅠである。二つは，リサーチチームで調査した結果を持ち寄り，学校のよさが伝わるマスコットを開発することに向けて新たに組織するチームⅡである。三

つは，つくり出したマスコット案をもとに，リサーチを通して明らかにした学校のよさを学校全体に発信するためのチームⅢのことである。これらのチームを組織するにあたり，重要なことは，児童たちから，「こんなチームが必要だ」という考えが生れていくことである。つまり，児童の求めから新たなチームが生まれることが本実践の特徴である。

　なお，単元目標は以下のとおりである。

　　○　学校の伝統や文化のすばらしさについて捉え，それをオリジナルマス
　　　　コットに表していくことができる。　　　　　　　　　　（知識・技能）
　　○　収集した情報を整理するなかで，観点を取り出し，自分たちのチーム
　　　　に合う情報を選び出すことができる。　　（思考力・判断力・表現力）
　　○　学校にかかわる人々の思いについて進んで調べようとするとともに，
　　　　リサーチした情報をもとに，チームで合意形成しながらマスコットをつ
　　　　くり出したり，同じ目的のために複数の人と協力して働いたりすること
　　　　ができる。　　　　　　　　　　　　　　　（学びに向かう力・人間性）

［2］　単元計画（全18時間）

　まず第1次では，学校のよさを発信するための「附小オリジナルマスコットづくり」に出会い，マスコットや学校の伝統などについて調べる活動を行った。次に第2次では，マスコット作成について専門家への取材を行ったり，チームごとにマスコットを作成したりする活動を行った。さらに第3次では，これまでの活動をもとに学校全体へ学校のよさを発信するために「附小マスコット総選挙」を開催した。単元の詳細な計画については以下の表に示す。

活　動　と　内　容	手　立　て	配時
1　学校のよさを発信するための「附小オリジナルマスコットづくり」に出会い，マスコットや学校の伝統などについて調べる。	※　大学のマスコットなどにかかわる資料の提示	6
(1) 大学のマスコット「フッキー」や「ご当地キャラ」に出会い，学校のよさや伝統をリサーチし，学校のマスコットづくりを通して，新たな学校文化を創造・発信するという課題を設定する。 ○　附小オリジナルマスコットへの意欲を高めること	※　ゴール像が明確になる目標の設定	②
(2) チームごとに，マスコットづくりに必要となる学校の文化，さまざまな人の学校への思いなどを調べる。 ○　さまざまな人々の学校への思いを追究し，学校の伝統や文化のすばらしさを把握すること	※　在校生，保護者，卒業生，教職員などへのリサーチする活動の設定	④

2 新たにマスコット開発チームをつくり，学校のよさが伝わるマスコットを開発し，提案する。		8
(1) マスコット作成について専門家に取材をする。	※ デザインの専門家を招聘し，マスコット作成について話を聞く場の設定	②
○ マスコットに必要な条件について捉えること		
(2) チームごとに専門家と一緒にマスコットに取り入れるキーワードについて話し合い，マスコットの案を作成する。	※ マスコット開発チームごとに専門家の招聘	④
○ マスコットに取り入れるキーワードを，学校の文化や歴史などの観点から明らかにすること		
(3) でき上がったマスコット案をもとに，専門家と話し合いながら，チームごとのマスコットを決定する。	※ 作成したマスコットを総選挙に向けて練り上げるための話合い分析ボードの活用	②
○ 「学校のよさ」「学校に対する人々の思い」などの観点から，チームで作成したマスコットを見直すこと		
3 学校全体へ学校のよさを発信するための新たなチームをつくり，「附小マスコット総選挙」を開催し，全校に学校のよさを発信する。		4
(1) 「附小マスコット総選挙」に必要なものについて考え，チームごとに準備をする。	※ 役割分担を明確にした新たなチームの編制	③
○ イベントへ向けて力を合わせて取り組むこと		
(2) 「附小マスコット総選挙」を開催し，決定したマスコットを全校へ発信する。	※ 全校へ向けて発信する場の設定	① + 課外
○ 自分たちでつくり出した新たな学校文化を発信する喜びを味わうこと	※ 自分たちの高まりを実感する評価活動の設定	

▷3 専門家
本単元では，ゲストティーチャーとしてマスコット作成に造詣の深い地元大学造形芸術学科の准教授1名及び学生8名を招聘した。なお，学生8名については，それぞれのチームに1名ずつ配置し，学生と児童がかかわり合いながらマスコット作成ができるようにした。

3 指導の実際

では，先に示した単元計画に沿って指導した際の具体的な教師の手立てや児童たちの反応などについて，単元の導入，展開，終末の段階ごとに詳しく説明をしていく。

1 課題設定とリサーチ（第1次：1〜6／18時）

第1次は，学校のよさを発信するための「附小オリジナルマスコットづくり」に出会い，マスコットや学校の伝統などについて調べ，学校文化・伝統のよさやすばらしさに気づくことをねらいとした。

まず，児童たちに身の回りにあるマスコットを提示した。マスコットと自分とのかかわりを見つめさせることで，児童たちから「なぜマスコットはたくさんの人たちから人気があるのか」「マスコットは地域のよさや特徴が現れている」「わたしたちの学校のマスコットをつくるとしたらどんなものになるだろうか」などの問いや考えが出されていった。そこで，「学校のオリジナルマス

コットをつくって，よさをアピールする」という課題を設定した。

　次に，学校のマスコットをつくるためには，マスコットのつくり方や学校にかかわるさまざまな人の思いをリサーチする必要が生まれてくる。そこで，児童たちは，マスコットづくりについてはデザインの専門家から学ぶ必要があるといった考えが出された。

　一方で，学校のオリジナルマスコットをつくるためには，学校に対する人々の思いを知る必要があるといった子どもたちの求めから，学校にかかわるさまざまな人々に対して，リサーチを行った。その際，在校生，卒業生だけでなく，先生や保護者へもリサーチする必要があると考えていった（図13-2）。そこで，リサーチ対象ごとにチーム［チームⅠ］をつくり，調査を行った。

　リサーチ活動では，図13-3のように卒業生がいる隣接する附属中学校へのアンケートの協力依頼や，先生方へのインタビュー調査などを行った。リサーチ対象に合わせたアンケートづくりやインタビュー相手にアポイントをとったり，インタビューを実施したりなどといった活動を通して，実生活のなかで知識や技能を発揮させることができたと考えられる。

　続いて，リサーチした結果を整理・分析する活動を行った（図13-4）。ア

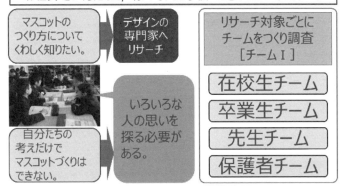

図13-2　リサーチチームができるまで

図13-3　アンケート依頼やインタビュー

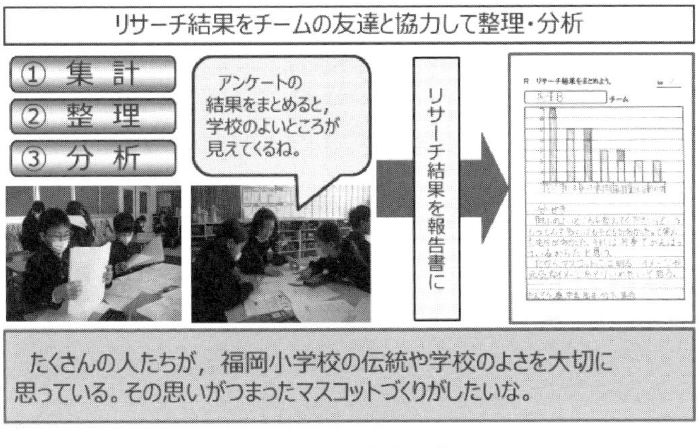

図13-4　収集した情報を整理する

ンケートやインタビューの結果をチームでまとめていくことで，さまざまな人々の学校への思いが明らかになった。その結果，児童たちは，学校の伝統やよさを大切にする人々の思いに気づき，その思いを込めたマスコットづくりをしたいといった目的意識を強めることにつながっていった。

　第2次は，マスコット開発チーム［チームⅡ］をつくり，学校のよさが伝わるマスコットを開発することをねらいとした。

　まず，デザインの専門家からマスコットづくりについて学ぶ場を設定した。ここでは，グラフィックデザインやアニメーションを専攻する大学教員をゲストティーチャーとして招き，児童たちへマスコットづくりに必要なことやデザインの面白さについて話をしてもらう場とした（図13-5）。この活動は，児童たちにとってマスコットづくりに向けての見通しをもつことにつながり，単元のゴールへ向けて一人ひとりの思いや願いを強めていくことにつながった。

図13-5　マスコットづくりについて学ぶ場

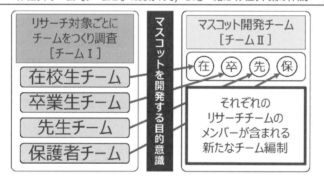

図13-6　マスコット開発チームが編制される過程

　児童たちの次の目的は，学校のオリジナルマスコットづくりである。ここでは，リサーチチームから新たなチームをつくることの必要性が生まれてきた。児童たちからは，それぞれのリサーチチームのメンバーが含まれる新たなチーム編制が必要であるという考えが出され，マスコット開発チームが編制されていった（図13-6）。

　まず，開発チームごとにアニメーションを専攻している学生と一緒に，学校の伝統や文化を表すものやことについてキーワードを出し合っていった。そして，多数でてきたキーワードをKJ法を用いて類型化していった（図13-7）。図13-8は，各チームがマスコットに取り入れることに決めたキーワードを示したものである。

　続いて，キーワードを取り入れたマスコットのラフスケッチを製作する活動を行っていった（図13-9）。そして，チームのなかで数多く出てきたラフスケッチのなかから，チームのマスコット案を決定していった（図13-10）。

　さらに，それぞれのチームが決定した案をもとに学生と最終の話合いを行っていった。学生との話合いを通じて，配色やポーズを決定するとともに，それぞれのチームで決まったマスコットを交流し，最後に，各チームのマスコット

図13-7　キーワードをKJ法で整理する

図13-8　各チームのキーワード

図13-9　マスコットのラフスケッチをする

図13-10　チームのマスコット案を決定する

を仕上げてもらうよう専門家に依頼をした（図13-11）。

　児童たちが，多くの人々の思いをリサーチし，チームのメンバーとつくり出したアイデアのなかから最終的に完成させていったマスコットを図13-12に示す。完成したマスコットを見た児童たちは，一つのものをつくり出す過程の大変さや自分たちの手でつくり出すことのすばらしさを実感することができた。

③　学校のよさの発信（第3次：13〜18/18時）

　第3次は，マスコット総選挙を成功させるためのチーム［チームⅢ］をつくり，決定したマスコットを全校に発信することをねらいとした。そのために，

マスコット総選挙に出すためのチームのマスコットを決める

色やポーズなどの決定　　決定した案の交流　　専門家へ仕上げの依頼

図13-11　専門家と配色やポーズを決定し，仕上げの依頼をする

図13-12　完成した各チームのマスコット案（専門家による仕上げ後）

▷4　思考ツール
考えや物事を整理することを助ける図式のこととして普及されたものであり，ベン図，KWL，ピラミッドチャート，フィッシュボン，コンセプトマップ，ステップチャートなどいろいろな種類がある。目的に応じて活用することによって，子どもの考えが可視化され，考えに深まりがみられたり，協働的に学ぶ子どもの姿が具現化されたりする。

総選挙に向けて必要な役割について話し合い，準備をしていった。まず，総選挙へ向けて必要な役割について話し合う場面では，問題解決的な学び方を重視し，考えを広げる，考えをまとめる，考えを決めるという三つの過程で進めていった。その際，子どもたちが考えを「可視化」「操作化」「構造化」していくことができるように，ピラミッド図やYチャートなどの思考ツール[4]を活用させたり，出された考えを板書で整理したりしていった（図13-13）。なお，図13-14は，このとき各チームから出された考えを関係づけ，構造的に整理した板

ソロで考えを広げる　　チームで考えをまとめる　　学級全体で考えを決める

図13-13　総選挙へ向けて必要な役割について話し合う

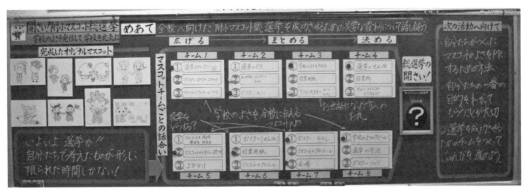

図13-14　各チームから出された考えを関係づけた板書

書である。

　次に，全校に向けてマスコット総選
挙を実施した。そして，附小オリジナ
ルマスコットを決定し全校に向けて発
信していった。ここでは，児童たちの
なかでマスコットを開発するという目
的が，総選挙を成功させるという目的
へ変容していった。そこで，役割ごと
のチームを編制する必要があるという
児童の考えから，選挙を成功させると
いう目的に応じたチームをつくって
いった（図13-15）。

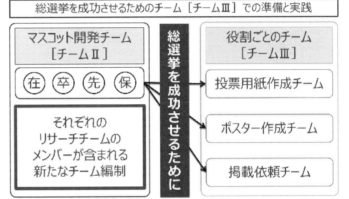

図13-15　選挙へ向け，新たなチームが編制される過程

　その後，目的に応じたチームごとに活動を行い，投票用紙作成チームは，学
年の児童たちに合わせてルビを振るなどして投票用紙を作成・配付，投票後の
集計を行った。ポスター作成チームは，選挙を呼びかけるちらしを作成した
り，図13-16に示すように，選挙結果を発表するポスターで結果を公表したり
した。掲載依頼チームは，情報を発信するために学校通信を利用して，保護者
へ呼び掛けることができた（図13-17）。その結果，早
速，保護者来校用の名札に利用されることが決まった
（図13-18）。

4　本実践の効果

　本授業実践の結果，目的に応じてチームを更新させる
機会を位置付けたことで，協働的に取り組む態度の高ま
りを見取ることができた。あわせて，明確な目的をもつ
チームを単元計画のなかに意図的に位置付けたことは，

図13-16　選挙結果の公表図

図13-17　学校通信への掲載

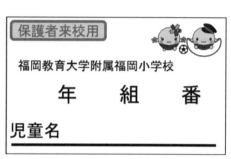

図13-18　保護者来校用名札への活用

児童一人ひとりが探究的な学習に主体的に取り組むことにつながった。その結果，自ら課題を見つけ，自ら学び，自ら考え，よりよく問題を解決する資質・能力を身に付けていくことができたと考える。このことは，総合的な学習において協働的な取り組みを重視することの有効性を示している。

　一方で，身近な学校文化を対象としたことや，自分たちの手で新たな学校文化を創り出す過程が児童たちの主体的な学びを引き出すことにつながっていったと考えられる。

　なお，自分たちの手でつくり上げていったものが，学校文化へ取り入れられ，新たな学校の歴史を築くことができたことに対し，子どもたちが達成感や満足感を十分に得ることができたことは言うまでもない。

　最後に，総合的な学習において，質の高い学習活動を展開していくためには，児童たちにとって魅力ある単元をつくっていくことが重要であると考えている。

　そのためにも，教師は単元を構想する段階において，まず，目の前の児童たちにはどのような実態があるのか。どのようなことに興味や関心があり，どのような学習を志向しているかなどを明確にするが大切になってくる。教師がどれだけ学び手である子どもたちの目線に立つことができるかが単元をつくっていくうえで重要なポイントとなる。この「子ども目線」が抜け落ちると，単元を進めるなかで「面白いと思ったのに，児童があまり興味を示さない」「興味

を示して取り組んだが定着しない」「教師が意図していたこととは全く違う方に展開する」などのようなことが起こりうる。したがって，教師は，児童の思いや願いをつぶさに受け止め，学習対象や内容をどのように児童たちへ接近させていくかといった発想で単元における学びのプロセスを丁寧に構想していくことが求められよう。

[付記]

本実践は筆者が以前勤務していた福岡教育大学附属福岡小学校にて実践したものである。

Exercise

① 総合的な学習において，単元を構想していく際に留意しなければならないことにどのようなものがあるか考えてみよう。
② 実践事例の取り組みにおいて，児童の学習状況を評価する場合，どのような場面でどのように評価することができるか考えてみよう。
③ 実践事例では，他者との協働を重視した取り組みが展開されている。そこで，総合的な学習において，他者と協働することの効果には，どのようなものがあるか考えてみよう。

📖次への1冊

田村学『カリキュラム・マネジメント入門』東洋館出版社，2017年。
　　新学習指導要領でも重視されている「カリキュラム・マネジメント」について具体的な実践事例を中心に据え，実践からカリキュラム・マネジメントにつながる知見を得ることができる。
文部科学省『今，求められる力を高める総合的な学習の時間の展開（小学校編）』，株式会社アイフィス，2021年。
　　新学習指導要領を踏まえ，文部科学省が発行した総合的な学習についての指導資料である。総合的な学習の趣旨から単元，授業づくりの細部にわたって具体的に学ぶことができる。

引用・参考文献

福岡教育大学附属福岡小学校『平成24年度　教育研究発表会　研究紀要第43集』，2013年。
文部科学省『小学校学習指導要領解説　総合的な学習の時間編』，東洋館出版社，2008

年。

文部科学省『今，求められる力を高める総合的な学習の時間の展開（小学校編）』教育
　出版，2010年。

文部科学省『小学校学習指導要領解説　総合的な学習の時間編』，東洋館出版社，2017
　年。

文部科学省『今，求められる力を高める総合的な学習の時間の展開（小学校編）』，株式
　会社アイフィス，2021年。

第14章
総合的な学習の事例（中学校）

〈この章のポイント〉
学級担任制[1]を基本とする小学校に比べて，教科担任制[2]へと本格的に移行する中学校以降では，異なる教科を専門とする教員同士が協働しながら，総合的な学習を企画，実施，評価・改善していく必要がある。本章では，筑波大学附属駒場中学校・高等学校[3]（以下，筑駒：つくこま）の事例をもとに，中学校以降における総合的な学習のカリキュラムデザインとその運用の勘所を解説する。主なポイントは，(1)持続可能で学校に根差す全体枠組の構築，(2)教科学習とのリンクと探究の基礎の確立，そして，(3)生徒たちの主体的な学習参画である。

1　中学校以降の総合的な学習のデザインに向けて

みなさんなら自分が最も専門（得意）とする教科の専門性を生かして，どのような総合的な学習をやってみたいだろうか？　自分の趣味などを生かすことも十分できるだろう。もし一人で総合的な学習を担当するなら，その思いやアイディアは比較的簡単に実現しやすい。

では，異なる教科を専門（得意）とする先生方と一緒になってカリキュラムを新たにイチから考え，協働してくださいと言われたらどうだろうか？　一気にハードルがあがるのは感覚的にわかるはずである。教科担任制を基本とする中学校以降の総合的な学習の困難性はここにある。自分の教科の専門性に対するこだわりは大切にしつつ，ただし，決してそれに固執・執着しすぎずに，生徒や同僚たちと一緒になって探究しながら，自分自身の経験や教養，専門性の幅を広げようとするオープンな姿勢が大切になる。

実際のところ，中学校以降における総合的な学習では，この各教科学習とのリンクという点で課題が山積している。例えば，中学校では小学校に比べて，特に「将来の進路や職業などの指導」にあてられる割合が激増し，「複数の教科の学習内容を融合した学習」や「教科の学習内容をより深める学習」は半減する傾向にある（ベネッセ教育総合研究所，2016）。高等学校に至っては，好事例は生まれてきているものの，本来の趣旨がまだまだ実現できておらず，高等学校にふさわしい実践が展開されているとは言えない状況にある（中教審，2016）。

▷1　学級担任制
学級担任の教員が，一人でその学級における各教科等の学習指導や生徒指導すべてを一手に引き受ける教授組織の一形態のこと。小学校で採用されている。

▷2　教科担任制
各教員がそれぞれ専門とする特定の教科を担当し，複数の学年やクラスなどで教科指導を行う教授組織の一形態のこと。学級担任と教科担任は区別される。中学校・高等学校で主に採用されており，2022年度から小学校高学年での教科担任制の導入が決定した。

▷3　筑波大学附属駒場中学校・高等学校
東京都世田谷区にある中高一貫校。学校規模は，中学校が1学年3学級・定員約120名（全員が高校へ連絡進学），高等学校が1学年4学級・定員約160名。詳細は学校Webサイトを参照（https://www.komaba-s.tsukuba.ac.jp/）。

▷4　スーパーサイエンス
ハイスクール
高等学校等において，先進
的な理数系教育を通じて創
造性豊かな人材を育成する
ための研究開発事業。文部
科学省の指定を受けた学校
が，創造性や独創性を高め
る指導方法ならびに教材の
開発等を行い，その普及に
あたっている。2002年度か
らスタートし，現在に至
る。詳細については，
Web サイトを参照
（https://www.jst.go.jp/
cpse/ssh/index.html）。

▷5　文理融合の教養主義
一般的な高等学校，とくに
普通科では，志望進路に応
じて文系・理系のコースが
設定され，文理選択が行わ
れることが多いが，筑駒の
場合は，一部科目選択のみ
に留め，すべての生徒がほ
ぼ全分野の教科目を履修す
る。文理の区分を問わず，
豊かな教養の涵養を通じて
人格を磨きつつ，幅広い視
野で事象や物事，課題など
を捉え，学術的あるいは社
会的な諸問題を解決した
り，新たな価値を創造した
りできる人間の育成が目指
されている。

▷6　中高一貫校
高等学校入学者選抜の影響
を受けずに，6年間を見通
したカリキュラムのもと，
じっくりと学ぶことで，生
徒の個性や能力を伸ばすこ
とを目指す教育制度のこ
と。中等教育の多様化を推
進し，従来の中学校・高等
学校以外の選択肢を生徒や
保護者に提供するために
1999年に法制化された。中
等教育学校，併設型，連携
型の3タイプがある。な
お，筑駒をはじめ，国立学
校や私立学校の場合は，こ
の制度ではないカタチで，

こうした実態の背景には，高等学校入学者選抜や大学入学者選抜などの入試がある。小学校の場合，都市部の小学生を除けば，入試とは無縁であることが大半であるが，中学校や高等学校の場合，ほとんどの生徒は卒業する前に入試に臨むことになる。そのため，入試で出題される教科を中心にして，各学校はその対策に注力し，保護者もまたそれを望むことが多い。その際，ややもすると，総合的な学習は付属品のように扱われ，後回しにされることがある。先述した「将来の進路や職業などの指導」がよく行われていることも，この入試との関連で捉えれば，説明がつきやすい。

しかし，総合的な学習で培う探究の力は，進学先での学びはもちろん，その先の社会を生きる力として，これからますます重要視されるものであることを理解しておく必要がある。また，探究活動の経験が，生徒たちの主体的な学習姿勢の改善に寄与することも指摘されてきている（中教審，2016）。さらに視点を変えれば，そもそも生徒たちは日々総合的に学んでいるわけであり，総合的な学習を別個のものとして扱うのは，あくまでも教員側の都合に過ぎない。日々の教科学習をはじめ，学校行事等とも有機的に結びつけながら，より本格的な探究活動に取り組むことが求められている。

2　筑駒における総合的な学習の全体像

本章で取り上げる筑駒の総合的な学習は，教科に関する教員の専門性を生かしながら，持続可能な方法で学校に根ざしたカリキュラムをデザインし，マネジメントし続けている好事例である。1998年に総合的な学習が創設されたことを契機にして，それまで学校行事等として取り組んできた教育活動を再構成するとともに，探究的要素をより強化することで，中高一貫の探究学習カリキュラムを本格的にスタートさせた。2002年からはスーパーサイエンスハイスクール[4]の指定を長年にわたって受けており，研究開発の進捗にあわせて，その後も当該カリキュラムを見直しながら充実を図ってきている。

筑駒の学校目標は「自由・闊達の校風のもと，挑戦し，創造し，貢献する生き方をめざす」であり，総合的な学習はその目標を直接的に体現する時間として位置付けられている。同校のことを知っている方は進学校としてのイメージが強いかもしれないが，入学後，受験対策のための授業は，まったくと言っていいほど行われていない。むしろ，「全面的人格形成と発達なくして個々・個別の能力は伸びない」（学校 Web サイトより引用）という信念のもと，文理融合の教養主義[5]がカリキュラム全体の規範文化になっている。そのため，日々の教科学習はもちろん，総合的な学習や学校行事も非常に大事にされており，高校受験を必要としない中高一貫校[6]の特質を生かして，専門性の高い教員の指導・

助言・援助のもと，生徒同士がお互いに切磋琢磨しながら，それぞれの強みを発見・伸長する機会がふんだんに用意されている。

筑駒の総合的な学習の全体像は図14-1の通りである。中学1年から高校3年にかけて，教科学習と関連付けられた体験や調査・フィールドワーク，研究を基本とする探究活動が体系的にデザインされている。いずれの探究活動も，隔週の土曜日の午前中に時間を集約して実施されているところが特徴的である。探究活動の性質上，校外の方を招いたり，学外に出向いたりすることが多く，また，平日50分授業で細切れにして実施するより，時間をまとめてゆったりと行った方が効果的であるという判断による。注目すべき工夫の一つである。

事実上の中高一貫教育を行っている場合がある。

学期	日付		中学1年				中学2年				中学3年				高校1年				高校2年				高校3年			
			1	2	3	4	1	2	3	4	1	2	3	4	1	2	3	4	1	2	3	4	1	2	3	4
1学期	04/13	1	×				東京③		学活		東北⑥		学活		×				×				×			
	04/20	2	水田①		学活		×				×				水田①		HR		関西④			HR	HR			
	04/27	3	×				東京④		学活		東北⑦		学活		×				×				×			
	05/04		×				×				×				×				×				×			
	05/11	4	×				×				×				自治予算	HR			自治予算	関西⑤	課題研究①(オリエンテーション)		自治予算	HR		
	05/18	5	水田②耕起	学活	総会		東京⑤		総会		東北⑧		総会		HR				水田②耕起	×			×			
	05/25	6	×				×				×				×				×				進学懇談会			
	06/01	7	学活	水田③			×				×				×				HR		課題研究②		HR		校内除草	
	06/08	8	学活		水田④田植え		東京⑥		校内除草		東北⑨		テーマ①(オリエンテーション)		水田③田植え	HR			×				×			
	06/15	9	×				×				×				校内除草		HR		校内除草		課題研究③		HR			
	06/22	10	水田⑤		校内除草		東京⑦		学活		校内除草		テーマ②		×				×				×			
	06/29	11	×				×				×				×				HR		課題研究④		×			
2学期	09/07	1	水田⑥		防災訓練		学活		防災訓練		学活		防災訓練		HR・体育祭練習		防災訓練		HR・体育祭練習		防災訓練		HR・体育祭練習		防災訓練	
	09/14	2	体育祭練習		学活		体育祭練習		東北①		体育祭練習		テーマ③													
	09/21	3	×				×				×				HR・体育祭練習		水田④		体育祭練習		課題研究⑤		HR・体育祭練習			
	09/28	4	水田⑦		学活		学活		東北②		学活		テーマ④		×				×				×			
	10/05	5	水田⑧稲刈り（午前）				×				×				水田⑤稲刈り（午後）				文化祭準備・HR		課題研究⑥		文化祭準備・HR			
	10/12		学校説明会																							
	10/19		全附連																							
	10/26	6	文化祭準備・学活				文化祭準備・学活				文化祭準備・学活				文化祭準備・HR				文化祭準備・HR				文化祭準備・HR			
	11/02	7	文化祭																							
	11/09	8	×				学活		東北③		テーマ⑤				×				×				×			
	11/16	9	×				×				×				自治選挙	関西①			自治選挙	課題研究⑦			自治選挙	HR		
	11/23		教育研究会																							
	11/30		×				×				×				×				×				×			
3学期	01/11	1	×				×				×				関西②		HR		HR	課題研究⑧			自主学習			
	01/18	2	東京①		学活		学活	東北④			テーマ⑥				×				×				×			
	01/25	3	×				×				学活	課題研究オープン			関西③		HR		HR	課題研究⑨			自主学習			
	02/01		×				×				×				×				×				×			
	02/08	4	学活	東京②			学活	東北⑤			学活	テーマ⑦			×				×				×			
	02/15		×				×				×				×				×				×			
	02/22	5	弁論大会				弁論大会				弁論大会															
	02/29		×				×				×				×				×				×			

図14-1　筑駒の総合的な学習の全体像と土曜日活用暦（例）

出所：https://www.komaba-s.tsukuba.ac.jp/about/general-learning/ より転載。

次節以降では，このうち，主に中学校段階での実践，すなわち，中学1年と高校1年で取り組まれている「水田稲作学習」（技術科教員と担任団が連携），中学1年から中学3年にかけて実施されている「地域研究：東京，東北」（社会科教員と担任団が連携），そして，中学3年で行われている「テーマ学習」（各教科から選出された教員がゼミ開講）の三つを取り上げ，その概要を紹介・解説していきたい。

3 水田稲作学習（中学1年と高校1年）
——体験に基づく学習から探究へ

筑駒の水田稲作学習では，総合的な学習（中学1年）で実施する内容と，総合的な探究（高校1年）の内容を有機的に結びつけ，生徒の学びを深めている。活動の主な特徴としては(1)生徒が約1年かけて，水田稲作の一連の作業を行っている点，(2)中学では，水田稲作を軸とした教科ごとの水田学習を実施している点，(3)高校では，研究者や現場感覚を持つ外部講師を招待し，専門的な意見をふまえた学びを行っている点があげられる。

1 総合的な学習（中学1年）

中学の水田稲作学習では，主として「水田稲作学習にかかわる作業」と「水田稲作を軸とした教科ごとの水田学習」にわかれる。

「水田稲作学習にかかわる作業」では，水田稲作にかかわる全工程を事前に説明し，生徒に活動させている（ただし，代掻き，精米の作業は除く）。具体的には，播種（種まき），育苗，耕起（田起こし），田植え，除草，稲刈り，脱穀，籾摺りのすべての作業を生徒が行っている。農学遺産でもあるケルネル田圃での実習は，あえて昔ながらの農法で行っている。これは，先人が築き上げてきた農法を直に感じることができ，学びやすいと考えたためである。筑駒の水田稲作学習は，部分的な体験活動ではなく，1年を通じての作業となり，水の管理や環境の維持とも向き合っていくことになる。そのうえで，実際に行われている農業を考えたり（例えば農業機械），近代的な農業を考えたりさせている（例えば農業用ドローンなどのスマート農業）。

これらの活動は準備と片付けの連続である。毎年，学年から1名の水田担当教員と，各学級から3名程度の水田委員を選出し，組織的に活動を行っている。水田稲作にかかわる活動の前には，水田担当教員や水田委員が中心となり，農具の準備を行うほか，学年生徒123名（中学3クラス），164名（高校4クラス）を動かすための事前指導，技術的な確認を行っている。単に農作業を行うだけでなく，大人数で農作業を行うために仲間を動かすことは，同じ目標を

持って活動する協働的な学習にもつながる。

　他方，「水田稲作を軸とした教科ごとの水田学習」では，担当する教員がそれぞれの専門性を結び付けながら，水田にかかわる授業を展開している。具体的には，社会，理科，技術などの教員が，総合的な学習の枠内で5時間ほど（5回分の授業にあたる時間），水田にかかわる授業を実施し，水田稲作に対する知識を醸成させていく。例えば社会のなかでは，「日本の祝祭日と稲作というテーマのもと，古代から行われている宮中祭祀と稲作の関係」について考察することや，「水田歩測を行い，空間や距離の感覚をつかむ」などの地理的な授業を行っている。また，理科では，「"水田が育むのはお米だけか"という題目のもと，植物プランクトン，ミジンコ，メダカ，水鳥，オタマジャクシなど田圃の生物と食べ物の関係性」についての授業を行っている。これらの授業は，毎年教科内で担当者が決まり，社会的な視点からは社会科が，生物的・化学的な視点からは理科が，技術的な視点からは技術科が担当している。水田にかかわる授業は，総合的な学習の年間指導計画の中に位置付けられており，月に2度ほどの頻度で行われている。主に土曜日の午前中（隔週）に行われ，例えば「水田（技術）」→「水田（生物）」→「水田（歴史）」の順番のように1日の中で授業が進み，生徒たちは広い視野で水田稲作を学習することになる。

2　総合的な探究（高校1年）

　高校での水田稲作学習では，中学同様の一連の作業を行うことに加え，研究的な視点を持たせた授業を展開している。2022年度の実践では，農学関係の研究者2名を招待し，水田稲作に関する講演をお願いした。作物学，食品加工学の専門家が，自身の専門領域と稲作を結び付けながら，ディスカッション形式での授業を行った。

　中学までの総合的な学習では，中学校・高等学校に所属する教員が，自分の専門分野のなかで水田にかかわる授業を展開するのに対し，高等学校での総合的な探究は，農学の専門家である研究者の方をお招きし，より内容を深化させた授業となる。この高校での総合的な探究を充実したものにするためには，中学の総合的な学習でいかに学びの素地を作り上げるかが重要になってくる。

　また，同年度の実践で，筑波大学つくば機能植物イノベーション研究センター次世代農業研究部門農場担当者の方もお招きした。先述の2人の農学研究者は研究視点であるのに対し，農場担当者の方は現場よりの，実践的な内容について講演して頂いた。受講者である生徒たちは1学年を二つに分けて聴講できる工夫を行った（学年は164名。この場合82名ずつに分け，農場担当者の方には同じ講演を2度お願いした。82名に分けたのは，生徒が少なければ少ないほど講演者との話し合いができると考えたためである）。更に，講演者の横に，筑駒の校長（農学

を専門とする大学教員），高校１年水田委員（各クラス１名ずつ）を登壇させ，講演者と参加生徒との対話が弾むように教室環境を工夫した。ファシリテーターは水田稲作学習担当者（技術科）が担当した。受講後は，オンラインアンケートで自由記述を求め，一部を学年に共有した。

　筑駒の水田稲作学習では，中高一貫校の強みを生かして，中高の水田委員が同時に動くことが多い。高校水田委員が的確に指示を出す姿や，逞しく作業に取り組む姿を，後輩である中学生が常に見ることになる。先輩の後ろ姿を見ながら，行事の運営の仕方や歴史を学び，活動が根付いていくのである。また，収穫したお米は全てもち米であり，その年に卒業する生徒（中学３年，高校３年）と，翌年に入学してくる中高入学生のお祝いとしてふるまわれる赤飯となる。水田稲作学習は，先輩，後輩とのつながりをつくる，共通の行事としての側面も持ち合わせている。

4　地域研究（中学1〜3年）——東京から東北へ

　筑駒の地域研究は，中学１年３学期〜中学２年１学期に東京，中学２年２学期〜中学３年１学期に東北をフィールドに，「校外学習」の一つとして取り組んでいる。４〜５名での班活動が中心となり，各地域の歴史・文化・産業・経済・自然・環境等から，生徒自身が自らの興味関心に基づくテーマを設定して活動を進め，研究成果をまとめた報告書やポスターを作成し，ポスターセッションやスライドによるプレゼンテーションなどの発表会を行う。なお，フィールドワークは毎年５月，発表会等は７月に行うが，準備は一つ前の学年から始める。

　筑駒の地域研究の最大の特徴は，生徒が訪問先を自分たちで決め，取材申し込み自体も自分たちで交渉する点にある。生徒の主体性がなければ活動は全く進まない。その際，教員による指導・支援ももちろん重要だが，校外学習委員という各クラスから選出された生徒が学年全体を統括し，活動を進める上で重要な役割をはたしている。以下，時系列に沿って具体的な活動内容を紹介していきたい。

　中１の３学期に地域研究は始動するが，１学期に行われる先輩たちの地域研究発表会に参加し，地域研究の終着点を見せることで，活動の全体イメージを掴ませ，大まかな土台をつくっている。地域研究の活動を通じて，担当教員にとっても生徒にとっても大きな手助けとなるのは，2013年度に初版が作成された『地域研究ハンドブック』である。これは次節で取り上げる中３の総合的な学習（テーマ学習）において生徒たちが中心になって作成した地域研究マニュ

▷8　校外学習委員
筑駒では中１〜高２で５月に校外学習を行う。中１・高１が登山を軸とした長野での共同生活，中２・中３・高２が地域研究である。その活動の中心となる校外学習委員は新学年開始後すぐに他の委員会等と合わせて決められる。中１の５月で活動をいったん終えた校外学習委員は３学期に再び集まり，次年度に向けての活動を担う。学年が上がって再び係決めが行われると，継続して委員を務める生徒もいれば，新規に委員に立候補する生徒もいる。３年間（あるいは５年間）校外学習委員という生徒もいる。

アルである。ここに活動手順ほぼすべてが記されている。このハンドブックを共有することが活動の第一歩である。教員が紹介するだけでなく，校外学習委員がプレゼンをしたり，先輩に講演を依頼したりする場合もある。しかし，あらゆることは必ずしも定型化されているわけではなく，その年ごとに教員と生徒とが議論を重ね，アレンジを加えながら活動を進めていくことになる。3月には「プレ東京地域研究」として，学校出発で都内の博物館・科学館施設等に行き，班活動のトレーニングを行う。活動後，簡単な発表会やレポート作成を実施することもある。なお，日本科学未来館等の人気が高い。

　中2の4月頭に委員が決まってから，活動は時間との戦いでもある。5月のフィールドワークに向けて，班分け，テーマ決めと取材先候補決定を4月中旬までに終え，下調べの後に，訪問先への取材申し込みを始める。以前は主に電話で取材申し込みをしていたが，近年はメールでの問い合わせも増えている。教員は事前に計画書はチェックするものの，細かいやりとりはほぼすべて生徒と取材先の担当者の方との間で直接行われる。未熟な点も多く，時には失礼なことを口走る生徒もいるが，ありがたいことに比較的寛容に受け止めて頂いている。なお，取材後には生徒からのお礼状とともに，担当者の方にアンケートを送付しており，回答は学年全体で共有して次の活動につなげている。一個人として外部の大人に対応してもらえる経験は，生徒たちにとっては大きな成長の機会を与えてもらっていると実感できる。

　事前の取り組みとしては，総合的な学習の枠組み内だけでなく，地理の授業からのフォローも行っている。生徒たちは自分たちのテーマに沿って4件程度の取材先を見つけ，5月下旬に2日間にわたり，生徒たちだけで取材に出かける。民間企業や省庁，自治体，各種研究機関等取材先は多岐にわたる。なお，「東京」地域研究とはいうものの，都内に限定しているわけではなく，神奈川や千葉等に足を運ぶこともある。過去，先輩たちがどのようなテーマでどのようなところに取材へ行ったのかも『地域研究ハンドブック』にデータベース化されている。また，筑駒の図書スペースには報告書のバックナンバーも揃っており，こうした膨大な蓄積が生徒たちの活動だけでなく，教員の指導自体も支えている。

　取材後には，7月の発表会に向けて報告書原稿の作成や，ポスター作成，あるいはプレゼンのためのスライド作成等に取り組む。年によって異なるが，コンテスト形式で行ったり，取材先の方をご招待したりすることもある。進捗管理や発表会運営も委員が中心となって行う。また，生徒指導協議会という校内の教員研修会で活動報告を毎年行っており，その時々の問題点等を教員全体でも共有している。

　つづいて行う東北地域研究は，中2の2学期にはスタートし，中3の5月に

▷9　班分け
校外学習委員が大まかなジャンルに関するアンケートを作成し，その結果に基づいてクラスごと委員が班分けを行う。例えば，ある年は①行政（都市・環境・仮設住宅・経済など），②観光，③交通，④スポーツ，⑤農業，⑥水産業，⑦伝統工芸，⑧自然，⑨歴史・文化などといったジャンルが委員によって設定された。

実施する3泊4日の宿泊学習の中で約2日間のフィールドワークを行う。対象地域は年によって異なり，青森，岩手，宮城，福島等を訪れている。2011年以降は震災学習を伴っている。手順は概ね東京の時と同じだが，地の利のある東京周辺とは全く異なるため，まずはその地域を知ることから始める。校外学習委員による地域プレゼンのほか，外部講師を招いての講演会を実施したり，対象地域の地方紙を学校で定期購読して図書スペースで閲覧できるようにしたりして，興味関心を高めている。

東京と異なるのは，中2のうちからクラスを解体して班をつくり，テーマ決めや取材先の選定を行う点である。3月中に取材先が決まればかなり順調だといえるが，年度をまたいでの取材申し込みとなることもある。役所等では年度で担当者が変わることもあるため，丁寧なやり取りを促す必要がある。また，取材先は公共交通機関で行ける場所ばかりとは限らず，複数の貸し切りバスを適宜動かすことになる。運行計画等も委員の生徒と各班とが連携しながら作成している。東北での取材活動も，生徒たちだけで訪問するが，メール等で班員の映った写真を添付させる等リアルタイムで活動報告をさせることもある。取材中の昼食は班ごとに自由なので，地域の特産物や名店を調べて存分に楽しんでいる様子がうかがえる。自分たちでつくり上げるオリジナルの地域研究活動は，大きな達成感をもたらしている。少なからずトラブルはあるが，教員と生徒とが連携して臨むことで対処している。

班ごとに報告書をまとめ，発表会等を実施するのは東京と同様だが，前年とは異なる手段での発表を行わせることで，生徒にさまざまな表現方法を学ばせる年もあれば，あえて同じ手段で取り組ませることで，スキルアップを可視化する年もある。いずれにしても，学年が上がると生徒の表現の質は格段に向上しており，それを下の学年に見せることが，発表する当人たちにとっても後輩たちにとっても大きな刺激になっているのは間違いない。

活動を進めるにあたって，最も重要なのはテーマ設定である。班決めの際には，提示した大まかなジャンルから選んだうえでフリーワードを書かせるが，それが即各班のテーマになるわけではなく，各個人の関心をすり合わせながらより具体化させていくことになる。その作業に難航することも多いが，逆にここでしっかりとビジョンが見通せれば，あとは順調に進む。そのためじっくり考える時間が必要である。場合によっては，班ごとにブレーンストーミングなどを行いながら，小テーマと取材先候補を思いつく限り出させ，自分たちの関心を明確化させていく。自由な活動だからこそ，枠組みづくりに関して教員がしっかりとした手助けをしていく必要があると言える。

5　テーマ学習（中学3年）
──講座制による探究的な学びの深化

　テーマ学習とは，1993年にスタートした中学３年生を対象とする高度で専門的な内容を学ぶ講座である。さまざまな教科から毎年８〜10講座開講され，各講座10〜20人程度の受講生徒を対象に授業が行われる。担当教員が設定したいくつかのテーマのなかから，生徒が興味をひかれたものを選択し，１年間を通して主体的に学習する活動である。筑駒で作成している「テーマ学習実施要項」には，その趣旨が次のように示されている。

> 　中高一貫で高校進学時に受験をしないという本校の特色を活かす一つの試みとして，次の2点を重視した学習活動を考える。①既存の教科では必ずしも包摂できない分野や内容をも含めた諸領域でのより深化した学習活動，②自らが選択したテーマを少人数で主体的に探究する学習活動

　この学習活動は30年に及んでおり，実施形態に変更はあるものの，この趣旨は一貫して変わっていない。生徒と教員双方にとって有意義な実践だからこそ，このように継続されてきたのだといえる。

　設定されたテーマの内容は，たとえば2021年度の場合，次のようなものである（表14−1，括弧内は担当教員の教科）。年度によって異なるが，複数の教員が一つのテーマを担当することもあり，いずれも担当教員の専門，あるいは得意な分野を中心にテーマが設定されている。

表14−1　テーマ学習の講座例

Ａ：言葉と映像の世界（国語・美術） 詩（散文）の朗読と映像の組み合わせによる作品発表を目指す
Ｂ：駒場地域研究（社会） 学校周辺のフィールドワークを通じて案外知らない駒場を学ぶ
Ｃ：持続可能な数学 S-Math（数学） 直感的な疑問などから個別テーマを設定し，継続的な数学研究に取り組む
Ｄ：化学のお作法（化学） 基礎実験を楽しみながらより精密な実験器具の操作を習得し研究を深める
Ｅ：トレーニング　基本のき（保健体育） 試合で走り負けしないような体づくり・動きづくりを考える
Ｆ：お料理，ひとりでできるもん！（家庭科） 最初から最後までひとりで調理実習を行い，基本技能と段取り力を高める
Ｇ：Science Dialogue ＋学校動画を作ろう（英語） 海外若手研究者による英語プレゼンと英語版学校紹介動画の作成を目指す

2007年以降は指定の土曜日に連続2〜4時間で通年実施している。他の学校行事や学習活動との活動時期の適切性を考慮した設定である。連続4時間という枠組みのおかげで，1時間の授業枠内では実施できない実験・実習などのほか，フィールドワークや外部団体との交流といった校外に出ての活動も可能である。比較的少人数で自由な枠組みだからこそ，教員にとっても，自らの専門性を全面に押し出すことができる。これは，教員が学びを深める方向性を模索する機会としても貴重である。生徒の興味関心と教員の専門性との濃密なコミュニケーションの場となっている。最終的には，講座ごとに作品・成果の発表会を行ったり，レポート課題を提出させたりしている。

　このテーマ学習の長年の実践に基づき，高校の「ゼミナール」（現在は教科目となり名称も「課題研究」に改変）が2004年度から高校2年生の総合的な学習（当時）として出発した。3学期に中3テーマ学習の時間内で高校の「課題研究」に参加することになる（課題研究オープン）。高校での開設講座は中学とは異なるが，上級生の学習活動を実際に体験することは，さらなる学習への動機づけとして役立っている。中高一貫という筑駒の特色は，学校行事や部活動，委員会活動などだけでなく，学習活動の面においても相互に刺激を与え合う機会があり，大いに生かされていると言える。

6　筑駒の総合的な学習とその運営における特色や創意工夫

　ここまで紹介・解説してきた筑駒の総合的な学習について，最後にその運営における特色や創意工夫をまとめておきたい。ポイントは主に三つである。

［1］　持続可能で学校に根差す全体枠組の構築

　筑駒における総合的な学習のカリキュラムは，その全体的な枠組，すなわち，何年生で何をやるのかが，長年にわたって大きく変わっていない。もちろん，変えないことの弊害もあるが，学校にカリキュラムを根づかせるためにはコロコロと変えるべきではなく，むしろ，変えないがゆえにノウハウを継承・発展させ，探究活動の質を高めていくことができるというメリットがある。

　実際に，筑駒では昨年度の各探究活動のプロセスや成果をまとめた報告書をはじめ，運営のために作成した資料や生徒と一緒に作成したガイドブック等を引き継ぎ，次年度担任団はそれらを参考にして運営にあたっている。ただし，すべて昨年度通りにしているわけではなく，担任団の考え方やこだわりによって具体的なやり方や進め方はいろいろとアップデートされており，自由裁量の余地は大きい。ICTなどの新しく使えるツールも積極的に導入・活用されて

きた。マニュアル化できるところは効率化を図り，できないところは生徒たちの実態に応じながら柔軟に工夫する姿勢が貫徹している。

［2］　教科学習とのリンクと探究の基礎の確立

筑駒の総合的な学習で展開される探究活動は，必ずと言っていいほど各教科学習とリンクづけされている。日々の教科学習では十分に扱いきれないことやもっと発展的に取り組みたいことなど，各教科に関する教員の専門性や教養を活かして，非日常性のある学びがデザインされ，生徒たちが自らの生活認識や社会認識を更新・拡張したり，学術的なものの見方や考え方を獲得したりできるよう，工夫されている。活動の内容次第では，専門外のことを扱わざるを得ない教員も出てくるが，生徒と一緒になって探究を楽しむ姿がそこにはある。

また，指導にあたっては，各探究活動で基本的に何をやるのか，その大きなテーマや方向性，ある程度の段取りは担当教員によって決められている。学校によっては生徒たちがほぼ自由にテーマを選択して一人１テーマで探究する事例などもあるが，筑駒はその方法を採用しない。特に中学校段階では，教員がガイドしながら伴走者としてかかわることで，探究の基礎をしっかりと培うことを意図しているからである。生徒たちの自由に委ねるだけが探究ではないことに気をつける必要があるだろう。

［3］　生徒たちの主体的な学習参画

教員がガイドするからと言って，生徒たちの主体性が必ずしも阻害されるわけではない。ある一定の範囲内で，具体的にどのように活動を進めていくかは，担当教員と生徒たちとの対話によって決定されていく。教員は常に生徒たちの反応に心を砕いており，押さえるべきポイントを抑えつつ，指導・助言・援助したり，励ましたり，見守ったりしている。生徒たち自身が思考・判断・表現することを最も大切にして，予定調和のやらされ探究にならないよう，学ぶのは子どもであるという原則が保持されている。その際，生徒がじっくりと探究活動に取り組めるよう，先述した通り，土曜日の午前中を効果的に活用して，まとまった時間を確保していることもよく考えられた仕組みの一つである。

また，水田学習委員会や校外学習委員会を組織して，各クラスから選出された生徒たちが探究活動の運営に参画している実施体制は特筆に値する。教員がすべてお膳立てするのではなく，生徒たちもまた運営主体として活動を効果的に進めていくための段取りを考え，リーダーシップやフォロワーシップを発揮する機会が設けられているのである。こうした委員会制度を設けている学校は思いのほか少なく，参考になる。

生徒たちの意識に訴えかけるだけでは，主体的で効果的な探究活動は決して実現しない。魅力的な実践を知るだけでなく，そうした実践がどうした考えのもと，どういった仕組みや仕掛け，さらには条件整備によって成り立っているのかにも目を向けて，ぜひ学び続けてほしい。

Exercise

① あなたが中学校時代に経験した総合的な学習の諸活動を思い出してほしい。もっと教員がどのように教科の専門性を生かせば，より魅力的なものになっただろうか，そのための工夫を考えてみよう。

② 自分が専門（得意）とする教科で使う教科書の内容を，他教科ともリンクさせながら，さらに発展させたり，深めたりするには，どのような探究活動がデザインできるか，そのアイディアをいくつも考えてみよう。

③ 探究活動をやれば，生徒たちは自ずと動機が高まり，主体的に取り組むとは限らない。生徒たちを学びに駆り立てるためにはどのような仕掛けや働きかけが必要になるだろうか？　具体的な場面を想定して，その時，自分ならどうするかを考えてみよう。

📖次への一冊

筑波大学附属駒場中学校・高等学校（編）『「テーマ学習」を創る──生きた学びの演出』学事出版，2000年。
　　本章で取り上げた「テーマ学習」について，その学びを始めた意図や経緯，特徴，具体的な手順，および，様々な実践事例を紹介・解説した図書。
文部科学省「今，求められる力を高める総合的な学習の時間の展開（中学校編）」，2022年。
　　総合的な学習において求められる授業改善をはじめ，カリキュラム・マネジメントの方法について，具体例を交えながら解説した資料。高等学校編は2013年版が最新。いずれも Web 上で入手することが可能。
国立教育政策研究所「『指導と評価の一体化』のための学習評価に関する参考資料（中学校編）総合的な学習の時間」，2020年。
　　総合的な学習の学習評価の意義や評価の観点，基本的な流れ，手順等を解説した資料。高等学校編もあり，いずれも Web 上で入手することが可能。

引用・参考文献等

ベネッセ教育総合研究所（2016）『第6回学習指導基本調査 DATA BOOK（小学校・中

学校版）』

https://berd.benesse.jp/shotouchutou/research/detail1.php?id=5080（2022年10月 6 日

最終閲覧）

中央教育審議会答申（2016）「幼稚園，小学校，中学校，高等学校及び特別支援学校の

学習指導要領等の改善及び必要な方策等について」

筑波大学附属駒場中・高等学校 Web サイト

https://www.komaba-s.tsukuba.ac.jp/（2022年10月 6 日最終閲覧）

第1　目　標

　探究的な見方・考え方を働かせ，横断的・総合的な学習を行うことを通して，よりよく課題を解決し，自己の生き方を考えていくための資質・能力を次のとおり育成することを目指す。

(1)　探究的な学習の過程において，課題の解決に必要な知識及び技能を身に付け，課題に関わる概念を形成し，探究的な学習のよさを理解するようにする。

(2)　実社会や実生活の中から問いを見いだし，自分で課題を立て，情報を集め，整理・分析して，まとめ・表現することができるようにする。

(3)　探究的な学習に主体的・協働的に取り組むとともに，互いのよさを生かしながら，積極的に社会に参画しようとする態度を養う。

第2　各学校において定める目標及び内容

1　目　標

　各学校においては，第1の目標を踏まえ，各学校の総合的な学習の時間の目標を定める。

2　内容

　各学校においては，第1の目標を踏まえ，各学校の総合的な学習の時間の内容を定める。

3　各学校において定める目標及び内容の取扱い各学校において定める目標及び内容の設定に当たっては，次の事項に配慮するものとする。

(1)　各学校において定める目標については，各学校における教育目標を踏まえ，総合的な学習の時間を通して育成を目指す資質・能力を示すこと。

(2)　各学校において定める目標及び内容については，他教科等の目標及び内容との違いに留意しつつ，他教科等で育成を目指す資質・能力との関連を重視すること。

(3)　各学校において定める目標及び内容については，日常生活や社会との関わりを重視すること。

(4)　各学校において定める内容については，目標を実現するにふさわしい探究課題，探究課題の解決を通して育成を目指す具体的な資質・能力を示すこと。

(5)　目標を実現するにふさわしい探究課題については，学校の実態に応じて，例えば，国際理解，情報，環境，福祉・健康などの現代的な諸課題に対応する横断的・総合的な課題，地域の人々の暮らし，伝統と文化など地域や学校の特色に応じた課題，児童の興味・関心に基づく課題などを踏まえて設定すること。

(6)　探究課題の解決を通して育成を目指す具体的な資質・能力については，次の事項に配慮すること。

ア　知識及び技能については，他教科等及び総合的な学習の時間で習得する知識及び技能が相互に関連付けられ，社会の中で生きて働くものとして形成されるようにすること。

イ　思考力，判断力，表現力等については，課題の設定，情報の収集，整理・分析，まとめ・表現などの探究的な学習の過程において発揮され，未知の状況において活用できるものとして身に付けられるようにすること。

ウ　学びに向かう力，人間性等については，自分自身に関すること及び他者や社会との関わりに関することの両方の視点を踏まえること。

(7)　目標を実現するにふさわしい探究課題及び探究課題の解決を通して育成を目指す具体的な資質・能力については，教科等を越えた全ての学習の基盤となる資質・能力が育まれ，活用されるものとなるよう配慮すること。

第3　指導計画の作成と内容の取扱い

1　指導計画の作成に当たっては，次の事項に配慮するものとする。

(1)　年間や，単元など内容や時間のまとまりを見通して，その中で育む資質・能力の育成に向けて，児童の主体的・対話的で深い学びの実現を図るようにすること。その際，児童や学校，地域の実態等に応じて，児童が探究的な見方・考え方を働かせ，教科等の枠を超えた横断的・総合的な学習や児童の興味・関心等に基づく学習を行うなど創意工夫を生かした教育活動の充実を図ること。

(2)　全体計画及び年間指導計画の作成に当たっては，学校における全教育活動との関連の下に，目標及び内容，学習活動，指導方法や指導体制，学習の評価の計画などを示すこと。

(3)　他教科等及び総合的な学習の時間で身に付けた資質・能力を相互に関連付け，学習や生活において生かし，それらが総合的に働くようにすること。

その際，言語能力，情報活用能力など全ての学習の基盤となる資質・能力を重視すること。

(4) 他教科等の目標及び内容との違いに留意しつつ，第1の目標並びに第2の各学校において定める目標及び内容を踏まえた適切な学習活動を行うこと。

(5) 各学校における総合的な学習の時間の名称については，各学校において適切に定めること。

(6) 障害のある児童などについては，学習活動を行う場合に生じる困難さに応じた指導内容や指導方法の工夫を計画的，組織的に行うこと。

(7) 第1章総則の第1の2の（2）に示す道徳教育の目標に基づき，道徳科などとの関連を考慮しながら，第3章特別の教科道徳の第2に示す内容について，総合的な学習の時間の特質応じて適切な指導をすること。

2 第2の内容の取扱いについては，次の事項に配慮するものとする。

(1) 第2の各学校において定める目標及び内容に基づき，児童の学習状況に応じて教師が適切な指導を行うこと。

(2) 探究的な学習の過程においては，他者と協働して課題を解決しようとする学習活動や，言語により分析し，まとめたり表現したりするなどの学習活動が行われるようにすること。その際，例えば，比較する，分類する，関連付けるなどの考えるための技法が活用されるようにすること。

(3) 探究的な学習の過程においては，コンピュータや情報通信ネットワークなどを適切かつ効果的に活用して，情報を収集・整理・発信するなどの学習活動が行われるよう工夫すること。その際，コンピュータで文字を入力するなどの学習の基盤とし

て必要となる情報手段の基本的な操作を習得し，情報や情報手段を主体的に選択し活用できるよう配慮すること。

(4) 自然体験やボランティア活動などの社会体験，ものづくり，生産活動などの体験活動，観察・実験，見学や調査，発表や討論などの学習活動を積極的に取り入れること。

(5) 体験活動については，第1の目標並びに第2の各学校において定める目標及び内容を踏まえ，探究的な学習の過程に適切に位置付けること。

(6) グループ学習や異年齢集団による学習などの多様な学習形態，地域の人々の協力も得つつ，全教師が一体となって指導に当たるなどの指導体制について工夫を行うこと。

(7) 学校図書館の活用，他の学校との連携，公民館，図書館，博物館等の社会教育施設や社会教育関係団体等の各種団体との連携，地域の教材や学習環境の積極的な活用などの工夫を行うこと。

(8) 国際理解に関する学習を行う際には，探究的な学習に取り組むことを通して，諸外国の生活や文化などを体験したり調査したりするなどの学習活動が行われるようにすること。

(9) 情報に関する学習を行う際には，探究的な学習に取り組むことを通して，情報を収集・整理・発信したり，情報が日常生活や社会に与える影響を考えたりするなどの学習活動が行われるようにすること。第1章総則の第3の1の（3）のイに掲げるプログラミングを体験しながら論理的思考力を身に付けるための学習活動を行う場合には，プログラミングを体験することが，探究的な学習の過程に適切に位置付くようにすること。

中学校学習指導要領
第4章 総合的な学習の時間
（平成29年3月）

第1 目標

探究的な見方・考え方を働かせ，横断的・総合的な学習を行うことを通して，よりよく課題を解決し，自己の生き方を考えていくための資質・能力を次のとおり育成することを目指す。

(1) 探究的な学習の過程において，課題の解決に必要な知識及び技能を身に付け，課題に関わる概念を形成し，探究的な学習のよさを理解するようにする。

(2) 実社会や実生活の中から問いを見いだし，自分で課題を立て，情報を集め，整理・分析して，まとめ・表現することができるようにする。

(3) 探究的な学習に主体的・協働的に取り組むとともに，互いのよさを生かしながら，積極的に社会に参画しようとする態度を養う。

第2 各学校において定める目標及び内容

1 目標

各学校においては，第1の目標を踏まえ，各学校の

総合的な学習の時間の目標を定める。

2　内　容

　各学校においては，第1の目標を踏まえ，各学校の総合的な学習の時間の内容を定める。

3　各学校において定める目標及び内容の取扱い

　各学校において定める目標及び内容の設定に当たっては，次の事項に配慮するものとする。

(1) 各学校において定める目標については，各学校における教育目標を踏まえ，総合的な学習の時間を通して育成を目指す資質・能力を示すこと。

(2) 各学校において定める目標及び内容については，他教科等の目標及び内容との違いに留意しつつ，他教科等で育成を目指す資質・能力との関連を重視すること。

(3) 各学校において定める目標及び内容については，日常生活や社会との関わりを重視すること。

(4) 各学校において定める内容については，目標を実現するにふさわしい探究課題，探究課題の解決を通して育成を目指す具体的な資質・能力を示すこと。

(5) 目標を実現するにふさわしい探究課題については，学校の実態に応じて，例えば，国際理解，情報，環境，福祉・健康などの現代的な諸課題に対応する横断的・総合的な課題，地域や学校の特色に応じた課題，生徒の興味・関心に基づく課題，職業や自己の将来に関する課題などを踏まえて設定すること。

(6) 探究課題の解決を通して育成を目指す具体的な資質・能力については，次の事項に配慮すること。

　ア　知識及び技能については，他教科等及び総合的な学習の時間で習得する知識及び技能が相互に関連付けられ，社会の中で生きて働くものとして形成されるようにすること。

　イ　思考力，判断力，表現力等については，課題の設定，情報の収集，整理・分析，まとめ・表現などの探究的な学習の過程において発揮され，未知の状況において活用できるものとして身に付けられるようにすること。

　ウ　学びに向かう力，人間性等については，自分自身に関すること及び他者や社会との関わりに関することの両方の視点を踏まえること。

(7) 目標を実現するにふさわしい探究課題及び探究課題の解決を通して育成を目指す具体的な資質・能力については，教科等を越えた全ての学習の基盤

となる資質・能力が育まれ，活用されるものとなるよう配慮すること。

第3　指導計画の作成と内容の取扱い

1　指導計画の作成に当たっては，次の事項に配慮するものとする。

(1) 年間や，単元など内容や時間のまとまりを見通して，その中で育む資質・能力の育成に向けて，生徒の主体的・対話的で深い学びの実現を図るようにすること。その際，生徒や学校，地域の実態等に応じて，生徒が探究的な見方・考え方を働かせ，教科等の枠を超えた横断的・総合的な学習や生徒の興味・関心等に基づく学習を行うなど創意工夫を生かした教育活動の充実を図ること。

(2) 全体計画及び年間指導計画の作成に当たっては，学校における全教育活動との関連の下に，目標及び内容，学習活動，指導方法や指導体制，学習の評価の計画などを示すこと。その際，小学校における総合的な学習の時間の取組を踏まえること。

(3) 他教科等及び総合的な学習の時間で身に付けた資質・能力を相互に関連付け，学習や生活において生かし，それらが総合的に働くようにすること。その際，言語能力，情報活用能力など全ての学習の基盤となる資質・能力を重視すること。

(4) 他教科等の目標及び内容との違いに留意しつつ，第1の目標並びに第2の各学校において定める目標及び内容を踏まえた適切な学習活動を行うこと。

(5) 各学校における総合的な学習の時間の名称については，各学校において適切に定めること。

(6) 障害のある生徒などについては，学習活動を行う場合に生じる困難さに応じた指導内容や指導方法の工夫を計画的，組織的に行うこと。

(7) 第1章総則の第1の2の（2）に示す道徳教育の目標に基づき，道徳科などとの関連を考慮しながら，第3章特別の教科道徳の第2に示す内容について，総合的な学習の時間の特質に応じて適切な指導をすること。

2　第2の内容の取扱いについては，次の事項に配慮するものとする。

(1) 第2の各学校において定める目標及び内容に基づき，生徒の学習状況に応じて教師が適切な指導を行うこと。

(2) 探究的な学習の過程においては，他者と協働して課題を解決しようとする学習活動や，言語により

分析し，まとめたり表現したりするなどの学習活動が行われるようにすること。その際，例えば，比較する，分類する，関連付けるなどの考えるための技法が活用されるようにすること。

(3) 探究的な学習の過程においては，コンピュータや情報通信ネットワークなどを適切かつ効果的に活用して，情報を収集・整理・発信するなどの学習活動が行われるよう工夫すること。その際，情報や情報手段を主体的に選択し活用できるよう配慮すること。

(4) 自然体験や職場体験活動，ボランティア活動などの社会体験，ものづくり，生産活動などの体験活動，観察・実験，見学や調査，発表や討論などの学習活動を積極的に取り入れること。

(5) 体験活動については，第1の目標並びに第2の各

学校において定める目標及び内容を踏まえ，探究的な学習の過程に適切に位置付けること。

(6) グループ学習や異年齢集団による学習などの多様な学習形態，地域の人々の協力も得つつ，全教師が一体となって指導に当たるなどの指導体制について工夫を行うこと。

(7) 学校図書館の活用，他の学校との連携，公民館，図書館，博物館等の社会教育施設や社会教育関係団体等の各種団体との連携，地域の教材や学習環境の積極的な活用などの工夫を行うこと。

(8) 職業や自己の将来に関する学習を行う際には，探究的な学習に取り組むことを通して，自己を理解し，将来の生き方を考えるなどの学習活動が行われるようにすること。

高等学校学習指導要領
第4章　総合的な探究の時間
（平成30年3月）

第1　目　標

探究の見方・考え方を働かせ，横断的・総合的な学習を行うことを通して，自己の在り方生き方を考えながら，よりよく課題を発見し解決していくための資質・能力を次のとおり育成することを目指す。

(1) 探究の過程において，課題の発見と解決に必要な知識及び技能を身に付け，課題に関わる概念を形成し，探究の意義や価値を理解するようにする。

(2) 実社会や実生活と自己との関わりから問いを見いだし，自分で課題を立て，情報を集め，整理・分析して，まとめ・表現することができるようにする。

(3) 探究に主体的・協働的に取り組むとともに，互いのよさを生かしながら，新たな価値を創造し，よりよい社会を実現しようとする態度を養う。

第2　各学校において定める目標及び内容

1　目　標

各学校においては，第1の目標を踏まえ，各学校の総合的な探究の時間の目標を定める。

2　内　容

各学校においては，第1の目標を踏まえ，各学校の総合的な探究の時間の内容を定める。

3　各学校において定める目標及び内容の取扱い

各学校において定める目標及び内容の設定に当たっては，次の事項に配慮するものとする。

(1) 各学校において定める目標については，各学校に

おける教育目標を踏まえ，総合的な探究の時間を通して育成を目指す資質・能力を示すこと。

(2) 各学校において定める目標及び内容については，他教科等の目標及び内容との違いに留意しつつ，他教科等で育成を目指す資質・能力との関連を重視すること。

(3) 各学校において定める目標及び内容については，地域や社会との関わりを重視すること。

(4) 各学校において定める内容については，目標を実現するにふさわしい探究課題，探究課題の解決を通して育成を目指す具体的な資質・能力を示すこと。

(5) 目標を実現するにふさわしい探究課題については，地域や学校の実態，生徒の特性等に応じて，例えば，国際理解，情報，環境，福祉・健康などの現代的な諸課題に対応する横断的・総合的な課題，地域や学校の特色に応じた課題，生徒の興味・関心に基づく課題，職業や自己の進路に関する課題などを踏まえて設定すること。

(6) 探究課題の解決を通して育成を目指す具体的な資質・能力については，次の事項に配慮すること。

ア　知識及び技能については，他教科等及び総合的な探究の時間で習得する知識及び技能が相互に関連付けられ，社会の中で生きて働くものとして形成されるようにすること。

イ　思考力，判断力，表現力等については，課題の

設定，情報の収集，整理・分析，まとめ・表現などの探究の過程において発揮され，未知の状況において活用できるものとして身に付けられるようにすること。

　　ウ　学びに向かう力，人間性等については，自分自身に関すること及び他者や社会との関わりに関することの両方の視点を踏まえること。

(7)　目標を実現するにふさわしい探究課題及び探究課題の解決を通して育成を目指す具体的な資質・能力については，教科・科目等を越えた全ての学習の基盤となる資質・能力が育まれ，活用されるものとなるよう配慮すること。

第3　指導計画の作成と内容の取扱い

1　指導計画の作成に当たっては，次の事項に配慮するものとする。

(1)　年間や，単元など内容や時間のまとまりを見通して，その中で育む資質・能力の育成に向けて，生徒の主体的・対話的で深い学びの実現を図るようにすること。その際，生徒や学校，地域の実態等に応じて，生徒が探究の見方・考え方を働かせ，教科・科目等の枠を超えた横断的・総合的な学習や生徒の興味・関心等に基づく学習を行うなど創意工夫を生かした教育活動の充実を図ること。

(2)　全体計画及び年間指導計画の作成に当たっては，学校における全教育活動との関連の下に，目標及び内容，学習活動，指導方法や指導体制，学習の評価の計画などを示すこと。

(3)　目標を実現するにふさわしい探究課題を設定するに当たっては，生徒の多様な課題に対する意識を生かすことができるよう配慮すること。

(4)　他教科等及び総合的な探究の時間で身に付けた資質・能力を相互に関連付け，学習や生活において生かし，それらが総合的に働くようにすること。その際，言語能力，情報活用能力など全ての学習の基盤となる資質・能力を重視すること。

(5)　他教科等の目標及び内容との違いに留意しつつ，第1の目標並びに第2の各学校において定める目標及び内容を踏まえた適切な学習活動を行うこと。

(6)　各学校における総合的な探究の時間の名称については，各学校において適切に定めること。

(7)　障害のある生徒などについては，学習活動を行う場合に生じる困難さに応じた指導内容や指導方法の工夫を計画的，組織的に行うこと。

(8)　総合学科においては，総合的な探究の時間の学習活動として，原則として生徒が興味・関心，進路等に応じて設定した課題について知識や技能の深化，総合化を図る学習活動を含むこと。

2　内容の取扱いに当たっては，次の事項に配慮するものとする。

(1)　第2の各学校において定める目標及び内容に基づき，生徒の学習状況に応じて教師が適切な指導を行うこと。

(2)　課題の設定においては，生徒が自分で課題を発見する過程を重視すること。

(3)　第2の3の（6）のウにおける両方の視点を踏まえた学習を行う際には，これらの視点を生徒が自覚し，内省的に捉えられるよう配慮すること。

(4)　探究の過程においては，他者と協働して課題を解決しようとする学習活動や，言語により分析し，まとめたり表現したりするなどの学習活動が行われるようにすること。その際，例えば，比較する，分類する，関連付けるなどの考えるための技法が自在に活用されるようにすること。

(5)　探究の過程においては，コンピュータや情報通信ネットワークなどを適切かつ効果的に活用して，情報を収集・整理・発信するなどの学習活動が行われるよう工夫すること。その際，情報や情報手段を主体的に選択し活用できるよう配慮すること。

(6)　自然体験や就業体験活動，ボランティア活動などの社会体験，ものづくり，生産活動などの体験活動，観察・実験・実習，調査・研究，発表や討論などの学習活動を積極的に取り入れること。

(7)　体験活動については，第1の目標並びに第2の各学校において定める目標及び内容を踏まえ，探究の過程に適切に位置付けること。

(8)　グループ学習や個人研究などの多様な学習形態，地域の人々の協力も得つつ，全教師が一体となって指導に当たるなどの指導体制について工夫を行うこと。

(9)　学校図書館の活用，他の学校との連携，公民館，図書館，博物館等の社会教育施設や社会教育関係団体等の各種団体との連携，地域の教材や学習環境の積極的な活用などの工夫を行うこと。

(10)　職業や自己の進路に関する学習を行う際には，探究に取り組むことを通して，自己理解し，将来の在り方生き方を考えるなどの学習活動が行われる

ようにすること。

中央教育審議会
「幼稚園，小学校，中学校，高等学校及び特別支援学校の学習指導要領等の改善及び必要な方策等について」
（答申）平成28年12月21日

17．総合的な学習の時間（pp.236-242）
（1）現行学習指導要領の成果と課題を踏まえた総合的な学習の時間の目標の在り方
①現行学習指導要領の成果と課題
○　総合的な学習の時間は，学校が地域や学校，児童生徒の実態等に応じて，横断的・総合的な学習など創意工夫を生かした教育活動を行うこととしている。
○　現行学習指導要領では，総合的な学習の時間を，教科等の枠を超えた横断的・総合的な学習とすることと同時に，探究的な学習や協同的な学習とすることが重要であることを明示した。特に，探究的な学習を実現するため，「⑦課題の設定→①情報の収集→⑨整理・分析→⑤まとめ・表現」の探究のプロセスを明示し，学習活動を発展的に繰り返していくことを重視した。
○　成果としては，全国学力・学習状況調査の分析等において，総合的な学習の時間で探究のプロセスを意識した学習活動に取り組んでいる児童・生徒ほど各教科の正答率が高い傾向にあること，探究的な学習活動に取り組んでいる児童生徒の割合が増えていることなどが明らかになっている。また，総合的な学習の時間の役割はPISAにおける好成績につながったことのみならず，学習の姿勢の改善に大きく貢献するものとしてOECDをはじめ国際的に高く評価されている。
○　その上で，今後更なる充実が期待されることとして，おおむね以下のような課題がある。
・　一つ目は，総合的な学習の時間で育成する資質・能力についての視点である。総合的な学習の時間を通してどのような資質・能力を育成するのかということや，総合的な学習の時間と各教科等との関連を明らかにするということについては学校により差がある。これまで以上に総合的な学習の時間と各教科等の相互の関わりを意識しながら，学校全体で育てたい資質・能力に対応したカリキュラム・マネジメントが行われるようにすることが求められている。
・　二つ目は，探究のプロセスに関する視点である。探究のプロセスの中でも「整理・分析」「まとめ・表現」に対する取組が十分ではないという課題が

ある。探究のプロセスを通じた一人一人の資質・能力の向上をより一層意識することが求められる。
・　三つ目は，高等学校における総合的な学習の時間の更なる充実という視点である。地域の活性化につながるような事例が生まれている一方で，本来の趣旨を実現できていない学校もあり，小・中学校の取組の成果の上に高等学校にふさわしい実践が十分展開されているとは言えない状況にある。
②課題を踏まえた総合的な学習の時間の目標の在り方
（総合的な学習の時間の目標）
○　これまでは総合的な学習の時間において各学校において育成を目指す資質・能力・態度として，「学習方法に関すること」「自分自身に関すること」「他者や社会とのかかわりに関すること」の三つの視点が例示されていた。これら三つの視点と，資質・能力の三つの柱に即して，総合的な学習の時間で育成を目指す資質・能力について整理する。
○　これらを踏まえ，総合的な学習の時間においては，「探究的な（探究の）見方・考え方」を働かせて，よりよく課題を解決し，自己の（在り方）生き方を考えることを通して，資質・能力を育成することを目標として示す必要がある。（括弧内は高等学校）
（教育課程全体における総合的な学習の役割とカリキュラム・マネジメント）
○　総合的な学習の時間において，学習指導要領に定められた目標を踏まえて各学校が教科横断的に目標を定めることは，各学校におけるカリキュラム・マネジメントの鍵となる。各学校が定める目標についても，資質・能力の三つの柱の考え方を踏まえたものとなることが求められる。
○　教科横断的に学ぶ総合的な学習の時間において，各教科等の「見方・考え方」を働かせることによって，「見方・考え方」は多様な文脈で使えるようになるなどして確かなものになり，各教科等の「深い学び」を実現することにもつながるものと期待できる。
○　学年間・学校段階間といった「縦」のつながりでも期待される役割が大きい。小学校，中学校，高校の中で，どのような学習を行い，資質・能力を養うこと

を積み上げていくのかという中で，総合的な学習の時間においてどのような目標，内容の学習を行うかということがひとつの軸となる。

○ さらに，総合的な学習の時間は，目標や内容を各学校が定めるという点において，各学校の教育目標に直接的につながる。特に，高等学校では総合的な学習の時間がその学校のミッションを体現するものとなるべきである。

③総合的な学習の時間における「見方・考え方」

○ 総合的な学習の時間の特質から求められることは，大きく整理すると，以下のような点がある。

・ 一つの教科等の枠に収まらない課題に取り組む学習活動を通して，各教科等で身に付けた知識や技能等を相互に関連付け，学習や生活に生かし，それらが児童生徒の中で総合的に働くようにすること。

・ 多様な他者と協働し，異なる意見や他者の考えを受け入れる中で，実社会や実生活との関わりで見いだされる課題を多面的・多角的に俯瞰して捉え，考えること。

・ 学ぶことの意味や意義を考えたり，学ぶことを通じて達成感や自身を持ち，自分のよさや可能性に気付いたり，自分の人生や将来について考え学んだことを現在及び自己の将来につなげたりして考えるという，内省的（Reflective）な考え方をすること。特に高等学校においては自己のキャリア形成の方向性と関連付けながら「見方・考え方」を組み合わせて統合させ，働かせること。

○ これらを踏まえてまとめると，総合的な学習の時間の「見方・考え方」は「各教科等における『見方・考え方』を総合的（・統合的）に働かせて，広範（かつ複雑）な事象を多様な角度から俯瞰して捉え，実社会や実生活の文脈や自己の（在り方）生き方と関連付けて問い続けること」であると言える。（括弧内は高等学校）

（2）具体的な改善事項

①教育課程の示し方の改善

ⅰ）資質・能力を育成する学びの過程についての考え方

○ 総合的な学習の時間において，㋐「課題の設定」→㋑「情報の収集」→㋒「整理・分析」→㋓「まとめ・表現」といった探究のプロセスを通して資質・能力を育成する。こうした中で，各教科等の「見方・考え方」を総合的（統合的）に働かせし，広範かつ複雑

な事象を多様な角度から俯瞰して捉え，実社会や実生活の複雑な文脈の中で物事を考えたり，自分自身の在り方生き方と関連付けて内省的に考えたりすることが総合的な学習の時間における学習過程の特徴である。

○ 各教科等の特質に応じた「見方・考え方」を総合的・統合的に働かせることで，各教科等の「見方・考え方」と総合的な学習の時間の「見方・考え方」は相互に関連し合いながら，より確かなものとなり，実社会・実生活の中で生きて働くものとなっていく。

○ この過程の順序は入れ替わったり，一体化したり，重点的に行われたり，一連の過程がより大きな過程の一部になったりもする。児童生徒にとっては試行錯誤を繰り返すことによりこうした過程を行ったり来たりすることも重要であり，時には失敗したり立ち止まって前提を疑って考えることがあってこそ探究的な学びである。

ⅱ）指導内容の示し方の改善

○ 学習指導要領において総合的な学習の時間の目標を示し，各学校においてそれを踏まえて目標や内容を設定するという基本的な構成は維持すべきと考えられる。その上で，総合的な学習の時間を通じて育成を目指す資質・能力や，教育課程全体における総合的な学習の時間の役割等を明確にするという観点から，総合的な学習の時間に関する学習指導要領における示し方についても構造を再整理する必要がある。

○ 学習活動の例示については，総合的な学習の時間が果たすべき役割を踏まえ，学習活動の設定に関して望まれる考え方を示す。（例えば，実生活・実社会に関する現代社会や地域社会に関する課題などとすること，児童生徒にとって身近に感じられ，かつ，探究的に学ぶ意義等を実感できるような課題を設定すること等）

○ 「知識・技能」に関して，総合的な学習の時間の「探究的な（探究の）見方・考え方」を働かせた学習活動を通して獲得される概念（的な知識）の方向性を例示するなどの示し方の工夫を行う。

○ 「思考力・判断力・表現力等」に関して，探究のプロセスを通じて働く学習方法（思考スキル）に関する資質や能力を例示するなどの示し方の工夫を行う。

○ 「学びに向かう力・人間性等」に関して，探究活動と自分自身，探究活動と他者や社会に関する資質・能力を例示することを検討する。特に高等学校においては，探究と自己のキャリア形成を関連付けることを明確化するなどの示し方の工夫を行う。

○ 全体計画及び年間指導計画の作成に当たり，育成する資質・能力を明示するとともに，児童生徒や保護者，地域・社会にも積極的に説明し共有するよう求めることが考えられる。

②教育内容の改善・充実

ⅰ）構成の見直し

○ 各学校段階における総合的な学習の時間の実施状況や，義務教育９年間の修了時及び高等学校修了時までに育成を目指す資質・能力，高大接続改革の動向等を考慮すると，高等学校においては，小・中学校における総合的な学習の時間の取組の成果を生かしつつ，より探究的な活動を重視する視点から，位置付けを明確化し直すことが必要と考えられる。

○ 小学校，中学校においては，各教科等の特質に応じた「見方・考え方」を総合的に働かせながら，自ら問いを見いだし探究することのできる力を育成し，探究的な学習が自己の生き方に関わるものであることに気付くようにする。

○ それを基盤とした上で，高等学校における総合的な学習の時間においては，各教科等の特質に応じた「見方・考え方」を総合的・統合的に働かせることに加えて，自己の在り方生き方に照らし，自己のキャリア形成の方向性と関連付けながら「見方・考え方」を組み合わせて統合させ，働かせながら，自ら問いを見いだし探究することのできる力を育成するようにする。

○ このため，高等学校の総合的な学習の時間については，名称を「総合的な探究の時間」などに変更することも含め位置付けを見直す。これまでの実践事例や国際バカロレアディプロマプログラムにおける「知の理論」なども参考に，各学校の取組が一層の充実を図るようにする。より探究的な学習を展開するための学ぶ教材を作成し，提供することも求められる。

○ キャリア形成と関連付けるという点においては，専門教科における課題研究科目や検討中の「理数探究」と同様の性格を持つが，総合的な学習の時間では，特定の分野を前提とせずに，実社会や実生活から自ら見いだした課題を探究していくことを通して自己のキャリア形成の方向性を見いだすことにつなげていく。

ⅱ）教育内容の見直し

○ 総合的な学習の時間においては，学習課題の例示として，国際理解，情報，環境，福祉・健康などの横断的な課題や地域の人々の暮らし，伝統と文化など地域や学校の特色に応じた課題などを示している。教科横断的な課題については，総合的な学習の時間で扱うだけでなく，各教科等の学習と関連付け，全体としてどのような資質・能力を育成していくかという視点も重要である。

○ 教科横断的に育成を目指す資質・能力については，総則の見直しを踏まえて総合的な学習の時間に関しても必要な規定を置くことが適当である。

（持続可能な社会という視点）

○ 持続可能な開発のための教育（ESD）は，次期学習指導要領改訂の全体において基盤となる理念であると言えるが，そこで求められている資質・能力（国立教育政策研究所の整理によれば，「多様性」「相互性」「有限性」「公平性」「連携性」「責任性」といった概念の理解，「批判的に考える力」「未来像を予測して計画を立てる力」「多面的・総合的に考える力」などの力）は，総合的な学習の時間で探究的に学習する中で，より確かな力としていくことになると考えられる。

○ 持続可能な社会の担い手として必要とされる資質・能力を育成するには，どのようなテーマを学習課題とするかではなく，必要とされる資質・能力を育むことを意識した学習を展開することが重要である。各学校がESDの視点からの教科横断的な学習を一層充実していくに当たり，総合的な学習の時間が中心的な役割を果たしていくことが期待される。

（情報活用能力の育成，プログラミング的な思考や社会との関わりの視点）

○ 総合的な学習の時間においては，情報の集め方や調べ方，整理・分析の仕方，まとめ方や表現の仕方などの教科横断的に活用できる「学び方」を身に付け，学習の過程において情報手段の操作もできるようにすることが求められる。

○ 「プログラミング的思考」など，子供たちが将来どのような職業に就くとしても求められる力を育むため，小学校段階でプログラミングを体験する教育が求められている。総合的な学習の時間では，例えば，探究的な学習の中で，プログラミングを体験しながら，自分の暮らしとプログラミングとの関係を考え，そのよさに気付く学びを取り入れていくことが考えられる。

○ その際，プログラミングを体験することが，総合的な学習の時間における学びの本質である探究的な学習として適切に位置付けられるようにすることととも

に，児童一人一人に探究的な学びが実現し，一層充実するものとなるように十分配慮することが必要である。

③学習・指導の改善充実や教育環境の充実等

ⅰ）「主体的・対話的で深い学び」の実現

（「主体的な学び」の視点）

・ 総合的な学習の時間において，探究のプロセスの中で主体的に学んでいく上では，課題設定と振り返りが重要である。課題の設定に当たっては，自分事として課題を設定し，主体的な学びを進めていくようにするため，実社会や実生活の問題を取り上げることや，学習活動の見通しを明らかにし，ゴールとそこに至るまでの道筋を描きやすくなるような学習活動の設定を行うことが必要である。

・ 振り返りについては，自らの学びを意味付けたり価値付けたりして自己変容を自覚し，次の学びへと向かう「学びに向かう力」を培うために，言語によりまとめたり表現したりする学習活動を意識することが必要である。

・ 振り返りは授業や単元の終末に行うものとは限らず，学習の途中において，見通したことを確かめ，必要に応じて見通しを立て直すことも考えられ，こうした振り返りを主体的に行う資質・能力を育てることも重要である。

（「対話的な学び」の視点）

・ 多様な他者と力を合わせて問題の解決や探究活動に取り組むことには，⑦他者へ説明することにより生きて働く知識や技能の習得が図られること，①他者から多様な情報が収集できること，⑦新たな知を創造する場を構築できることといったよさがある。

・ 例えば，情報を可視化し操作化する思考ツールの活用などにより，児童生徒同士で学び合うことを助けるなどの授業改善の工夫によって，思考を広げ深め，新たな知を創造する児童生徒の姿が生まれるものと考えられる。

・ 協働的に学習することはグループとして結果を出すことが目的ではなく，一人一人がどのような資質・能力を身に付けるかということが重要であることに留意する。

・ また，「対話的な学び」は，学校内において他の児童生徒と活動を共にするということだけではなく，一人でじっくりと自己の中で対話すること，

先人の考えなどと文献で対話すること，離れた場所を ICT 機器などでつないで対話することなどを含め，様々な対話の姿や対象が考えられる。

（「深い学び」の視点）

・ 探究のプロセスを一層重視し，これまで以上に学習過程の質的向上を目指すことが求められる。実社会・実生活に即した学習課題について探究的に学ぶ中で，各教科等の特質に応じた「見方・考え方」を総合的に働かせることで，個別の知識や技能は関連付けられて概念化し，能力は実際の活用場面と結び付いて汎用的になり，多様な文脈で使えるものとなることが期待できる。

・ 特に，「⑦課題の設定」の場面で課題を自分事として捉えること，「⑦整理・分析」の場面で俯瞰して捉え内省的に考えるという「探究的な（探究の）見方・考え方」を働かせることが重要である。

ⅱ）教材や教育環境の充実

（教材の在り方）

○ 高等学校において，生徒が主体的に探究していく上で助けとなるような，全国共通で活用できる教材等を作成することを検討する。例えば課題の設定や，情報の整理・分析に関する思考のスキル，成果を適切にまとめて発表するための方法といったことを学べるものとすることが考えられる。その際，高等学校の総合的な学習の時間が，「当該教材を教えるもの」にならないよう留意する。

（必要な条件整備）

○ 各学校において，全ての教職員が協力して力を発揮するため，校長のビジョンとリーダーシップの下，各学校が育成しようとする子供の姿から必要な資質・能力を明らかにし，各教科等をつないでカリキュラムデザインができるミドルリーダー的な教員が育つことが期待される。

○ 総合的な学習の時間を担当する教員の資質・能力向上を図るため，国や都道府県等のレベルで各地域の取組状況等を協議できる機会を引き続き充実する。

○ 「社会に開かれた教育課程」の視点から，学校と保護者とが育成したい子供たちの資質・能力について共有し，必要な協力を求めることも大事である。

○ 地域との連携に当たっては，コミュニティ・スクールの仕組みの積極的な活用や，地域学校協働本部との協働を図ることが望まれる。地域の様々な課題に即した学習課題を設定するに当たり，教育委員会と首長部局との連携も強く求められる。

休業日等における総合的な学習の時間の学校外の学習活動の取扱いについて（通知）
30文科初第1852号
平成31年3月29日

　総合的な学習の時間については，各学校において，児童生徒や学校，地域の実態等に応じて，教科等の枠を超えた横断的・総合的な学習や児童生徒の興味・関心等に基づく学習を行うなどの創意工夫を生かした学習活動を積極的に実施していただいているところです。総合的な学習の時間において充実した学習活動を行うに当たっては，実社会や実生活とのつながりのある実践的な活動を行うことが効果的であり，これまでも各学校の総合的な学習の時間においては，学校や地域等の実情に応じた学校外の学習活動に取り組まれているところです。

　一方で，総合的な学習の時間において実施される学校の外部における学習活動については，一般的に長期休業期間や土日等の休業日ではない平日の授業において実施される場合が多く，また，学習活動を実施する時間の確保や活動先の都合等により，学習活動を実施する時期や時間帯，内容等が限定的となりがちであるため，文部科学省においては，地域等の協力を得ながら総合的な学習の時間を更に充実させていく観点から，長期休業期間や土日等の休業日，放課後等に学校の外部において教師の立ち合いや引率を伴わずに実施する総合的な学習の時間の学習活動（以下「休業日等における総合的な学習の時間の学校外学習活動」という。）についての基本的な考え方や留意点を下記に示すことにしました。こうした取組を進めていくことは，地域の教育資源の活用による多様な学習活動の充実を図る上で有効であることや，また，学校における働き方改革の実現にもつながると考えられることから，学校の設置者及び各学校におかれましては，十分御了知頂くとともに，その実施について御検討いただきますようお願いします。その際，各学校の社会教育施設等との連携についても御検討いただきますようお願いいたします。

　つきましては，都道府県教育委員会におかれては指定都市を除く域内の市町村教育委員会，所管の学校及び社会教育施設に対して，指定都市教育委員会におかれては所管の学校及び社会教育施設に対して，都道府県及び構造改革特別区域法第12条第1項の認定を受けた地方公共団体におかれては所轄の学校及び学校法人等に対して，国公立大学法人におかれては管下の附属学校に対して，本通知の趣旨について周知くださるようお願いします。

　また，都道府県教育委員会におかれては，本件について域内の市町村教育委員会が設置する学校に対して周知が図られるよう配慮をお願いします。

記

第1　基本的な考え方

　各学校が定める総合的な学習の時間の年間指導計画や単元計画等に，「休業日等における総合的な学習の時間の学校外学習活動」の位置付けを，総合的な学習の時間の探究的な学習の過程を踏まえて明確にする場合には，各学校の判断によって，「休業日等における総合的な学習の時間の学校外学習活動」を，総合的な学習の時間の各学年における年間授業時数のうちの4分の1程度まで実施することができること。

第2　「休業日等における総合的な学習の時間の学校外学習活動」を実施する際の留意事項

　本取扱いに当たっての留意事項は，以下のとおりであること。

　1．「休業日等における総合的な学習の時間の学校外学習活動」

　　　「休業日等における総合的な学習の時間の学校外学習活動」については，各学校において定める総合的な学習の時間の目標や内容を踏まえた学習活動となるよう留意するとともに，総合的な学習の時間における探究的な学習の過程に適切に位置付けるよう留意すること。

　　　「休業日等における総合的な学習の時間の学校外学習活動」については，公民館や図書館，博物館，美術館及び青少年教育施設等の社会教育施設，社会教育関係団体，NPO・企業等の各種団体を含む地域や家庭等の協力を得て行う学習活動を念頭に置くこと。また，学校と地域等との連携に当たっては，例えば，コミュニティ・スクール（学校運営協議会制度）等の枠組みを活用して，育成を目指す具体的な資質・能力や学習活動の目的等について共有したり，地域学校協働活動推進

員（コーディネーター）等の協力を得たりするなど，地域の教育資源を活用するほか，小学校及び中学校学習指導要領（平成29年告示）解説総合的な学習の時間編第9章第5節を適宜参照すること。

なお，例えば，各学校において定める総合的な学習の時間の目標や内容を全く踏まえずに，単に児童生徒が自由に学習するような活動については，総合的な学習の時間の趣旨に鑑みて不適切であること。他方で例えば，身近な人の仕事の内容や課題等について聞き取りをしたり，インターネットを活用して調べたりしたことをまとめるなどの，事前に教師が児童生徒に学習活動の具体的な課題を示して家庭のみで学習する活動については，総合的な学習の時間の趣旨に照らし，事後指導を適切に位置付けながら各学校において適切に判断すること。教師が学習活動を具体的に計画する際は，それぞれの家庭の事情や家族構成等に配慮することが必要であること。

2．指導計画等への記載

各学校において定める総合的な学習の時間の指導計画等において，「休業日等における総合的な学習の時間の学校外学習活動」に関する以下について記載したものを添付することなどが考えられること。

・活動先や活動時期の予定，事前及び事後の指導等の学習活動に関すること
・学習活動の授業時数，授業日数に関すること
・児童生徒の安全管理に関すること（学校との緊急時の連絡体制を含む）
・児童生徒の取組状況の把握に関すること

3．「休業日等における総合的な学習の時間の学校外学習活動」に関する児童生徒の取組状況の把握と評価

「休業日等における総合的な学習の時間の学校外学習活動」を実施する際には，当該学習活動に参加した児童生徒の様子や感想など，学校が児童生徒の学習状況として把握したい事項等について，あらかじめ活動先に伝達したり，児童生徒に自らの学習活動を記録するワークシートを配布したりするなどの工夫を行うこと。なお，児童生徒が「休業日等における総合的な学習の時間の学校

外学習活動」に欠席又は参加できなかった場合への対応については，各学校において適宜行うこと。

評価については，小学校及び中学校学習指導要領（平成29年告示）解説総合的な学習の時間編第8章を適宜参照すること。その際，同解説第8章において，「各学校において定められた評価の観点を，1単位時間で全て評価しようとするのではなく，年間や，単元などの内容のまとまりを通して，一定程度の時間数の中において評価を行うように心がける必要がある」としていることに留意すること。

4．「休業日等における総合的な学習の時間の学校外学習活動」にかかる授業時数，授業日数及び出席日数等の取扱い

「休業日等における総合的な学習の時間の学校外学習活動」を実施する際の授業時数，授業日数及び出席日数の取扱いについては，以下によることとする。

・各学校が定める総合的な学習の時間の指導計画等において，「休業日等における総合的な学習の時間の学校外学習活動」の授業時数及び授業日数を定めること。
・指導要録における授業日数は，各児童生徒が実際に学習活動を実施した日数ではなく，上記の指導計画等において定めた授業日数を記載すること。
・上記のほか出欠の記録に係る指導要録の取扱いについては，児童生徒の学習状況等を踏まえ，各学校において適切に取り扱うこと。

5．安全管理の確保

「休業日等における総合的な学習の時間の学校外学習活動」を実施する際は，各学校は，上記「2」において記載するなどした指導計画等に沿って，必要に応じて職場体験活動や校外学習，集団宿泊学習等の外部と連携した活動を実施する際に使用している既存の様式等も活用しながら，あらかじめ活動先と，活動実施日や参加する児童生徒に関する情報，活動内容，及び緊急時における連絡先等について共有するとともに，養護教諭とも必要な連携を行うなど，児童生徒の安全確保に配慮すること。なお，学習活動によっては，必

ずしも活動先があらかじめ明確でないような場合
も想定されることから，そのような場合は，例え
ば保護者と緊急連絡先を共有しておくなどの対応
を行うこと。

　なお，休業日等において，教職員が緊急連絡に
備えるためのみを理由として学校で待機すること
のないようにすること。

　上記のように実施する「休業日等における総合
的な学習の時間の学校外学習活動」において負傷
等の災害が発生した場合は，独立行政法人日本ス
ポーツ振興センター法（平成14年法律第162号）
に基づく災害共済給付の対象になり得るが，その
具体的な適用に関する疑義等については，必要に
応じて独立行政法人日本スポーツ振興センターに
照会すること。

　このほか，「休業日等における総合的な学習の
時間の学校外学習活動」において児童生徒が活動
先の財物に損害を与えた場合等の物損事故等への
備えについては，民間の保険へ加入するなど各学
校又は教育委員会において必要な対応を行うこ
と。

6．家庭や地域等との連携

　「休業日等における総合的な学習の時間の学校
外学習活動」を実施する際には，例えば，コミュ
ニティ・スクール（学校運営協議会制度）等の枠
組みを活用するなど，その目的や具体的な学習活
動についてあらかじめ保護者や地域の関係者と共
有し理解を得るよう努めること。その上で，各学
校は，例えば，学校や地域の実態等に応じて，地
域学校協働活動推進員（コーディネーター）等と
連携するなど，「休業日等における総合的な学習
の時間の学校外学習活動」を実施する際の活動先
のリストアップや，活動先との間との連絡調整，
実施に当たっての安全確保に関する協力等を依頼
するなどの工夫を図るよう留意すること。なお，
活動先との間の連絡調整を地域等の協力を得て行
う場合は，児童生徒の個人情報やプライバシーの
取扱いなどに配慮するよう留意すること。

7．実施の開始時期

　「休業日等における総合的な学習の時間の学校
外学習活動」の開始時期については，2020年度か
ら実施することを基本とすること。なお，本通知
に対する各準備が整っている学校においては，次
年度中に実施することも可能であること。

8．その他

　この通知に示す内容のほか，「休業日等におけ
る総合的な学習の時間の学校外学習活動」に実施
に当たり必要なことについては，小学校及び中学
校学習指導要領（平成29年告示）解説総合的な学
習の時間編を適宜参照すること。

人名索引

事項索引

《監修者紹介》

吉田武男（筑波大学名誉教授，貞静学園短期大学学長）

《執筆者紹介》（所属，分担，執筆順，＊は編著者）

＊佐藤　真（編著者紹介参照：はじめに・第1章）

原田信之（名古屋市立大学大学院人間文化研究科教授：第2章）

金馬国晴（横浜国立大学教育学部教授：第3章）

田村　学（國學院大學人間開発学部教授：第4章）

宮本　慧（筑波大学大学院人間総合科学研究科 博士課程：第5章1）

川上若奈（関西外国語大学外国語学部助教：第5章2）

吉田武男（筑波大学名誉教授，貞静学園短期大学学長：第5章3）

河野麻沙美（上越教育大学大学院学校教育研究科准教授：第6章）

松下幸司（香川大学教育学部附属教職支援開発センター准教授：第7章）

泰山　裕（鳴門教育大学大学院学校教育学研究科　准教授：第8章）

＊緩利　誠（編著者紹介参照：はじめに・第9・14章1，2，6）

＊安藤福光（編著者紹介参照：はじめに・第10章）

香田健治（関西福祉科学大学教育学部准教授：第11章）

根津朋実（早稲田大学教育・総合科学学術院教授：第12章）

三浦研一（福岡市教育委員会：第13章）

渡邉隆昌（筑波大学附属駒場中学校・高等学校教諭：第14章3）

小佐野浅子（筑波大学附属駒場中学校・高等学校教諭：第14章4，5）

《編著者紹介》

佐藤　真（さとう・しん／1962年生まれ）
　関西学院大学教育学部教授
　『生活科・総合的な学習の理論と実践』（共著，あいり出版，2021年）
　『ポストコロナ時代の新たな学校づくり』（共著，学事出版，2020年）
　『資質・能力の育成と新しい学習評価』（共著，ぎょうせい，2019年）

安藤福光（あんどう・よしみつ／1978年生まれ）
　兵庫教育大学大学院学校教育研究科准教授
　『人間教育をめざしたカリキュラム創造』（共著，ミネルヴァ書房，2020年）
　『現代の学校を読み解く』（共著，春風社，2016年）
　『カリキュラム評価入門』（共著，勁草書房，2009年）

緩利　誠（ゆるり・まこと／1982年生まれ）
　昭和女子大学全学共通教育センター准教授
　『時代を創る教師論』（共著，学文社，2018年）
　『イラスト版子どものためのポジティブ心理学』（共著，合同出版，2017年）
　『カリキュラム評価入門』（共著，勁草書房，2009年）

MINERVA はじめて学ぶ教職⑬
総合的な学習の時間

2023年3月30日　初版第1刷発行　　　　　〈検印省略〉

定価はカバーに
表示しています

　　　　　　　　　　佐　藤　　　　真
　編著者　　　　　　安　藤　福　光
　　　　　　　　　　緩　利　　　　誠
　発行者　　　　　　杉　田　啓　三
　印刷者　　　　　　藤　森　英　夫

発行所　株式会社　ミネルヴァ書房
　607-8494　京都市山科区日ノ岡堤谷町1
　電話代表　（075）581-5191
　振替口座　01020-0-8076

©佐藤，安藤，緩利ほか，2023　　　　　　亜細亜印刷

ISBN978-4-623-08157-8
Printed in Japan

MINERVA はじめて学ぶ教職

監修　吉田武男

「教職課程コアカリキュラム」に準拠　　　全20巻＋別巻1

◆　B5判／美装カバー／各巻180〜230頁／各巻予価2200円（税別）　◆

【姉妹編】

MINERVA はじめて学ぶ教科教育　全10巻＋別巻1

監修 吉田武男　B5判美装カバー／各巻予価2200円（税別）〜

―――――――― ミネルヴァ書房 ――――――――
https://www.minervashobo.co.jp/